名师工程　"国培计划"优秀成果出版工程

教研提升系列　"国培计划"全国优秀研修成果数字出版平台

语文

——解读、设计、演绎

教学三部曲

柳咏梅◎著

西南师范大学出版社

国家一级出版社　全国百佳图书出版单位

图书在版编目(CIP)数据

语文教学三部曲：解读、设计、演绎／柳咏梅著
.—重庆：西南师范大学出版社，2015.4
（名师工程）
ISBN 978-7-5621-7388-5

Ⅰ．①语… Ⅱ．①柳… Ⅲ．①中学语文课—教学研究
Ⅳ．①G633.302

中国版本图书馆 CIP 数据核字（2015）第 068027 号

名师工程系列丛书

编委会主任：马　立　宋乃庆
总策划：周安平
策　划：李远毅　卢　旭　郑持军　郭德军

语文教学三部曲——解读、设计、演绎
柳咏梅　著

责任编辑：钟小族
文字编辑：鲁　艺
封面设计：戴永曦
出版发行：西南师范大学出版社
　　　　　　地址：重庆市北碚区天生路 1 号
　　　　　　邮编：400715　市场营销部电话：023-68868624
　　　　　　http://www.xscbs.com
经　　销：新华书店
印　　刷：重庆紫石东南印务有限公司
开　　本：720mm×1030mm　1/16
印　　张：17.25
字　　数：290 千字
版　　次：2015 年 7 月　第 1 版
印　　次：2015 年 7 月　第 1 次
书　　号：ISBN 978-7-5621-7388-5

定　　价：30.00 元

《名师工程》
系列丛书

《名师工程》系列丛书

征 稿 启 事

《名师工程》系列丛书是西南师范大学出版社策划、组织出版的大型系列教育丛书。丛书以新课程下的新教学为背景，以促进施教者的教育能力为落脚点，以提高教育质量、提升教师水平为宗旨。

丛书首批推出的"名师讲述""教学提升""教学新突破""高中新课程""教师成长""大师讲坛""教育细节""创新语文教学""教育管理力""教师修炼""创新数学教学""教育通识""教育心理""创新课堂""思想者""名师名课""幼师提升""优化教学""教研提升""名校长核心思想""名校工程""高效课堂""创新班主任""教育探索者"等系列，共170多个品种，其余系列也将陆续出版。为了让广大教师有一个交流、借鉴的机会，同时也为了给广大教师提供更多、更好的图书，《名师工程》系列丛书编辑出版委员会特向全国教育工作者征集稿件。

稿件要求：

1. 主题鲜明、新颖，有独创性。

2. 主题以提升教育能力为主，也可适当外延。

3. 主题要有一定规模、有典型案例支撑。

4. 案例要贴近教育实际，操作性强。

5. 文章、书稿结构清晰，语言精彩。

书稿作者在选题确定之后，请及时与我们做好沟通，具体事宜确定好之后再进行创作；也欢迎用已经完稿的稿件投稿。一线教师如希望参与图书案例的创作，可联系我社策划机构，由策划机构备案，在适合的图书中参与创作。

真诚欢迎各位教师踊跃投稿。

联系方式：

西南师范大学出版社高教分社

电话：023－68254356　　　E－mail：zcj@swu.cn

西南师范大学出版社高教分社北京策划部

电话：010－68403096

E－mail：guodejun1973@163.com

编者的话

当前，以人为本的教育理念正在逐步深化，素质教育以及基础教育课程改革不断推进。在这场深刻又艰苦的教育改革中，涌现了无数甘为人梯、乐于奉献的优秀教师。他们积极探索、更新观念、敢于创新、善于改革，在实践中创造性地发展、总结了很多先进的教育思想、教育理念；创造性地开发了很多新的教学模式、教学内容和教学方法。这些新思想、新模式、新方法在实践中极大地提高了教学质量，是教育改革实践中的新内涵和宝贵财富。这些优秀教师就是我们的名师，这些新内涵就是名师的核心教育力。整理、总结、发展、推广这些教育新内涵，是深化教育改革、完善教育体制、提高教育质量、提升教师水平的一件大事。

教育，是民族振兴的基石；教师，是教育发展的根基。

胡锦涛在全国优秀教师代表座谈会上指出："教师是人类文明的传承者。推动教育事业又好又快发展，培养高素质人才，教师是关键。没有高水平的教师队伍，就没有高质量的教育。"十七大报告又进一步强调了必须加强教师队伍建设，不断提高教师的素质。当今世界，社会进步一日千里，科技发展日新月异，知识更新的周期越来越短。教师作为"文明的传承者"更要与时俱进，刻苦钻研、奋发进取，尽快提升自身素质和能力，为推动教育事业的健康发展贡献自己的力量。

基于以上，西南师范大学出版社策划、组织出版了大型系列教育丛书——《名师工程》。希望通过总结名师的创新经验、先进理念，宣传名师的核心教育力，为广大教师职业生涯提供精神源泉和实践动力，在教育实践层面切实推动从教者职业素养的提升。通过《名师工程》实现"打造名师的工程"。

丛书在策划、创作过程中力求实现以下特色：

一、理念创新，体现教育的人本精神

教师角色在以人为本的教育理念下发生了重大的变化，教师的素质和能力也面临更高的要求。如何弘扬、培植学生的主体性、增强学生的主体意识、发展学生的主体能力、塑造学生的主体人格等问题成为教师在目前教育中亟待解决的难题。丛书以教育管理者和教师为主要读者对象，通过教师综合素质的提高而将人本教育的思想落实到教育实践中，真正实现教育培养人、塑造人、发展人的本质要求。

二、全面构建，系统提升教师的教育能力

丛书选题的最大特点就是系统、全面地针对教师教育能力的提升而展开。施教者的能力决定教育的效果，教育改革的落实、教育效果的提高无不体现在教师身上。丛书针对不同教育能力、不同教学要求、不同教育对象，有针对性地设置选题。棘手学生、课堂切入、引导艺术、班主任的教导力、互动艺术、课堂效率、心灵教育等等，这些鲜明的主题从教育的细节出发，从教育实际情况出发，有针对性地解决问题，让教师在阅读中学有所指、读有所获。

三、科学权威，体现教育的时代前沿性

丛书邀请全国各地著名的教育工作者执笔，汇集在教育改革与实践中涌现的先进理念、成果和方法，经过专家认真遴选、评点总结而成，代表了目前教育实践中先进的教育生产力，具有时代前沿性，是广大一线教师学习、借鉴的好素材。

四、注重实践，突出施教的实用价值

丛书采用了通俗的创作方法，把死板的道理鲜活化，把教条的写法改变为以案例为主，分析、评点为辅，把最先进的教育理念和方法融入有趣的情境中。经典的案例，情境式的叙述，流畅的语言，充满感情的评述，发人深省的剖析，娓娓道来、深入浅出，让教师更充分地领会先进、有效的教育方法。

在诸多教育、出版界同仁的支持与努力下，"名师工程"丛书陆续推出了"名师讲述""教学提升""教学新突破""高中新课程""教师成长""大师讲坛""教育细节""创新语文教学""教育管理力""教师修炼""创新数学教学""教育通识""教育心理""创新课堂""思想者""名师名课""幼师提升""优化教学""教研提升""名校长核心思想""名校工程""高效课堂""创新班主任""教育探索者"等系列，共170多个品种，后续图书也将陆续出版。

丛书在出版创作过程中得到各地、各级教育部门与教育工作者的大力支持与帮助，在此一并表示感谢！

教育事业是全社会共同的事业，本丛书的出版一方面希望能对广大教育工作者有所帮助，共飨先进成果；另一方面也是抛砖引玉，希望更多的教育工作者参与到出版创作中来，百家争鸣、百花齐放，为促进教育事业的发展共同努力！

序 一

余映潮

优秀的语文教师、出色的语文名师是怎样修炼而成的?

这虽然是一个很难回答清楚的问题,但一定也有踪迹可寻。

可以这样概括地认为:

他们非常热爱语文教师这个职业,非常热爱学生,总是想着尽最大的努力让自己的学生受到最好的语文教育。

他们热情饱满地、有尊严地、稳稳地站在三尺讲台上,在每天的教学中、在语文的课堂实践里一步一步地锤炼教学本领,日复一日,乐此不疲。

他们崇尚前沿,喜欢新知,珍惜学习的机会,保持研读专业杂志的志趣,从同仁们优秀的教例与美妙的文章中吸收知识、吸取经验。

美好新鲜的教学现象常常让他们怦然心动,常常让他们跟进与尝试。他们常常有创新的激情与举动,在对自己的严格要求之中提升着教学素养。

他们善于思考与提炼,笔耕不辍,在工作的 8 小时之外写下学习与思考之所得,不仅只是整理资料,还要追求文章的公开发表。

他们往往注意调整努力与奋斗的方向,进行一些力所能及的专项研究,在某个方面或某几个方面形成自己的教学特长或特色。

他们勇于承担艰苦的工作任务与教学任务,善于与志同道合者交流,乐于参与校内外一切与加强思想修养、提高教学本领有关的业务活动。

他们珍爱时间,在时间的利用上往往是一把好手;在对任何人而言都是等量的时间面前,他们能迅速进入专注的学习与工作的高效状态。

……

柳咏梅老师,就是一位因为有这样一些成才的美德而迅速成长着的优秀语文教师。

她痴情地热爱中学语文教学,以至于让人觉得不可思议,她竟然离开了大学教师的工作岗位。

她善于抓住一切机会向名家学习,不计时间成本,主动地参加了无数次能开阔眼界、丰厚知识、如春风化雨般的学习与培训活动。

在中学语文教师的岗位上，她的工作经历不过13年的时间，但阅读与写作的教学技艺日趋成熟，在国内的教学交流活动中也崭露头角。

她有广泛研读中学语文专业杂志的良好习惯和见缝插针的学习习惯，几乎天天都在随记、练笔、写作；她的不少论文已经刊载于全国一流的中学语文杂志，有的全文收录于中国人民大学的报刊复印资料。

她经受过很多艰苦的写作、编纂的磨练，参与过多年的《中国基础教育学科年鉴》(语文卷)的编写工作；她不仅自己勤于写作，还特别关注学生的作文水平的提高。她的学生的习作文集，也即将付梓。

她尽可能地挤出时间参加中学语文教学的公益活动，她的义务支教的足迹，曾经踏上河南、黑龙江、内蒙古、湖南等陌生的土地；在大学的"国培"讲台上，也出现了她的身姿。

她有一批热爱语文教学、潜心研究语文教学的同伴，在江苏境内，"苏语五人行"小有名气，刘恩樵、王益民、梁增红、丁卫军，都是其学术研究与技艺切磋的好朋友。

……

优秀语文教师的成长，主要是为了两个"尊严"，一是为了语文教学的尊严，二是为了个人职业的尊严。

优秀语文教师的成长，需要有火热的情感、美好的向往、坚韧的毅力与步步为营的执着。

应柳咏梅老师之约，写作这篇小序，主要目的还是着眼于语文教师的"成才"研究。感谢柳老师的奋斗经历，让我们基本上知道了：优秀的语文教师、出色的语文名师是怎样修炼而成的。

这样的修炼之路，值得每一位追求优秀的语文教师去践行。

2014 年 12 月 22 日　于武汉映日斋

(余映潮，特级教师，全国中语会学术委员会副主任，全国中语会名师教研中心主任)

序 二

李海林

　　到底怎么样才算一个好的语文老师呢？或者说，到底怎么样才能成为一个好的语文老师呢？我做语文教学三十多年，终于明白，最要紧的，是扎实的语文功底。教语文的人，自己的语文能力要强。语文老师不是"说语文"的人，更不是"谈论语文"的人，而是"做语文"的人。这样的人，自己的语文能力一定要强，就是老话说的"语文基本功"要好。语文基本功好的人，站在教室里，他就是李白，就是杜甫，就是《红楼梦》，就是"唐诗三百首"，有了这个功底语文课就好上了。现在语文教学效率低，学生的语文成绩差，说到底，就是有很多语文基本功不好的人在那里教语文。这真是悲剧。一些在那里"谈论语文"的人，在说着语文，就是不能拉出来遛遛，就是不能亮出语文的"干货"。这就等于是一个数学老师，在那里介绍什么是数学，数学有什么特征，数学有什么定律，数学有什么规律，但就是没有数学头脑，解不出题。这样的人怎么能教好数学？他的学生的数学成绩怎么好得了？但是奇怪的是，在语文教学界，确实有语文基本功不强但天天在那里向学生介绍什么是语文的人在。他在那里不是教语文，而是在对别人"说"语文。照我看来，这才是问题的关键：天天对学生"说"着语文，就是不"做"给学生看。

　　那么，我们在这里所说的语文基本功，到底指的是什么呢？我觉得也不需要搞太复杂，简单地说，一个是文本解读的能力，一个是写好文章的能力。这也就是我看柳咏梅老师的这部书稿的时候，第一眼就觉得实在，就觉得有"干货"的原因。当一个语文老师，首要的就是要会解读文本，在解读文本上有一套。当好语文老师当然还有其他一些要求，比如教学方法、教学技巧、活动设计、问题设计等等，都很重要，但是这些都是建立在对文本的解读的成果之上才有可能、才有意义的。教学方法、教学技巧这些东西的根本目的，都是把文本解读的方法以及文本解读的结果更好地教给学生。如果没有对文本的正确解读，没有总结出如何解读这个文本的具体方法，这些所谓的教学方法、问题设计实际上都是瞎弄出来的。

　　最近，我参加了上海复旦附中特级教师张大文老师的语文教学思想研讨会,会上张老师讲述了自己的一些教学经验,让我这么近切地看到了语文教学的"大实话":千说万说,语文阅读教学的关键是教师个人对文本要有具体的解读过程、解读结论,这种个人化的解读过程、解读结论是教学设计的前提,而且是必要前提。没有这个前提,其他都免谈,谈也是瞎谈,是空谈,是假谈。直接地说,语文阅读教学,就是让学生能在"复制"教师对文本的解读过程和解读结果之上有所突破。如果教师自己没有解读过程、没有解读结果,那么所谓的教学目标、教学内容都无从产生。因此,我在这里所说的"复制"不是说学生对文本的解读要与老师的一模一样,而是指要遵循共同的阅读方法、阅读路径以及对文本的态度。文本阅读是有规矩和标准的,不能这也可那也对。语文老师在课堂教学中的最大作用是示范。阅读教学就是阅读的示范,写作教学就是写作的示范。同学们,你们看,我就是这样阅读的,我就是用这样的阅读方法读出这样的结论的。你们读吧,你们可以读出自己的结论,但基本的阅读方法、阅读规矩我做给你看,这些阅读方法、阅读规矩是不变的,是基本的东西。这就是阅读教学的本义。

阅读教学最要紧的是什么?就是教师个人对文本要有具体的阅读过程、阅读结论。这里的第一个关键词是"过程"。我们当然也可以参考别人的阅读结论,但如果你没有自己的阅读过程,你就不知道这个阅读结论是怎么得出来的,你的教学设计就虚得很、飘得很,你不知道要点在哪里。第二个关键词是"个人"。语文教材里的作品早就有人在解读,有些解读甚至是"公共的",是大家都认可的,甚至是作为公共常识的。即便是这样的作品,作为语文教师,也还是要有一个"个人化"的理解。这种"个人化"的理解,也许并不是学生阅读的标杆,但它是教学设计的一个路标,对学生的阅读来说,教师对文本的这种个人化的理解是一个指路牌。我们知道,指路牌并不能代替学生走向终点,但学生要走向终点又少不了指路牌。

总之,阅读教学,教师个人对文本的具体的阅读过程、阅读结论,是阅读教学的"干货"。我读柳老师这部书稿,常有会心之感,那种说不太清楚的"同感"。我知道柳老师读文本读到这一层次,真的是不容易的。如果我能读到这一层次,我走到课堂里就有了自信心,就有了教学的欲望,因为我确信我有"货"给学生,而且是在学生没有看到"货"的地方我挖出了"货",是在学生以为没有"货"、不可能有"货"的地方我挖出了"货",而且是"干货"。语文教学不就是要这样去尽披在它身上的种种华丽的外衣,直接提供"干货"给学生吗?我是语文老师,但这么多年来我更喜欢听数学课、物理课、化学课,甚至地理课、历史课、生物课,我后来仔细想了一下,因为我发现,即使是并不那么出色的数学老师、物理老师、历史老师等等,最后都总要给学生一点"干货"。而我听的那些语文课，即使还真有一点才华的老师，不知为什么，他自觉不自觉地，好像故意地，把自己的那点"干货"，包装到看不见的程度，混杂在一大堆可有可无的、莫名其妙的东西之中，让学生披沙拣金般地去寻找。这点"干货"被老师这么一包装，最后也许连他自己也不知道是什么东西了。现在大家都在呼唤语文返璞归真，提倡"真语文"，其原因，即在于此矣。

　　读完柳咏梅老师的《语文教学三部曲：解读、设计、演绎》，有感而发，匆匆写了以上这些话。以为序。

2015 年 1 月 7 日　于上海
（李海林，上海师范大学教育学院 教授）

一朝选择，一生追求
——我的语文教学成长之路

从小，我的梦想就是做一名教师。目标在前，我就这样一步一步走来。我常常以为，我是为教育而生的。没有什么话题会比谈论读书、教育、教学、学生，更让我容易兴奋、满足和幸福的了。

放弃高校进中学

1985 年，我初中毕业，分数没有达到晓庄师范学校的录取线，那是我第一次与师范学校无缘；三年后，又一次与高等师范院校擦肩而过，虽然高考志愿填的都是师范院校，可是落榜却是生活给我的结结实实的回答；一年的夜校苦读，风霜雪雨，从不缺课，只为那个我一直追求着的梦——考上师范院校，当一名光荣的人民教师。预考、提前招生、面试、体检，当我大大方方地回答完面试官的提问时，我知道我已经成功了。

两年的师范学习时间太短太短。我除了完成学校开设的课程，便是自己读书。那一两个月的教育实习让我更平添了一份对语文教师工作的热爱。想起奶奶在我实习前总说："你还这么小小的，要是有学生欺负你怎么办？要是有学生拽你的辫子怎么办……"其实，实习前我一点儿都不紧张，那可是我期盼很久的事情呢！为了从外形上让自己显得更成熟，我把陪伴了我七年多的过腰长发剪了。那节实习公开课《小桔灯》让我难忘，课堂结束前的那一片闪闪的小桔灯更点燃了我当好语文教师的信心。

毕业时没有按照大学录取时签订的合同分配到南京市的远郊，而是留在了我的母校南京教育学院。

留校工作的十年中，我完成了本科学习，又继续着研究生课程的学习；工作上，由纯粹的行政工作转为兼带教学法、教师口语课程。我每年都要带学生到中学去教育实习。几乎年年都有这样的冲动：我想亲自上讲台执教。在下面听课，常常感叹：语文照这样教下去，还会有什么发展呢？语文是要有灵气的。语文教师要有更高的悟性、更饱满的热情，才能教出更精彩的语文。那个时候，读中学语文教育名家的著作，写自己对中学语文教育的思考，便成了我在高校工作时的业余爱好。

人生轨迹的方向发生了完全的变化，那是 2001 年的春天。

面谈、开课、交材料、办调动,这样大的一个人生转折在两个月内全部完成,简直令人难以置信。请允许我将我人生中的这个转折点上的故事如实地播放一遍,因为,这个故事早已被许多人称为奇迹。

2001 年的 4 月,我在南京师范大学旁听研究生古汉语课程。

每次下课我都会去文学院办公室前,看看通告栏上有没有讲座、通知等信息。"南外需要语文老师,有意愿者请到院分团委报名",偶然间看到的这则普普通通的信息,一瞬间将我内心深处想去中学的愿望再一次点燃。谁也不会想到,就是这二十个字改变了我的人生路径。

我"赤手空拳"、素面朝天地就去了南京外国语学校。

教务主任问:"你来干什么的?"

"看到通知说你们缺人,我就来了。"

"你的材料呢?"

"材料? 哦,没有。我又不是刚毕业的大学生,要准备很多材料到处投送。"

"那我怎么知道你的情况呢?"

"你可以问我呀。"

"你有小孩了吧,小孩多大了?"(后来才知道,很多人都是在自己的孩子五六年级时想办法调进南外。)

"小孩啊,幼儿园还没毕业呢!"

"你怎么愿意来中学呢?"

"就一个原因:喜欢。我在原单位兼授教师口语和教学法两门课。每年带学生到中学实习,看到学生实习中对语文及语文教学所表现出的错误理解以及错误的教学行为,我真恨不能自己冲上讲台帮他们上课。我在高校写的论文都是关于中学语文教学的,还获得了中语会的全国评比一等奖。再说,我家就住在对面小区,离南外这么近,这也省去了在路上奔波的时间,可以将这时间用在我的工作上了。还有……"

没等我说完,主任说:"好吧,你把你的基本情况写下来吧。"

他给了我两张信笺纸,一会儿工夫我就把任务完成了。他稍微看了看,让我回去等消息。

没想到一周以后,主任打电话问我,怎么还不送材料去。我惊诧不已,又恍然大悟。

"啊? 送材料啊? 什么方面的?"

"你没有拿材料来,我怎么好在校务会上介绍你呢?"

于是我奔回原单位撤回了我那时已经交到学校的要申报讲师的所有材

料。我跟人事秘书说，今年我先不报中级职称了，明年再说。（事后很多朋友知道我这一细节以后，都为我惋叹：那时应该再复印一套就行的，这样评职称就不受影响，也不会造成后来因为调动而耽误了两三年的职称评定。如果想得这么多，那就一定不是我了。我一点儿也不后悔！）

我把材料全部送到了南外。这一回，该主任惊诧了。他不知道我怎么一下子就准备出那么多的材料。也许，到现在他都还不明白吧。

现在想想，接待我的主任在他退休前最后一年为学校做了一件大好事呢：在校务会上介绍了我并促成了我的调动。

几天后，主任打电话来，让我到学校进行一次试讲。我到他办公室后，他打了两个电话，可是，要找的人都不在。可巧，一位初中的语文老师来教学处办事。主任对她说："带她到你们年级，安排一篇文章给她试讲。"

于是，我就跟着这位老师来到了她的办公室。

她把办公室里的几位老师介绍给我。有几个词让我印象很深："年级组长""备课组长""教研组长"。这些词对于当时的我来说很是陌生，我不知道每个词的确切的意思。他们让我挑课文。我表示我下周一来试讲，按照他们的进度来，不用挑。根据教学计划排下来是《黔之驴》。于是我带着篇目回家了。

那位老师在送我出来时，问我："你有笔记本吗？上课时可以用。"我当时居然没反应过来这"笔记本"是指"笔记本电脑"。她又补充："没有也没关系的，可以用投影仪的。"哦，上课可以用这些仪器的呀！可是，投影仪如何用，我那时也不懂的。要知道，那时候我家里还没有电脑呢！

在家备课时，先生总提醒我让我去向老教师请教请教。我说我想在课堂上传达出我对语文教学的理解。我谁也不去问。

周一到了。我早早地到了学校，找到了教室的位置。原班老师拿着成绩册很热心地要告诉我哪些学生成绩好，发言积极。我说反正我也记不住的（其实，我是很反对这种做法的。我希望那些平时被老师忽略的孩子在我这节课上不要"享受"到平时的待遇）。

进教室后，学生们看着我。有个别胆子大一些、调皮一些的，跟我打打招呼。我的第一感觉是：这些孩子比大学生可爱。

上课时，听课的老师一个挨着一个，约二十人，教室后面坐满了人。

试讲课上到一半，我就知道这事有八成希望了，因为这些听课老师的表情告诉我，我的课令他们满意。最重要的是，我在课堂上找到了与学生一起学习的快乐和幸福。发言人数多，课堂氛围好，既有静默中的积累，也有热烈的讨论。照原班老师的话说，真没想到，这个班不少成绩不好的、从不发言的学生,这节课上都被我调动得很欢了。她说:"课上得很好。没问题!"我跟她开玩笑说:"你要是校长就好了,现在就要定我了。"

回到家,跟先生说,从我的课堂效果看,他们应该是很认可的。他们如果不要我,会是南外的一大损失啊!对我而言,能不能去南外都无所谓,我不是没有工作。我对我自己的课满意,这一点是最重要的。

几天后的一个早晨,接到主任电话,让我到人事秘书那儿谈谈。先生在一边吃着早饭,问:"你不会听错了吧?南外要你了?"到学校见到秘书,她首先问:"你们单位会不会放你?""我回去跟领导说,应该没问题。"

我回家立刻写了一份调动申请,去原单位递交给系领导。巧的是那天系里的三位领导都在。他们利用中午出去吃饭的时间研究了我的问题。说实在的,突然提出调动超乎所有人的想象,当然,也包括我自己。

回来后,系领导问了我几个问题。一旁的苏教授不住说,他一直就觉得我更适合到中学去,一定能干出名堂。说来有意思,那时候,系里好几位教授确实都觉得我到中学会更有发展。

于是,领导们签了字,把我的调动申请上交到校长室。

待新的一周学校校务会后,我得到了正式批准:同意调动。

于是,正常地办了调动手续,六月底所有手续完成。我于 2001 年 7 月 3 日到南外参加新一届初一的班主任会议。

2001 年,是我教学生涯的转折点,更是我生命的转折点。我从此真正走进了中学的教育现场。我用心地观察、思考、记录、研究着。2001 年 9 月至今,我在初中语文课堂里耕耘着、成长着。我常常说,我是语文园地里一个用心劳作的农妇,我要为我的选择——中学语文教育教学,做出精美的解释!

深深浅浅独摸索

初到中学,一切都是新的。起初我连"备课组""一模""二模"这些词都听不懂。因为不是新分配的大学生,学校是不给配师傅的。我只能一个人前行,在语文之路上摸索着前行。我坚信一条:因为我爱着,我一定能把工作做好。凡是对学生生命成长有利的、对学生语文学习有帮助的事情我都用心地去做。

第一届的两个班,中考平均分分别为 101.3 分和 103.4 分(满分 120 分),这是一直到现在,在中学十多年里我所知道的一个教师所教的两个平行班级平均分的最高值。带着我对语文的理解,带着我对教育的认识,我在我的课堂里做了许多美好的事情。课前的听记训练,坚持日记写作,自办语文小报,唐诗宋词背诵,每个学期有两周时间用来办文化艺术节,每两天换一期黑板报,还有走出校园的逛公园、去菜场、访街巷……这些活动不仅仅给学生带来快乐、带来享受,更提升了学生的语文综合素养。

因为与众不同,因为独树一帜,免不了会遭到非议。我坚守的是:我在用自己的方式理解和实践教育之道,我在让学生过一种本应该拥有的生活,我是用活动来诠释语文的丰富内涵。第一届学生离开我十年了,他们返校看望我时,我们总是沉浸在对那三年语文生活的美好回忆中。学生们说,我给了他们不一样的语文生活,和同龄人相比,因为语文,他们初中三年拥有更多的充实、快乐、幸福。我相信,来自学生的评价才是最有力量、最有价值的。

然而,我反思自己的语文教学,却总有这样一种抹不去的感觉:教学形式的活泼、教学内容的丰富弥补了我解读文本和教学设计的明显缺陷。前几年的教学,我更多的是跟着感觉走。不能回避的事实是,我的精力被班主任工作和语文教学工作平均分配了,我努力从教育的高度去践行并反思我的教育教学行为。我读书,试图从书本里为自己的实践找到理论依据或者用学得的理论指导自己的工作。教育学之类的书籍是我那时阅读的主要内容。那时思考比较多的是如何建设班级文化,如何管理班级。在语文教学研究上,投入的精力相比较而言就少了。即使有一些思考,也让它随风飘走了,没有及时记录更无法保存下来。我的课堂是活泼的,我的学生是喜欢我的,学生的成绩是不错的,那时我以为能做到这些就合格了。

培训开启新旅程

2006 年的暑假,我参加了南京市骨干教师培训班的学习。于我而言,真是一次"洗脑革命"。整整半个月的学习,我收获的不仅仅是语文教育教学理念上的澄澈和提升,更加宝贵的收获是我有机会认识了许多语文名师、大家,可以近距离地聆听他们的讲座,观摩他们的课堂,并有机会与他们面对面地交流。我认识了余映潮、黄厚江、李海林、严华银、魏本亚等全国名师,他们哪怕是片言只语的点拨和评价都会让我茅塞顿开。从那以后,我开始给自己增加语文"营养",读更多的语文教育的书,阅读专业期刊,做读书笔记。我知道,即便是独自摸索前行也是要有信念支撑、有思想引导的。

以后的每年暑假,我都会去旁听骨干班的课程。七月,是南京最热的日子,也是我学习热情最高涨的日子。我作为编外生,在连续的两周里,认真听满每一节课。

2008 年的暑假,我以老学员的身份到骨干班"蹭课"。没有这一回的"蹭课",也许就不会有我的现在。余映潮老师执教的《中国石拱桥》,让我惊叹余老师的课的精彩和创意设计。互动交流时,我读了我的读书笔记,读了我阅读余老师著作之后的感想和反思。我只是想表达:我在学习如何当语文老师。余老师在后面的讲座中说:"语文教师的第一能力是文本解读能力。"是啊,我何曾注意过这个能力? 从那一天起,我下决心要学着独立解读文本。

假期中,我把《我的叔叔于勒》作为我训练独自解读文本的第一个对象。我放声朗读,每读一遍,就有新的感受,新的收获。我把这些感受记录下来,然后进行提炼整合,再进行教学设计,印象中这是我第一次如此用心地面对我的教材。开学后我用这样的设计上课,课堂效果很不错。我体会到了用心设计的快乐和幸福。从那以后,独立琢磨教材并进行设计便成了我语文教学中的一件乐事。

永远记得余老师说过的"走一步,再走一步"。这每一步是怎样的,总要留下痕迹,日后回眸时才有了依据。于是,从2008年8月6日起,我正式开始记录每天的语文生活内容。这一记录的习惯一直保持到现在。我坚持写日记,这些文字大多是关乎语文的。有一段时间,竟然迷上了琢磨课文,编写教学设计。我把自认为有点创意的教学设计投向专业期刊,没想到很快就发表了。这无疑给了我更大的鼓励。两三年的时间里,有多篇文本解读和教学设计在《中学语文教学》《中学语文教学参考》《语文教学通讯》等语文核心期刊上发表。就这样,一篇篇地读,一篇篇地写,一篇篇地设计,不为其他,只为了培养自己作为语文教师应该具有的第一能力!

师友引领我前行

2008年4月,我前往扬州,参加叶圣陶语文教育教学思想研讨会。在那个会上,我冒昧地把我的一篇文章交给了顾黄初先生。没想到,顾先生连夜仔细阅读、批改,还写了评语。大会闭幕式上,顾先生发言时,谈到了读我的文章的感受,肯定了我坚持多年的课前听说读写综合训练,说我"走出了一条有自己特色的教改之路"。这给了我莫大的精神鼓舞和前行的动力。

2008年11月,余映潮老师到英桥学校讲学,对全校语文教师进行为期一周的手把手的教学指导。我也赶过去参加。从小学的课堂到高中的课堂,从听课到评课,从听讲座到参与沙龙,完完整整三天的参与式学习,带给我一股强烈的冲击力:语文,还有这样的教研! 三天的收获,超过了我之前数年独自的摸索。那三天,让我知道,除了需要勤奋以外,我还需要走出去,在欣赏外面风景的同时开阔自己的眼界,提高自己的能力。

越来越专注教学,越来越投入研究,我的生活因而更加丰富、视野更加开阔,科研上也有了明显进步,结识的同行朋友也多了。

2009年,是我语文成长路程中最重要的一年。3月,我参加了"煮酒论语文"团队的活动。九位一线的初中语文教师,展示了九节完全不同类型的课。每节课结束后,主持人就课堂教学当场提问执教者,听课者也是现场评课或者提问。整个活动,大家轮流当主持人、评课人,在观、评他人教学的同时更多地对照和反思自己的教学。这次活动,像是一扇窗户,为我打开了更为开阔的语文世界,让我享受到与一帮同道之人一起追梦的幸福! 4月,在进入中学八年之后,我终于有了语文教学上的师傅。从来不愿意公开这件大事,只怕自己的拙劣愚钝会影响了师傅的名声。从此,我不再是一个人在黑暗中摸索,师傅不仅给我宝贵的教学指导,更多的是给我以精神的鼓舞和心态的濡染。师傅以令人敬仰的勤奋、坚韧和钻研告诉我什么叫热爱、什么叫研究。师傅的一声问候,一句肯定,都使我增加了继续前行的勇气。

2011年3月,在镇江参加全国性的语文教学研讨活动时,我收获了语文路上最大的"礼物"。五个来自初中语文教学一线的人一见如故,五双手紧紧地握在一起,从此不再分开。因为同属江苏,同教语文,有共同的愿景,有共同的追求,因而有了一个共同的名字:"苏语五人行"。五个人作为一个团队,走向江苏,走向全国,在多次的公益活动和支教活动中讲述自己的语文故事,分享彼此的语文智慧。我和四位好兄弟(刘恩樵、王益民、梁增红、丁卫军)有约:温暖相伴,携手同行。三年多来,我们一起参加研讨活动,一起去乡村支教,我们已经成为一个不可分开的合作队伍。二三十次的活动见证了我们团队的成长,《中学语文教学参考》和《江苏教育》都对我们的"苏语五人行"进行了报道。

阅读伴随我成长

马克思说过:"教育者本人一定是受教育的。"对于正在进行教育工作的我们来说,接受教育的最好方式当是读书,而且是唯一途径。布贝尔说过:"所有真实的生活都在于相遇。"教学就是无止境的相遇。课堂是存放教育理想的真实空间,是一个圣洁的殿堂,需要我用阅读所得带领着学生们一起学习语文、感悟人生。

翻看自己的读书笔记,打开自己的阅读书目,看看排列整齐的书架,我这十年的阅读情况便一目了然了。

世纪之交语文教育教学大讨论时,书店里"审视""忧思""问题"等字眼充满了教育书架,都曾深深地引发我对中小学教育的关注。《中国著名特级教师教学思想录》(中学语文卷)一书里的十三位特级教师,每一位都是一座丰碑,一面旗帜。我不仅读他们的语文理念和实践,更读他们自强不息的追求、严谨踏实的治学、纯洁高尚的品德。我从阅读《中国现代语文教育史》入手,了解我国现代语文教育史的情况。《语文教学本体论》《语文陶冶性教学论》《语文教学解释学》《语文教育学引论》《语感论》《言语教学论》《中国当代阅读理论与阅读教学》……在一段时间里,我如饥似渴地去阅读、去思考,联系自己的教学实践,努力让自己的语文教学合乎语文的法则和要领。

苏霍姆林斯基的作品,不论是《给教师的建议》,还是《教育的艺术》,都再一次给我以明确的警示和清晰的训导。《西方经典教育学说——从苏格拉底到蒙台梭利》,列举了世界上那么多教育家、思想家对教育的理解和主张。时代越发展,他们的言论越显示出穿越历史的恒久魅力。《学会生存——教育世界的今天和明天》让我拥有了遇到知音的快乐。"人永远不会变成一个成人,他的生存是一个无止境的完善过程和学习过程。人和其他生物的不同点主要就是由于他的未完成性。"有了这样的认识,我常常以同理之心面对学生,更以感恩之心对待他们,我知道,教育是必须讲"良心"的事情。两部美国教育著作《后现代课程观》《透视课堂》带给我来自异域的对教育的思考和主张。"课程成为一种过程——不是传递所知道的而是探索所不知道的知识的过程;而且通过探索,师生共同'清扫疆界'从而既转变疆界也转变自己。"《后现代课程论》中的这句话,一直鞭策着我不论是在语文教学还是班级管理中都要有对学生作为"人"的清醒认识,我努力地在我的语文教育教学中做到"不是传递""而是探索"。

自 2003 年起的四年,是我读研的时间。这四年,除了基本的课程以外,我还自己选修了一些感兴趣的课,如儿童教育、情感教育、课程论、影视学基础、中古汉语词汇研究、敦煌文献研究、音韵学等。没有人要求,没有学分可得,一切只因为我喜欢,我想充实和丰厚自己。这四年,是我读书最广泛、收获最大的四年。其间,专业类的书和教育类的书读了很多,也读了一些与我所选修学科相关的书。我把课程论、汉语研究等课程的收获投入我的语文教学,增加我的教学厚度和力度;把儿童教育、情感教育课上的所得用在我的班级管理中,使我的班级的每一个孩子获益,让他们活得自在,活得快乐,活得幸福。

伴着对研读教材和教学设计越来越浓的兴趣,我读书的方向也发生了变化。我把更多的精力投入到阅读与语文实践研究相关的书籍中。

余映潮老师,是语文界的一个传奇人物。他的语文教学的书籍是我们中学语文教师的共同财富。从《中学语文教例品评 100 篇》《余映潮阅读教学艺术 50 讲》《听余映潮老师讲课》《余映潮的中学语文教学主张》《这样教语文——余映潮创新教学设计 40 篇》,到新出版的《致语文教师》《语文教学设计技法 80 讲》等,每本书里都汇聚了大量生动的案例。近 200 堂示范课的积累,空前绝后,使余老师课例的丰富性、多彩性无人能及。看他的课,读他的书,每一次都会有新的收获。这种收获不仅仅是来自课例的,更是来自余老师对语文的热爱和执着钻研带给我们的内心的震撼和敬仰。

李海林老师一直强调,"提高语文教师修养的方法和途径只有一个,那就是读书"。他在《李海林讲语文》中写道:"如果有一天,没有读书,没有写东西,就会有很空虚的感觉,一种'犯罪'的感觉。"李老师文字中的哲学思辨很强,他在很多文章里运用自如的"矛盾展开法"与他曾经有过下功夫啃读马克思的《资本论》和《1844年经济学哲学手稿》的经历是分不开的。李老师的《言语教学论》《语文课程论稿》都是有划时代意义的作品。由他主编的《语文教育研究大系》(理论卷1978—2005)更可以让我们清晰地从宏观上了解近三十年的语文研究概貌。读李老师的书,让我对"读书,就是读人"有了更深切的体会。

对语文教师来说,钱理群先生、孙绍振先生的书是一定要读的。钱先生这十多年来以他特殊的方式面向中国教育,为基础教育奔走呼喊,关注最底层的教师,发现、扶持和帮助"真正的教师",积累了"丰富的痛苦",和一线真正的教师"在寂寞和孤独中相濡以沫"。他的《我的教师梦》《名作重读》《对话语文》,常读常新。孙绍振先生的《名作细读》《如是解读作品》《文学性讲演录》《月迷津渡——古典诗词个案微观分析》等,从美学、文艺理论的角度指导我们如何去解读文本。孙绍振先生把文化哲学的分析方法转化为"还原""比较"方法,把阅读的鲜活的体悟上升到理性的层次。当对文本的解读陷入迷惑,找不到角度和方法时,孙绍振先生的几本文本解读的书便可以给我们指点迷津,让我们豁然开朗。

了解当前的语文研究,王荣生、潘新和等学院派专家的研究成果是一定要了解的。他们的研究高屋建瓴,引领语文向前走。王荣生先生的多部著作是语文人的必读书,如《新课标与"语文教学内容"》《语文科课程论基础》《听王荣生教授评课》《语文教学内容重构》。潘新和先生的《语文:表现与存在》《存在与变革:穿越时空的语文学》《反思与重构》《语文:回望与沉思——走近大师》《语文:审视与前瞻——走近名家》等,尤其是两本"走近",在大量的阅读、梳理和深入研究后,提出了很多新的研究观点,给我们带来了新的冲击和思考。

语文同行的研究成果占据了我书橱的部分空间;语文核心期刊,则是我书桌上永恒的客人。每个月的六七本的新期刊,让我了解到最真实、最新鲜、最前沿的语文教育研究情况。

还有太多太多的书,无法一一列举,它们让我感受着语文研究的美好和清新。家里的书橱已经由原来的四个增加到了现在的十一个,填塞得满满当当。可是，即使是书越来越多，我也越来越勤奋地读书，却越发觉得自己需要补的知识太多太多。最近，两个新书橱正在定做中。

借用刘云杉《学校生活社会学》中的一句话来表达我读书的感受："我对学术中的世界有着如同老农相信土地能带来金子般的虔诚的心。我相信在自由探讨的氛围中能体验到生命的存在感，能逐渐找到精神的舒展与心灵的超越。"

教改实践见成效

人们喜欢用"灵魂的工程师""燃烧的蜡烛""辛勤的园丁"等美好的称呼来评价教师工作的意义和教师形象。我更喜欢用"电梯"这个词来形容我自己的工作。

教师是电梯，与学生一起前进；根据学生的要求，把学生送到各自选择的不同高度。完成使命后，再回到底层来接新的一批学生。在接送学生的过程中，教师和学生是一个整体，教师要用心陪伴学生。学生到哪一个楼层完全是根据他们自己的需要，由他们自主选择的。之所以说是电梯而不是其他的普通的梯子，还因为，教师必须不断地充电，才有足够的电力把学生送达不同的目的地，而不是一个仅仅可以提高相对高度的物具，更不是一架搭好后任人踩踏渐久渐破损的竹木梯子。教师是学生成长道路上的阶梯，但不是简单的人梯，而是一部始终满含热情和激情的电梯。

我就是学生成长过程中的一部电梯。这部电梯的外墙写着"语文"，内壁刻着"情商"。

我的语文教育教学中贯穿着这样的几个理念：经典情商教育、听说读写并重、素养积累提升、主体意识培养。我的语文教学重在积累，关注过程：在不着痕迹的濡染渗透中传达出我对语文的理解、对生活的理解，以形成能力和素质为前提，以丰富认识、提升境界为目标。所以，我一方面和学生在课堂上一起背诵《大学》《礼记》、唐诗宋词，积累古汉字，听记美文故事；另一方面开展丰富多彩的语文活动，如歇后语常识、诗歌意象、对联常识、朗诵会、文史知识竞赛、中西方神话、人名文化、影视欣赏、视频写作等活动；同时又把学习的时空放大，带着学生在语文课赏校园雪景、品校园春意，在雪地里、在花草边，我的学生们真切地观察奇妙的大自然；我还带着学生一起走进农贸市场，让他们接触另一种生活，了解社会上其他人的生活状况，丰富他们对社会的了解和认识……有了这些体验，学生们学习语文的兴趣浓厚，语文意识增强，语文素养增加，更重要的是，内心变得更为柔软温润，情感变得更为细腻高尚。

我的课堂是我和学生共有的，我们互为师生。学生执教、我做学生，角色的转变推动着我们更好地相伴学语文；互批作文，编辑文选，我把每一次作文训练的功能放大到极致。一次作文训练，每一个学生完成一篇写作，批阅一篇同伴作文，还可以阅读到含有至少二三十篇作文的班级当次作文选。眼界开阔了，榜样学多了，水平自然就提高了。每个学生寒暑假各整理出自己的一本文集。班级博客的建设，班级语文周刊的编写，都是学生成长的真实记录。2009级的两个班分别以第一、二名的优势荣获中华语文网年度最优秀文学博客称号。现在这一届的学生，在一年半的时间里，两个班的优秀随笔、作文达百万多字。发表在学校作文选、省市级刊物的学生文章更是不可胜数。编辑文集，见证和回味学生的成长，是我在暑假里最快乐、幸福的事情。

语文的天地何其广阔！语文的事业何其崇高！语文的乐趣何其丰富！一生献给语文，何其幸福！

目　　录

第一部曲　文本解读

第二部曲　创意设计

第三部曲　课堂演绎

第一部曲

文本解读

"文本解读能力是语文教师的第一基本功",这几年我一直记着恩师的教导。

独自研读,深入研读,反复研读,这是训练和提高自己文本解读能力的不二法门。大声地反复朗读文本,为一个标点、一个词语思前想后,为把零碎的想法组合为一篇解读稿彻夜难眠,为将短短的课文写出了数千字的解读而兴奋不已……

如今的我,已经不单纯把解读视作备课的必须过程,更多的时候是把解读作为一件有趣的事情、一件刺激的事情、一件快乐的事情、一件幸福的事情,我因而品尝到了修炼基本功——解读文本带给我的多种滋味。

第一次练功

——《秦兵马俑》片段赏析

一次偶然的机会,恩师让我对《秦兵马俑》(苏教版小学语文第10册课文)的第十段做美点欣赏。可以说这是我独立解读文本的开始,是我的第一次真正练功。通过这一次的解读,我更深刻地体会到,解读文本对教学设计重要的铺垫作用。所有的创意,都来自深入的解读。

《秦兵马俑》的第十段原文:

每一件兵马俑都是极为精美的艺术珍品。仔细观察,它们神态各异:有的微微颔首,若有所思,好像在考虑如何相互配合,战胜敌手;有的眼如铜铃,神态庄重,好像在暗下决心,誓为秦国统一天下作殊死拼搏;有的紧握双拳,勇武干练,好像随时准备出征;有的凝视远方,好像在思念家乡的亲人……走近它们的身旁,似乎还能听到轻细的呼吸声。

我的美点欣赏如下。

1. 总分的结构

总写:"每一件兵马俑都是极为精美的艺术珍品""仔细观察,它们神态各异";

分写:用四个"有的……"逐个地介绍每一个兵马俑的情况,从人物的神态写出不同的人物的特征,表现秦兵马俑"形象鲜明"的特点。

2. 工整的句式

用排比的手法使句式工整:"有的……好像……;有的……好像……"

(比喻修辞的运用,让没有活力的兵马俑一下子生动起来,如"眼如铜铃"。)

3. 动静的结合

动静的结合表现在两个方面。

第一个方面:对所列举的四种兵马俑神态的描写有的侧重动态,有的侧重静态。

如"微微颔首,若有所思,好像在考虑""紧握双拳,勇武干练,好像随时准备出征",这两个兵马俑重在写其微妙的动态;"眼如铜铃,神态庄重""凝视远方",呈现的则是静态的兵马俑的神态。

第二个方面:列举的神态各异的兵马俑都是静默的、没有生命的,但是

第一部曲

文本解读

3

加上最后一句话"走近它们的身旁,似乎还能听到轻细的呼吸声",一下子就让这些兵马俑苏醒过来、生动起来,仿佛他们就是在战场上的鲜活的士兵们。

4. 丰厚的内容

内容的丰厚主要表现在两个方面。

第一个方面,观察和描绘的部位不同。四个"有的"观察点分别是兵马俑的"首""眼""双拳""目光",这使得内容丰富、不单调。

第二个方面,从所写的神态来看,分别反映了不同性格特征的人物。善于思考、誓死卫国、勇武干练、思乡心切的都有,这更能表现制作工艺的高超和古代劳动人民的智慧。

5. 合理的联想

为了更好地展现兵马俑的形象,作者借助合理的联想,由表及里(由人物的神态推测人物的内心)地表现了兵马俑各异的神态。

如对"微微颔首,若有所思"的猜测是"好像在考虑如何相互配合,战胜敌手";看到"眼如铜铃,神态庄重"的,联想到他"好像在暗下决心,誓为秦国统一天下作殊死拼搏";那"紧握双拳,勇武干练"的,自然是整装待发的壮士,"好像随时准备出征";至于"凝视远方"的,我们结合当时的背景,很自然就会想到,他们"好像在思念家乡的亲人"。

写这些兵马俑,作者不仅仅是客观介绍,还把他们当作活生生的人来理解,理解他们的内心,理解他们的情感,以至于"走近它们的身旁,似乎还能听到轻细的呼吸声"。

兵马俑的形象被刻画得栩栩如生,是离不开作者合理的联想的。

6. 精美的语汇(积累美词)

这段文字虽只有130多字,却有许多精美的语汇值得学习、积累。

如两个字的词语:

　　珍品、出征、凝视、轻细。

四个字的短语:

　　神态各异、微微颔首、若有所思、眼如铜铃、

　　神态庄重、殊死拼搏、勇武干练。

7. 仿句的范本(生动造句)

段落中的句子格式工整、内容丰富,可以引导学生模仿这一段主体部分的句式说话、写话:"有的……好像……;有的……好像……"。

解读小结

A. 学会观察,从不同角度进行观察

B. 展开合理的联想

C. 运用规范、工整的句式表达,适当运用修辞手法

D. 抓住人物的神态表现人物的性格特征

E. 描写手法的丰富多样,能增强文章的生动性

F. 积累并运用精语雅词

恩师的评语

美点欣赏做得真不错,很有"发现"的水平。我想是不是还可以有:虚实之美,结尾的那一句是虚写;承接之美,段的第一个句子承上启下;还有融情入物之美。

语文教学三部曲——解读、设计、演绎

奇人与妙文

——解读《刷子李》之妙

妙在题目双关

题目的格式很特别："刷子"，一个再简单不过的名词，在这里点明人物的职业是干粉刷一行的；"李"，人物的姓氏；"刷子李"，既表明人物的姓氏、职业，更表现出在这一行业中，该人物技艺高超，具有不可撼动的地位和影响。

妙在情节波澜

起初，徒弟是"半信半疑"，但大半天下来，居然连一个芝麻大的粉点也没发现，他真觉得这身黑色的衣服有种神圣不可侵犯的威严。正当徒弟对师傅佩服得五体投地时，却突然发现刷子李裤子上有一个白点：师傅那如山般的形象轰然倒去。不料刷子李最后揭开谜底：那白点原来是黑裤烧了个小洞造成的！一波三折的叙事，使刷子李的"奇"得到了一次次的渲染，更加强化了刷子李"如山般的形象"，起到了引人入胜的艺术效果。

妙在细节描写

细节描写对于塑造人物个性能起到重要作用。文中有多处细节描写。

1."他把随身带的一个四四方方的小包袱打开，果然一身黑衣黑裤，一双黑布鞋。"

对小包袱的介绍，更有力地表现出刷子李给自己订立的几近苛刻的规矩：

(1)刷浆时必穿一身黑，干完活，身上绝没有一个白点；

(2)只要身上有白点，白刷不要钱。

这表现了刷子李的自信，更侧面写出他的技艺高超。

2."曹小三给他点烟时，竟然看见刷子李裤子上出现一个白点，黄豆大小。"

6

3."刷子李手指捏着裤子轻轻往上一提,那白点即刻没了,再一松手,白点又出现,奇了!"

4."那白点原是一个小洞! 刚才抽烟时不小心烧的。里边的白衬裤打小洞透出来,看上去就跟粉浆落上去的白点一模一样!"

这几句是对刷子李黑裤子上的白点的细节描写。写出白点的大小、效果以及产生原因。这一令人吃惊的白点着实有力地使故事充满起伏,人物形象也丰满起来。

妙在预伏设置

预伏,即预先埋下伏笔。在本文中,有多处预伏。

1."这是传说。人信也不会全信。行外的没见过的不信,行内的生气愣说不信。"

"这是传说。"这一句话意味深长啊!尤其是"行内的生气愣说不信",充满了幽默。为什么"生气"呢? 不愿意、不希望承认刷子李的高超技术罢了。到底信不信呢? 俗话说,耳听为虚,眼见为实。不论行内的、行外的,总要亲眼看见才能服气吧。这就为下文的徒弟亲见师傅的高超技艺预设了伏笔。

2."曹小三当然早就听说过师傅那手绝活,一直半信半疑,这回非要亲眼瞧瞧。"

这一句中的"早就""一直""非要"很有表现力,生动地揭示了曹小三想一探究竟的心理。"半信半疑"也为后面曹小三的彻底折服做了适当的铺垫,埋下伏笔。

3."每刷完一面墙,必得在凳子上坐一会儿,抽一袋烟,喝一碗茶,再刷下一面墙。"

刷子李休息这一规矩,是最重要的一个预伏! 因为:
没有坐一会儿,就没有曹小三的借着给师傅倒水点烟的机会;
没有抽烟就不会有下面的裤子被烧了个洞;
没有曹小三点烟,就不会有后文的看见刷子李裤子上出现一个白点。

妙在悬念设置

文章不长,但是作者为了表现刷子李的技艺之奇崛,采用了设置悬念的手法,借助徒弟曹小三的所见所想步步设悬,最后由师傅刷子李揭示徒弟的疑惑来释悬。

第一部曲 文本解读

我们来看看作者是如何一步步设置悬念的。

"曹小三当然早就听说过师傅那手绝活,一直半信半疑,这回非要亲眼瞧瞧。"

眼见为实啊。在领教师傅的技术之前总不会完全相信的。

"曹小三才知道师傅派头十足。照他的规矩一天只刷一间屋子。"

刷墙居然有这么大的规矩。为什么呢?

"刷过去的墙面,真好比平平整整打开一面雪白的屏障。可是曹小三最关心的还是刷子李身上到底有没有白点。"

尽管墙面刷得那么平整,可是这也不能打消徒弟对师傅承诺的怀疑。最后到底有没有白点呢?

"他真觉得这身黑色的衣服有种神圣不可侵犯的威严。"

前面几面墙刷完后,没有找到白点,对师傅的这种崇敬之情油然而生。看来要想看到师傅出错是不可能了。

"曹小三给他点烟时,竟然看见刷子李裤子上出现一个白点,黄豆大小。"

总算抓到一个证据了。看来师傅再谨慎也是有疏忽的时候啊!

释悬:

"那白点原是一个小洞!刚才抽烟时不小心烧的。里边的白衬裤打小洞透出来,看上去就跟粉浆落上去的白点一模一样!"

读到这,不禁恍然大悟,读者赞叹刷子李技艺的同时更是惊叹作者巧妙的写作手法。

妙在心理描写

这篇文章要塑造的人物是刷子李,对他的描写主要是外在的,如动作、语言等描写。要表现刷子李的技艺高超,更多的是借徒弟曹小三的心理变化来表现。文章对曹小三的心理描写很细腻,完整地写出了他的复杂的心理过程:从起初的"一直半信半疑"、细致观察写到紧张、发现白点的疑惑一直到最后的"发怔发傻"。

有两处我们可以细细揣摩。

1."他真觉得这身黑色的衣服有种神圣不可侵犯的威严。"

这句话写的是曹小三看到师傅穿着一身黑色的衣服,刷完墙壁后,"居然连一个芝麻大小的粉点也没发现"时的内心感受。他亲眼见到师傅真有如此高超的技艺,他感到惊愕,内心受到震撼,虽是事实,但他不敢相信这是事实,可又不得不承认这是事实。这身黑衣服上无一个粉点,就是师傅高超技艺的见证。因而,他觉得那件"黑衣服"具有一种威慑力。这种威慑力让人对刷子李的技艺不敢有丝毫的怀疑,否则就是一种亵渎。

2."但他怕师父难堪,不敢说,也不敢看,可忍不住还要扫一眼。"

在曹小三给刷子李点烟时,竟然看见师傅裤子上出现一个白点,很扎眼。这一下子把他心目中师傅那光辉而伟大的"如山般的形象"摧毁了。他不希望接受这样的事实,更不愿意让师傅知道自己身上有白点,因为这与师傅先前的承诺、规矩——只要身上有白点,白刷不要钱相冲突,矛盾的心理让曹小三也觉得尴尬,只能"可忍不住还要扫一眼"。

妙在侧面衬托

文章表现刷子李技艺的高超除了采用对刷子李的刷墙进行直接描写以外,还运用了侧面描写手法。如:

1. 衣着衬技艺

"他刷浆时必穿一身黑,干完活,身上绝没有一个白点。"

"穿上这身黑,就好像跟地上一桶白浆较上了劲。"

对刷子李刷墙时的特殊穿着——黑衣、黑裤、黑布鞋的描写就是侧面描写,侧面描写是从另一个角度来表现刷子李的技艺高超。

刷子李为自己设立的近乎苛刻的"从业标准",让人感受到他的奇崛之极。他穿上这身黑与其说是在和"那桶白浆"较劲,不如说是在与自己挑战和较劲,他在以这种特殊的方式向世人展示自己的高超技艺,流露出对自己手艺的绝对自信和自豪。

2. 猜议衬技艺

"有人说这蘸浆的手法有高招,有人说这调浆的配料有秘方。"

对于刷子李"刷子划过屋顶,立时匀匀实实一道白,白得透亮,白得清爽"的高超技艺,用旁人的推测、议论来表现,这也是侧面衬托手法。

3. 徒弟衬师傅

用徒弟的怀疑衬托师傅的自信。曹小三开始听说师傅有手绝活时,"半信半疑";师傅刷墙时,"最关心的还是身上到底有没有白点";看见师傅身上出现白点时,以为师傅"名气有诈"。这样用曹小三对师傅"半信半疑"的态度来侧面衬托刷子李"艺高胆大"的自信,充分表达作者对"刷子李"这个具有超凡技艺的"奇人"的由衷赞叹和肯定。

第一部曲
文本解读

妙在观察角度

塑造刷子李的"俗世奇人"形象,作者没有采用一般的用第三人称来直接述说的写法,而是设计了一个特殊的观察者——徒弟曹小三。通过徒弟的眼睛来展现师傅的风采。这样写来,有理有据,令人信服,不论是行内的,还是行外的,还是我们这些读者,都觉得可信,都会对刷子李的高超技艺发出由衷的赞叹。

妙在镜头感强

读下面的语句我们好像在看电影。

"只见师傅的手臂悠然摆来,悠然摆去,如同伴着鼓点,和着琴音,每一摆刷,那长长的带浆的毛刷便在墙面啪的清脆一响,极是好听。啪啪声里,一道道浆,衔接得天衣无缝,刷过去的墙面,真好比平平整整打开一面雪白的屏障。"

这一段话描写了刷子李刷墙的情景,包括他刷墙的动作和刷后的效果。

"手臂悠然摆来,悠然摆去,如同伴着鼓点,和着琴音""啪的清脆一响,极是好听",通过动作和声音的描写,写出了刷子李刷墙时动作熟练优美。

"啪啪声里,一道道浆,衔接得天衣无缝,刷过去的墙面,真好比平平整整打开一面雪白的屏障。"一个"天衣无缝",一个比喻,写出了刷子李粉刷的墙面十分平整,质量很高。这就是他的绝妙的技艺。

刷子李刷墙的动作是那样娴熟,娴熟得已进入一种出神入化的境界,给人的感觉,他不是在做一项又脏又累的活儿,而是在进行一项艺术创作、艺术表演。描写的过程,既有形象又有声响,仿佛是在播放一个电影镜头,让曹小三、让读者欣赏到了一帧帧动静结合的画面。

"当刷子李刷完最后一面墙坐下来,曹小三给他点烟时,竟然看见刷子李裤子上出现一个白点,黄豆大小。黑中白,比白中黑更扎眼。"

"说着,刷子李手指捏着裤子轻轻往上一提,那白点即刻没了,再一松手,白点又出现,奇了!他凑上脸用神再瞧,那白点原是一个小洞!"

这两小段话简直就是电影脚本啊。如果拍摄的话,包含了几种镜头处理方式:远镜头、推近、近镜头、特写,将黑色背景上的那个白点的真相一步步揭示出来。这样的语言读起来有令人牵肠挂肚的感觉。

妙在对比手法

为了烘托人物的形象,文中采用了对比的手法。对比手法可以使人物性格更鲜明、形象更立体。

(1)色彩的对比

在这一课中,黑色装束与雪白墙面形成视觉上的强烈反差。色彩的对比为人物活动提供了特殊的背景。

(2)刷子李性格粗细的对比

刷子李其实是用奇特的方式展示自己的才能、渲染自己的本领。大胆的"承诺",充满自信,豪气干云。同时又心细如发,对于小徒弟细微的内心活动体察入微。

(3)师徒观察方式的对比

徒弟的刻意观察与师傅的不露声色形成强烈的对比。

曹小三听说师傅有手绝活,"一直半信半疑";师傅刷墙时,他"最关心的还是身上到底有没有白点";于是"借着给师傅倒水点烟的机会,拿目光仔细搜索刷子李的全身。每一面墙刷完,他搜索一遍"。当发现有白点时,他"不敢说,也不敢看,可忍不住还要扫一眼"。作者通过生动地描写小徒弟的刻意观察来逐步表现出刷子李令人震撼和赞叹的技艺。

全篇没有一句写到刷子李对徒弟的关注,他却忽然开口对徒弟说:"小三,你瞧见我裤子上的白点了吧。你以为师傅的能耐有假,名气有诈。"读到此处,一个心细如发的老匠人的形象跃然纸上。

通过这一组师徒二人的对比,两个人物形象都丰满和立体起来。尤其让人能一下子懂得刷子李之所以有这样的高超技艺是与他一贯的细致分不开的。

妙在语言幽默

本文的语言具有浓郁的"天津"风味,并且幽默传神,极富表现力,无论是人物语言,还是叙述语言,均情趣盎然,简洁传神。如下面的几个句子。

"单坐着,就赛升天一般美。"

"行外的没见过的不信,行内的生气愣说不信。"

"他真觉得这身黑色的衣服有种神圣不可侵犯的威严。"

"师傅露馅儿了,他不是神仙,往日传说中那如山般的形象轰然倒去。"

第一部曲
文本解读

把教材读厚

——《谈生命》细读

初中语文教材中关于认识生命、感悟生命的文章有多篇。冰心先生的散文《谈生命》是一篇比较独特的文章，但因其被安排在九年级下册，教学中常受中考复习进度的影响而往往被忽略。

散文《谈生命》具有精致的结构、精彩的形象、精美的语言、精深的哲理，我从这四个方面对其进行了综合细读。

文章给读者的第一印象很特别：体形比较庞大，结构形式独特，只有一个整片的段落。细做分析，很容易看出行文层次来，根据所写内容和内在的节奏，我们能够清晰地把握文章的精致结构。

首句直接点明话题：生命。用"不敢说生命是什么"表现出对生命的敬畏，要给"生命"下定义是很难的，因为这关系到对"生命"本质的理解。"只能说生命像什么"，一下子就把抽象的话题变得具象化，也能引起读者的关注和共鸣。下面用两个内部结构基本一致的并列段落，把生命比作"一江春水"和"一棵小树"两个生动贴切的形象，揭示出作者所理解生命的过程、规律和本质，并抒发作者的感叹。最后一部分，将前文中形象的比喻里的道理提炼出来，用议论的方式增强了理性的思考和提升。

"生命像向东流的一江春水"，这是作者从生命的本质来形象地理解生命。生命是奋勇向前的，任何力量也无法阻碍他、压制他，生命的运动形式是流动，生命的特点就是"前进"。尽管其间顺利与曲折如影随形，但"终于有一天""他已到了行程的终结"，最终完成了使命。

作者描写了江水从源头到融入大海的整个经历，这些经历由两条线索推进着：第一就是一路上江水"所遭遇的一切"，第二是遭遇这一切时，江水作为一个特殊的生命所怀有的态度——"快乐勇敢地""向前走"！

我们来看第一条线索，即一江春水"所遭遇的一切"：他会遇到"悬崖峭壁""层沙积土""滚滚沙石""巉岩前阻""危崖"，也会遇到"细细的平沙""斜阳芳草""红艳的桃花"，他会与"暴风雨""激电""迅雷"相逢，也会与"晚霞""新月"招手，这是他前途中所遇到的客观环境。第二条线索，即江水怀有的态度：不论遇到什么样的条件，或许是艰难的、曲折的，或许是平和的、顺利的，他把这一切都视为一种"享受"，享受这一切，但又从不停止前进的步伐,他的内心总有一股"前进的力量",这力量让他能够用昂扬的、积极乐观的态度去面对一切,他唯一能做的就是"向前走",因为这就是生命的过程、生命的本质。

在写"一江春水"奔流入海的过程中,作者用了四个"有时候",呈现出生命过程中会经历的几种情况。每一个"有时候"后面都是人生境遇的比喻说法,用妙喻形象地表现出人生的顺境、逆境、起伏、坎坷等情况。这几种情况,从事情的性质和发生的状态来看,是不分先后的,即不与人的生命历程的阶段一一对应,而是显示"一江春水"亦即人的生命历程的丰富多彩。我们能较容易地读出:人生总是幸福与苦难、顺利与曲折相伴而随的。

一江春水,作者侧重在表现他向前推进的过程,写出生命的"流动"特点;而小树,作者则侧重表现他的向上生长的过程,将两部分结合起来看,作者描述了生命的周而复始又螺旋上升的态势。

"生命又像一棵小树",这是作者借树的孕育、生长的过程来揭示生命的规律:始而渺小、微弱,继而不断成长、强健、壮大,终而归于消亡,但正是在这样的历程中实现了自己生命的价值。

写小树,作者侧重写他的生命历程。这种历程与小树的生长发育特点是密切相关的。小树要经历一年四季,在年轮的不断增多中才能长成参天大树。所以,在这一部分中,与写"一江春水"生命经历有所不同的是,作者展现了小树"破壳出来",到"春天",到"最茂盛的中年",再到"他消融了,归化了",这几个连续的阶段,勾画着或喻示着人的生命历程,较之第一部分,此部分将人的生命的阶段性表现得更明显。

生命的发育即一种考验,要"从地底聚集起许多生力",生长的环境不是温室,而是在"冰雪下",在充满寒气的"早春",可是因为有对生命的向往和追求,于是种子要推开压覆在身上的一切重负,顶开坚硬的壳,他冲破一切,他"勇敢地"钻了出来!这里,作者既写出了种子破土的过程,也表现了生命诞生之初的艰难和困苦的环境。没有典型的、外显的比喻句式,但是比喻又是无处不在的。在以后的日子里,他为他的生命积攒"生长的力量"。从"挣脱了出来""挺立抬头"这些蕴含了努力向上意味的短语中,我们分明感受到了生命力量的冲动与奋进。他用青春的方式展示青春的美丽与魅力:开出"满树的繁花",给四周带来了欢乐,蜂蝶"飘翔",小鸟"唱歌"。此时,他体会到了他存在的意义。写发育到青春的这一部分,作者用了五个"也许",形象地写出生命历程中可能面对的不同境遇。流畅的文脉很自然地把我们带入那棵树的"最茂盛的中年",这又何尝不是一个年富力强的、事业与生活均

第一部曲

文本解读

如日中天的中年人呢？他用自己挺拔、健壮的身躯"荫庇树下的幽花芳草"，他结出了"累累的果实"，这是他的生命价值的体现，更是生命意义的真谛。在他把最丰厚的礼物奉献给了生他养他的大地后，他只是静享"成功后的宁静和怡悦"，此刻他深深地明白：生命的价值，在于收获与奉献。所以，在他的一生结束时，他释然地走向终点，没有遗憾，没有痛苦，因为努力地生长过，因为快乐地灿烂过，因为真诚地奉献过，因为怡然地面对过……

从以上的解读中我们可以看出，写小树的这一部分，也有两条清晰的线索，第一是生命的历程，即从孕育、出生、成长、成熟到老去的一个完整的生命过程；第二是与历程相伴的情感态度，较之春水部分的大起大落，这一部分更多地表现出较为平和的生命中的欣喜、快乐与宁静。

这两个形象描述的部分有许多妙点可以挖掘，这既是作者的精妙构思所在，也是学生阅读理解能力的训练点所在。我们可以用"聚合"的方法来欣赏妙点。如可以设计这样几个话题引导学生进行美点欣赏。

1. 文章里有"两个……"（如：文章里有两个生动的形象、两个生命的内容、两个描写的段落、两个分别出现了两次的语句等）。

2. 两个段落内部有很多的一致（如：都有两条线索、都写了两次生命、都有虚实两部分、生命结束时的状态与心态都是一样的、作者对两种生命结束的感慨都是一样的等）。

3. 文章运用典型的修辞手法来增强语言的表现力（如：比喻使丰富多彩的不同的人生变得形象可感，从而揭示人的生命的过程、规律和本质；富有情态感的拟人手法生动地表现出春水、小树的丰富生命体验；反复的句式，生动又富含思想，仿佛作者在深情地咏叹，加强了文章回环往复的旋律美；强烈的对比突显春水不畏险阻、勇往直前的生命追求，更好地塑造了春水的形象；等等）。

如果说前面的部分是形象地解说生命，那么最后一部分就是作者个人的生命感悟。这篇文章首次发表于1947年，文章表现的是一个中年人对生命的深刻认识和独到感悟。

文章的最后一部分，是在形象说理之后的理性升华，起到了深化主题、总结全文的作用。可以说，前面的形象解说都是为这最后的议论服务的。我们有必要进行深入的理解和分析。

开头几句气势非凡。作者的思绪瞬间变得浩渺起来，"宇宙是一个大生命，我们是宇宙大气中之一息"，将生命由春水、小树的形象一下推到整个宇宙的宏大、阔远的背景下，揭示了我们与宇宙的密不可分、相互融合的关系。

"江流入海，叶落归根"，这是春水、小树的生命规律和生命终结方式。"我们是大生命中之一滴，大生命中之一叶。"正如江水与大海、树叶与大树的相融相生一样，我们之于整个宇宙不过就像一滴水之于整个大海、一片叶之于整棵树的关系。这样想来，我们个体的生命是渺小的，但我们又是大生命中不可或缺的因子。于是，作者顺势说"在宇宙的大生命中，我们是多么卑微，多么渺小，而一滴一叶的活动生长合成了整个宇宙的进化运行"。是的，个体生命不过就是宇宙大生命的一分子，个体生命最终要回归宇宙大生命的母体之中；但是，如果没有我们"卑微""渺小"的如"一滴一叶"般的生命的积极的"活动生长"，"整个宇宙的进化运行"也就不存在了，从这一角度看，我们的生命既是卑微的，也是高尚的、宏大的。

　　我们要认识到我们生命的意义，我们更要表现出生命的意义，生命的意义要能很好地表达出来首先就要运动。这是作者要告诉我们的第二个道理。作者巧妙地再一次运用江流、种子来形象地阐释这个道理："不是每一道江流都能入海，不流动的便成了死湖；不是每一粒种子都能成树，不生长的便成了空壳！"这句话揭示出生命的真谛，生命的活力只有在奋斗中才能体现。只有不断流动，生命之水才有活力；只有不断生长，生命之树才能常青。拥有生命，但如果不作为，那便只有一片死寂。生命的魅力就在于要生长、要生存。

　　"生命中不是永远快乐，也不是永远痛苦，快乐和痛苦是相生相成的。"生命的滋味是复杂的，我们必须要有这样的心理准备去面对。这一句阐述了生命中快乐与痛苦的辩证法，点明快乐和痛苦是生命之歌的基本旋律。这是作者对生命规律的一种理性判断和认识。"好比水道要经过不同的两岸，树木要经过常变的四时。"这里再一次地表现出作者行文的巧妙，始终回扣前文，始终把最后的抽象的、理性的说理与前面的形象的、感性的描述紧紧关联，使得文气流畅、思路严谨。

　　作者以宽广的胸怀面对生命的一切，同时把对生命的理解和态度真诚地告诉我们，也启迪我们应用感恩的心去善待生命。"在快乐中我们要感谢生命，在痛苦中我们也要感谢生命。""快乐固然兴奋，苦痛又何尝不美丽？"这两句是作者累积了几十年的生活经验写成的精警之句，是最有思想情感含量的句子，也是全文点题之句。作者在这里表明了自己的人生观、人生态度以及对人生的深刻感悟。

　　"我曾读到一个警句，是'愿你生命中有够多的云翳，来造成一个美丽的黄昏'。世界、国家和个人的生命中的云翳没有比今天再多的了。"最后的这两句我们可以这样理解："愿你生命中有够多的云翳，来造成一个美丽的黄昏",这是一句诗句,"云翳"喻指丰富多样的经历、体验;"美丽的黄昏"喻指人活到一定的年龄或者说到了老年,这里的"黄昏"不是对生命即将逝去的一种可惜、惋叹,而是人在经历过岁月的洗礼之后具有了无限感慨又感到幸福和欣慰的景况。我们不能忽略"美丽的"这个限制短语,这是作者诚挚的祝愿,她希望我们的一生有丰富多样的经历,能够多多地、真正地体验到人生的美好。

这一部分的表达方式与前面的完全不同,这里采用议论的方式,从表达主题方面说,在前文对生命的现象做比喻性的充分描写之后,再点明命意、阐明文旨、深化主题;从结构方面说,起着总结全文的作用,文章的哲理性、议论性的特点,在这一段表现得很充分。

从全文来看,文章综合运用多种表达方式来增强文章的厚度和密度。春水、小树的生命过程主要通过叙述、描写手法来展现,精深的哲理尤其是对生命的感悟则采用议论的方式。综合运用多种表达方式使文章表现出如春水流动、小树生长的灵动特点。

"把教材读厚",才能"把教材教薄",这一篇对散文《谈生命》的细读也许能给我们更直接的启示。

理想与现实

——巴金《短文两篇》解读

《日》

文章开头就从飞蛾写起,飞蛾的行动是扑向灯火,它的目的是"为着追求光和热",最终实现了目标,但是代价是惨痛的——牺牲:"死在灯下,或者浸在油中"。对飞蛾的这一行为,作者是赞美和敬重的。

与飞蛾一样,为了追求光和热而最终牺牲的还有夸父。还有很多很多为了理想而牺牲的人们,因为他们选择的是生命的价值:宁可"轰轰烈烈"地死,也不愿"寒冷""寂寞"地生。他们所追求的不只是为自己,更是为了整个人世间,为了人世间不再是"黑暗的寒冷"的,而是有着温暖的"光和热"。

然而,眼前的社会就是一个黑暗的、寒冷的世界,总需要有人带来光和热,来改变它。即使"化作一阵烟,一撮灰""我"也愿意"做人间的飞蛾",因为能够"飞向火热的日球",感受和获得那份光和热,是"我"的追求。这样的一种人生结局表现了作者高尚的价值观、人生观和使命感。

"日",是追求的理想和目标,因为它能带来光和热,它能驱散黑暗和寒冷。

短文开篇并没有写到日,而是由飞蛾扑火写起,写到夸父逐日,一个是自然的生物现象,一个是古老的神话传说,作者找准两个事例的共同点来为文章的中心服务,即要追求光和热,要追求生命价值的实现。由他们的生命追求,作者联想到人的生命追求:轰轰烈烈地改变严寒的现实,哪怕死也在所不惜。于是,他想象着自己也可以幻化为飞蛾,在生命的最后一瞬间,得到光也得到热。作者愿意以这样的献身方式表达他对生命意义的诠释和对理想的追求。

由飞蛾写起,最后落笔在甘愿"做人间的飞蛾",得到光和热,整个结构圆润、流畅。用飞蛾实现首尾照应,并通过这样的照应揭示中心:为了光和热,不怕牺牲。

第一部曲

文本解读

夸父逐日的神话,使文章的境界高远,体现出这种牺牲精神自古以来就有,由远到近,由神话到现实,由虚构人物到当下世人,逐步明朗写作目的。

作者借飞蛾扑火、夸父逐日来托显、抒发自己要为抗战胜利而奋战、不怕牺牲的战斗情怀。(托物抒怀)

巴金曾经说过:"让我做一根木柴吧。我愿意把我从太阳那里受到的热放散出来,我愿意把自己烧得粉身碎骨给人间添一点点温暖。"这种为了大众利益而不畏牺牲的精神和情怀是巴金作品里的主旋律。

他还说过:"光明,这就是我许多年来在暗夜里所呼叫的目标,它带着一幅美丽的图画在前面引诱我。同时惨痛的受苦的图画,像一根鞭子在后面鞭打我。在任何时候我都只有向前走的一条路。"(1935年10月,巴金的《写作生活回顾》)

巴金的这种情怀贯穿了他的一生,他的作品里清晰地流淌着这种动人情怀。

全篇文章思路缜密,教学中,要注重引导学生理清作者的行文思路,并感受作者的博爱、牺牲情怀。

《月》

意境更空幽,思路也更灵动些。

文章开头,"每次对着"直入全篇,塑造了一个思考者的形象。"对着"生动地表现出人与月在对话的奇异情景;"长空的一轮皓月",创设情境,意境寥远。"我会想:在这时候某某人也在凭栏望月吗?"作者一定相信他不是一个孤独的望月者,一定有人和他一样,有着同样的心思和情怀。

第二段,圆月如"明镜",这个比喻并不出奇,但奇的是,"我们的面影都该留在镜里吧,这镜里一定有某某人的影子"。岂止"我们的面影"会留下,我们生活中的一切不都会在镜中留下影子吗?黑暗、寒冷的现实已经被天上的皓月完全记录并投射了出来。

这两段,没有表现月光本身的寒凉。只是从它的如"明镜"的功能来写,我们不难理解"明镜"的含义:世上的一切都"该留在镜里"了。正因为这样,才有了后文中望月时的"感觉":"冷光""凉月""寒光",究竟是月本身"冷""凉""寒",还是投射到"明镜"里的事物"冷""凉""寒",也就不言而喻了。作者从月亮如"明镜"的角度来巧妙地折射现实生活,别具匠心。

本文的写作时间是7月22日,正是盛夏酷暑之时,然而,作者却说"寒夜对镜",此处的"寒"该是作者心里的"寒"吧。因为"面对"的是"凉月",感觉就不只是"冷光扑面"了吧,也许还有冷光扑怀、冷光扑心吧。这样冷冷的感受,自然让人想起有同样感受的时刻和经历。于是,第四段具体展开描述"面对凉月"时"我"的"这感觉"。

"海上""山间""园内""街中""露台上",以这五个地点代表了整个世间,这五个地点亦由大而小、由远而近,无论在何处,只要"望着明月,总感到寒光冷气侵入我的身子",我们也似乎感受到了寒光冷气由"海上"到"山间",再到"园内""街中",最后铺天盖地地弥漫了整个"露台",整个人被这样的肃杀寒气包围着。"侵"字传神地表现出这股"寒光冷气"的威力和不可抗拒。明明是夏天,可是"对着长空的一轮皓月","我"却想起"冬季的深夜",不需抬头,仅仅是"望见落了霜的地上的月色",便不禁寒凉起来,"觉得自己衣服上也积了很厚的霜似的"。衣服积霜,更是心灵积霜了呀。诗歌的意境是虚构的,时间是跃动的,这种跃动看似没有章法,实乃作者精心设计的。此段中的"冬季"自然不是冬天,而是作者写作时(尽管是炎炎夏日)现实生活给人心灵上的如冬季一般的严寒。

这一段从第三段衍生出来,创设了独特的意境,这种意境更强化了"寒夜对镜""冷光扑面"的感觉。在这一段中,我们似乎看到了主人公孤独的身影,听到了他内在的独语,真切地感受到人物由外而内、由衣服到内心都"积霜"的别样情绪。如果没有这一段,人物内心的这份敏感细腻、忧愁沉重的独特感受就荡然无存了。在此处展开描述、丰富意境正是作者的匠心所在,使文章意境由空远转而贴近生活,由简单的望月转而感悟现实,立意厚重起来。

第五段,"的确,月光冷得很",顺承上一句"很厚的霜"而来,同时再一次深化并照应了第三段的"冷光扑面"。紧接着后一句揭示了月光之所以是冷的原因:"死了的星球是不会发出热力的。"其实,月球没有死,按照文章的思路看,月球只是如明镜高悬,它所照到的事物如果是死寂沉沉,又怎么可能给人以生气勃勃的感觉?"月的光是死的光",只因为它自己没有生命力而已。自己没有生命力,怎么会有热力呢?怎么能带给人们以热力呢?月,它本身没有任何错误,如果,它所照到的是一团熊熊烈火,它还会"冷得很"吗?只因为,它所照到的是一片死寂,一片"不会发出热力的"寒冷世界。所以,需要改变的不应该是月球,而是它所照到的地球,是整个人间!

也许姮娥奔月是为了"使这已死的星球再生",她的愿望是如此美好。然而,一个"难道"的询问,让我们也不敢相信姮娥有这样的能力可以改变

"寒光冷气"的现实。姮娥奔月也许不是为了"使这已死的星球再生",而是因为"她在那一面明镜中看见了什么人的面影",究竟是什么人呢？自然是也同样"凭栏望月"的人，是同道之人，是觉得现实如此寒凉而渴盼并愿意改变寒凉的人，是像作者这样的有着拳拳爱国心和浓浓报国志的人。

《月》，通篇写的是月如明镜，给人"寒光冷气"，而这就是当时社会的真实写照。作者没有逃避，而是客观、冷静地面对，理智、深入地思考、分析，将月之所以"冷"的原因揭示出来，因为月所照射到的一切是没有热力的，所以"月的光是死的光"，要想改变月光给人的感受，只有一个办法：改变现实，与"也在凭栏望月"的同道之人一起奋发努力改变这阴冷黑暗的现实。这也许才是作者的真正写作目的：在抗战最艰难的时期，鼓舞人们拿起武器奋勇向前，为着那光和热！

《月》的首尾照应也很明显并很巧妙。自己望月时会想，"这时候某某人也在凭栏望月吗"，创设意境，引发遐思；文章的结束写到姮娥"或者在那一面明镜中看见了什么人的面影吧"，实现了结构和内容的对接：望月，思月。不论是抒情主人公"我"还是姮娥，面对如镜的"凉月"，都有一个共同的愿望：改变冷寒，带来热力。

《月》全篇被一种清幽、孤寂、忧愁的情绪所笼罩。"寒夜""冷光""凉月""静夜""冬季的深夜""落了霜"……都给人以一种凄清、悲凉之感。"一个人""小小庭院"又分明让我们看到了一个孤独者苦苦思索、探寻的形象，他感到"寒光冷气侵入"他的身子，他感到"自己衣服上也积了很厚的霜似的"，无法抵御的寒凉直逼进体内。一切景语皆情语啊！情景交融，物我合一，这是《月》的意境给读者的最深入心灵的印象。

巴金的散文充满了"忧郁而热情的青春气息"。他的作品里反复出现四组意象系列，即"对光和热的赞美，对生命力的赞美，对探索者和殉道者的赞美，对漫漫长夜和严冷寒夜的憎恶"。(《论巴金建国前的散文创作》《文学评论》1996 年第 1 期)从《日》《月》两篇短文中，我们能够清晰地看到巴金的生命追求与信念。这样的信念伴随着他的一生。1983 年卧病在床时写的《愿化泥土》深切地表达了他的心愿，这个心愿其实就是他一辈子坚守的甘于奉献的牺牲精神："我家乡的泥土，我祖国的土地，我永远同你们在一起接受阳光雨露，与花树、禾苗一同生长。我唯一的心愿是：化作泥土，留在人们温暖的脚印里。"

课后练习三解答

《日》中的光和热,是理想、是追求、是目标;冷是当下的现实,是要改变的局面。

《月》中的冷,是现实、是心境;光和热,是理想、是追求、是目标。唯有照到了光和热,如镜的皓月才能不再"冷光扑面"。

所以,两篇的冷热是一样的:反映冷的现实生活,表达理想和信念,追求光和热。

用足文本价值

——《桥之美》精段解读

《桥之美》是画家吴冠中先生写的一篇关于桥的美学小品文,主要谈的是画家眼中的桥与环境搭配的美学原则。教材编者把它放在八年级说明文单元,而同一单元里还有一篇《中国石拱桥》,教学中如何处理好两篇有关"桥"的课文的关系?笔者认为应结合文本本身的特点,充分利用好每一篇文章的价值,把它作为学生语文学习和能力训练的好材料。

对《桥之美》这一篇并不难的文章,我们如何挖掘和用足它的价值呢?

我们可以用由面到点、精段精读的方式来处理。

通过阅读全文,我们很容易把握《桥之美》的主要内容。作者从画家的角度介绍了自己喜爱桥的原因:桥在不同环境中的形式和作用是迥然的,所以才会给人以丰富多彩的美感。或者说,桥之美,美在它"起到构成与联系之关键作用"。有了这样的整体把握,我们再来对精段进行解读。

"桥之美",究竟美在哪里?作者在文末说,"凡是起到构成与联系之关键作用的形象,其实也就具备了桥之美",概要地说,"桥之美"就美在它"起到构成与联系之关键作用"。让我们结合具体语段的分析,看看这种"关键作用"是如何表现出来的。

作者在第三段说,"我之爱桥……是缘于桥在不同环境中的多种多样的形式作用",第四段便是紧扣这一句来阐说的。

针对"不同环境",作者选择了四种典型的环境,即"乌镇"的"芦苇丛"、"江南乡间"、一大片的"湖水"和华南的"山区"。桥的"形式作用"自然是"多种多样的",它带给人们这样丰富的美感:疏密相间、刚柔相济、面线相融、动静相生;更给人们这样美妙的享受:"舒畅""销魂""满足""欣赏"。

在这一段里,作者借几座桥向我们介绍了这样的四种美:疏密相间之美、刚柔相济之美、面线相融之美、动静相生之美。

具体分析如下。

乌镇的小河两岸,绵延不尽着密不透风的芦苇,当你行舟在河水上,正觉得单调和憋闷时,突然有一座或拱形或方形的桥跃入你的眼睛,你会有惊喜,更会有舒畅。桥的线条与芦苇的块面形成强烈的视觉冲突,你一下子就会深深地感受到那种疏密相间之美。

坚硬的石桥,纤细的柳丝,只要它们在一起就有令人销魂的打动力。一个"拂"字生动地把细柳飘丝的柔情表现出来。厚重与灵动、历史与新生、刚劲与轻柔的和谐表现得淋漓尽致,这是一种江南早春独有的刚柔相济之美。

水天一色的湖面,单纯而又明亮,烟波浩渺自然是一番好景象,但是画面又多少会显得单调呆板。卧龙似的长桥,犹如一根线,一下子将完整的一个面切分成活泼的块,令你从任何角度看,都会有新的视觉效果,你会不得不佩服造桥人,他们匠心独运,使人工的桥与自然的湖配合默契,呈现出面线相融之美。

风雨桥,顾名思义,是为赶山路的人遮风挡雨的桥。作者介绍风雨桥,不是介绍它的功能,而是介绍桥与自然环境所产生的美感。不论桥下的水流多么湍急喧嚣,人们总可以静静地站在风雨桥里欣赏飞瀑流泉,水的激荡与桥的宁静形成强烈的反差,这样的画面充满了动静相生之美。

爱桥,就是因为桥的"多种多样的形式作用"。乌镇芦苇丛中的桥以疏密的形式给人"舒畅",江南乡间的石桥与细柳刚柔相济的配合令人"销魂",广阔水域上的长桥就是"线与面之间的媒介",线面相融的美叫人"满足",风雨桥与面对的飞瀑流泉共同组合成了亦动亦静的画面,人们因此而"欣赏""搏斗"。

本文是一篇"小品文",小品文是散文的一种形式,篇幅短小,形式活泼,内容多样化。第四段文字中,作者用典型的散文化的笔法介绍了桥的美学原则。

介绍每一种桥的手法也不太相同。乌镇的石桥用的是与苇丛的对照,江南乡间的石桥与细柳用衬托手法,长桥则用举例来对比,风雨桥却先介绍结构,再说其美。

对四种不同的美感表达也不尽相同。有的是直接说效果美,如乌镇的桥的"鲜明的对照"之美;有的是间接赞美,通过人们的心理感受来写桥之美,如"令画家销魂""会感到像读了一篇史诗似的满足";还有的是从人们的行为来侧面表现桥之美,如"画家和摄影师们必然要在此展开一番搏斗",这是从画家和摄影师们争着选取最佳欣赏角度和表现角度来侧面衬托风雨桥的美。

这一小段文字里,作者运用了多种修辞手法,如拟人、比喻、对比等。"发闷的苇丛做了一次深呼吸,透了一口舒畅的气""那纤细的游丝拂着桥身坚硬的石块""一座长桥,卧龙一般,它有生命",在作者笔下,一切都是那么有生机、灵气、情调。

在这一段中,描写、说明、议论、抒情几种表达方式巧妙地结合,给人以水乳交融的感觉。正如桥与周围的环境配合的效果一样,这一段文字或活泼秀丽或厚重沉稳,都与作者使用多变的表达方式和丰富的修辞手法是分不开的。

《桥之美》是一篇小品文,小品文是散文的一种形式,篇幅短小,形式活泼,内容多样化,颇具值得精读品味的美点。课堂教学中,应该通过活动和训练,引导学生好好地欣赏这第四段的文字美和手法妙,实实在在地用足文本的价值。

两两相应在家醅

——《春酒》解读

春酒,即八宝酒,是琦君童年时母亲泡制的,春节的时候拿出来与亲朋好友分享的美酒。喝春酒,享受快乐、美好。然而,母亲不在,故乡难回,即使是如法炮制,也难有"道地家乡味"了。这便是台湾作家琦君在她的散文《春酒》里抒发的情怀。

说说文章的结尾和中心

如果把这篇散文改编成一部电影,我们可以这样处理,把文章最后两段的内容提前,作为第一幕。

又是一年春节,一个中年妇女在完成一系列祭祖的程序之后,给儿子倒了一杯八宝酒,儿子说用美国的葡萄酒泡的八宝酒味道没有外婆家的酒味道好。妇女自言自语,轻叹:"可是叫我到哪儿去找真正的家醅呢?"

镜头在袅袅的香烛烟雾中切换。呈现于眼前的,是大洋彼岸的中国南方几十年前的一个村落,那里的人们在欢庆春节。

于是,我们和儿时的琦君一起快乐地享受春节。

红火的节日,热闹的拜年,明亮的色彩,温暖的人情往来,处处洋溢着过年的喜庆。观众的眼睛、心神都沉浸在了过大年的喜悦中,陪可爱的小姑娘琦君一起走东家串西家地喝春酒,在自己家的大花厅里和村人一起喝会酒,还得到会首给的花手帕……

这就是文章最后一句话带给我们的遐想。从这一点看,作者的最后一问是多么巧妙啊,无形中使文章的结构呈现出优美的圆圈体型,圆润柔美。因此,当我们听到那声感叹——"叫我到哪儿去找真正的家醅呢",我们一定会急切地告诉她:到你的回忆里,到你的心里,到你的梦里去找啊!那里有轮流邀饮春酒,那里有答谢喝会酒,有你欢乐的童年,有你至爱的母亲,有你热情的邻居,有你总爱偷喝的八宝酒,还有会喝醉的小花猫,有你关于母亲、关于家乡的所有美好回忆。那里才有"道地家乡味"啊!

文章以作者的一句心灵之语——发自内心深处的慨叹和抹不掉的乡愁戛然而止。这样的结束赋予文章余音绕梁之美,使文章的主旨凸显,深刻的

第一部曲 文本解读

立意也境界全出。

文章并不是通常意义上的抒写作者"最美好的回忆"。从内容比重上看，回忆美好占了绝大部分篇幅，但这并不影响末两段在整篇文章中的四两拨千斤的力量。前八段的内容完全创设了新年喝春酒的欢乐、祥和、幸福的氛围，后两段却使得全文一下子笼罩在了深深的、厚厚的、抹不开的悲愁里了。快乐、祥和与幸福，是那样的难忘，那是美好的精神家园所在啊，而如今，一切都不在，一切都不再，回忆越是美好，越是带来苦痛，作者用这样的大喜来写出心中的大悲。所以，前文的美好怀念都是源于这当下难掩的思乡之情、美好精神家园的失落，也都是为了当下这份跨越了太平洋的思乡之情和对美好精神家园的追怀与向往。这便是文章的中心了。

解读多组"两个"

笔者在研读课文的过程中，发现了这样一个有趣的现象，文章里的"两个"很多。下面是一组有助于解读课文的"两个"。

1. 文章内容上的两个时段

前八段写"我"小时候的生活，那时候在浙江老家，"我"和"我"的母亲生活在一起，在那里"我"拥有快乐的童年；后两段是"我"的现在，现在是在美国，"我"已经失去母亲，"我"和儿子生活在一起。

这两个时间段把文章分为描叙内容、语言风格、思想情感完全不同的两块。前面的热闹、快乐、美好更反衬了后面的冷清、伤感、失落。

2. 过年的习俗重点写了两个

从文章中，我们读到了过年的一般风俗，如做蒸糕、迎神、拜佛、供祖等，我们也读到了浙江农村特有的习俗——喝春酒和办会酒。文章重点写了喝春酒和办会酒这两个富有地方特色的习俗，但是这两种喝酒方式又是不一样的。

邀喝春酒，是"家家户户轮流的"，是邻里间轮流请客的，形式上是游走式的，不固定地点、人物、时间，作者以简略的笔墨介绍了这一习俗。

比喝春酒更为正式、更能表现邻里和睦和淳朴民风的，那该是摆酒席喝会酒了。与喝春酒相比，喝会酒是有讲究的，首先喝会酒的目的是要"表示酬谢"，如平日里有急需用钱的人对提供帮助的人的一种感谢；其次，来参加的是十二个人；再次，要有像样的餐厅，那就是"我家的大花厅"；最后，场面规格很高，是从城里叫来的"十二碟的大酒席"。

之所以详细介绍喝会酒，那是因为，喝会酒更好地表现了村里人的互帮互助、知恩图报；能把大花厅借出来办会酒是很荣耀的，也可增添喜气；母亲捧出"自己泡的八宝酒给大家尝尝助兴"，表现出母亲的热情好客；后面大家请教如何泡得那么好，又是对母亲手艺的赞赏。而这些，都是"我"多年后依然怀念的"道地家乡味"，也是我努力想找到的"真正的家醅"，所以，作者花了三分之一的笔墨来写喝会酒。

3. 人物重点写了两个

春酒，是泡了供春节时喝的一种酒而已。可是，因为是心爱的母亲泡的，因为酒里泡了八宝，就显得更加香甜美味了。

从文字中，我们能读到一个中国传统的优秀母亲的形象。她热情好客、心灵手巧、勤快淳朴，是一个"做什么事，都有个尺度在心中的"人，按她自己的话说，是"分分寸寸要留神"。

"我"是一个快乐地享受童年、母爱的孩子，是讨得邻里人都喜欢的一个可爱的小姑娘。"我"从过年喝春酒、喝会酒中能感受到淳朴的民风、浓浓的人情味，为自己有能干的母亲而骄傲，为自己能喝到甜美的八宝酒而自得。

4. 乡里人重点写了两组

怀念故乡，还有一个很重要的原因，那就是故乡的人情味浓，故乡的民风淳朴。

在写故乡村子里的人时，作者用了两种不同的处理方法，这与作者所选写的人物是有密切关系的。

第一组人物是众乡人。这里没有具体地写乡人的声音和面貌，只是通过介绍习俗呈现了他们的群体特征。"家家邀饮春酒""请邻居来吃春酒""凡是村子里有人急需钱用，要起个会，凑齐12人，正月里，会首总要请那11位喝春酒表示酬谢""大家喝了甜美的八宝酒，都问母亲里面泡的是什么宝贝"，在这一组文字中，我们看不到一个具体的清晰的人物形象，作者的文字就像是电影里的远镜头、虚镜头，人物只给我们一种模糊的印象，但我们又分明能从字里行间感受到和睦、和谐的邻里关系，感受到一人有难众人帮的美好社会风尚。作者是否也对这样真实、友善、淳朴的人际关系充满了留恋呢？

第二组人物是个体形象代表——阿标叔。阿标叔是花匠，每到喝会酒前，他就会"巴结地把煤气灯玻璃罩擦得亮晶晶的，呼呼呼地点燃了，挂在花厅正中"。我们仿佛看到了一个做事勤快、手脚麻利的男子在春节时欢快地忙碌着，也许擦完灯罩，他还会继续擦灯笼、摆桌椅，与作者一家一起分享喝会酒的兴高采烈。作者对这一人物采用了具体的描写，运用近镜头、实镜头的手法，通过他的动作写出帮忙办会酒的人的精神状态，那自然是忙并快乐

第一部曲
文本解读

着的。

5. 手法突出的有两个

这两个突出的手法是:细节、线索。

短短的一篇文章能给我们留下那么深刻的印象,与作者善用细节描写、以线串文的手法是分不开的。

这篇文章有丰富的细节描写。作者通过细节表现情趣,通过细节刻画人物。

"我是母亲的代表,总是一马当先,不请自到,肚子吃得鼓鼓的跟蜜蜂似的,手里还捧一大包回家。"

"其实我没等她说完,早已偷偷把手指头伸在杯子里好几回,已经不知舔了多少个指甲缝的八宝酒了。"

"母亲给我在小酒杯底里只倒一点点,我端着、闻着,走来走去,有一次一不小心,跨门槛时跌了一跤,杯子捏在手里,酒却全洒在衣襟上了。"

"抱着小花猫时,它直舔,舔完了就呼呼地睡觉。原来我的小花猫也是个酒仙呢!"

"我呢,就在每个人怀里靠一下,用筷子点一下酒,舔一舔,才过瘾。"

"母亲得意地说了一遍又一遍,高兴得两颊红红的,跟喝过酒似的。"

"巴结地把煤气灯玻璃罩擦得亮晶晶的,呼呼呼地点燃了,挂在花厅正中。"

这些语句生动活泼,又不乏精妙的细节描写。"我"的天真可爱,"我"对八宝酒的"贪恋","母亲"对"我"的关爱,乡邻对"我"的喜爱,"母亲"的得意自豪,八宝酒的美味,阿标叔的勤快……都在看似不经意实则用心的点染中表现出来。

文章以"春酒"作为线索贯穿全文。回忆从新年中期待春酒、邀饮春酒到详细介绍母亲泡酒的方法,从酒的品质、借花厅喝会酒到自己异国他乡自酿春酒、抒发怀念春酒,全文以"春酒"始,以"春酒"终,戛然而止似又回环往复,编织了一个优美雅致的"春酒"之链。

6. 需要特别重视的段落有两个

这篇文章有两个段落需要我们特别重视,即首段和末段。

首段的文字介绍了农村新年的一些规矩,尤其是过年时小孩子眼里的约束。但从字里行间我们都可以很容易地看出,即便是"很受拘束",也掩饰不了孩子们心里对新年的热爱,对喝春酒的热盼。以元宵节前的"很受拘束"来衬托邀饮春酒这个新年里的又一个"气氛之热闹"的"高潮",把春酒在"我"童年时心目中的地位很生动地表现出来,同时也引出下文要介绍的

"我最喜欢的"是"母亲在冬至那天就泡的八宝酒"。用比衬手法做铺叙，这是第一段的结构和内容上的设计之妙。

我们再看末段："一句话提醒了我，究竟不是道地家乡味啊。可是叫我到哪儿去找真正的家醅呢?"整篇文章的中心情感和力量就在这两个短语——"道地家乡味"和"真正的家醅"上。前文中过新年的欢乐祥和到这里一下子全变成了令人心酸的苦涩寂冷。用这样的一个问句来结束全文，戛然而止而又余音绕梁。在询问中抒情，倍增乡愁。教学中这里可以此为突破口!

7.视角有两个

这篇文章的一个独特之处在于，作者在文章中变换了视角。如果没有最后的两段，文章是一篇独立的回忆童年的文章。童年时的新年是那样令人回味，它是快乐美好的，因为有很多好吃的，尤其是可以挨家挨户地邀喝春酒。这些都是孩子眼里的新年，是从儿童的视角来记录童年的新年。文字是活泼的，情感基调是快乐而温馨的。

与前文内容和视角完全不同的是最后两段，回忆中的童年变成了现实中的当下，回忆中的喝妈妈泡的八宝酒变成了喝自己泡的八宝酒，儿童的视角变成了成人的视角。因为变化，而使文章变得立体、丰满和厚重起来，由简单的回忆童年时新年的美好而转变为抒发浓浓的乡愁。

不同的视角决定不同的文字风格，也决定了不同的情绪、情感基调，更影响了文章的立意。

8.情感有两种

在两个段落、两个视角分析的基础上，我们很容易把握文章的情感，因为视角的不同，内容的不同，语言的不同，所表达的情感也不同。

文章抒发了两种情感:快乐而美好的，伤感而哀愁的。

快乐而美好的情感，主要集中在对童年的新年回忆的那一部分。那是有关故乡的、儿时的、与母亲在一起、喝着香醇的春酒的日子，充满了温馨和甜美。

伤感而哀愁的情感，是末两段中流露出的作者内心的情感主色。那是在美国的、现在的、没有了母亲、喝着用美国的葡萄酒泡的没有美味的八宝酒的日子，充满了思念和感伤。

两种情感，一先一后，看似一厚一轻，实则是那么的不可分割，相互映衬，尤其是最后两段的情感，那是真正的四两拨千斤啊，真可谓"在我心中重千斤"!

9.回忆母亲的内容有两个

通过阅读分析，我们可以清晰地看到，文章回忆母亲的内容有两个:第

第一部曲

文本解读

一个是关于春酒、会酒的;第二个是,做"新鲜别致的东西""分给别人吃"。

全篇围绕"春酒"行文,但也有与春酒无关的内容,即第八段。那么第八段是否有旁逸之嫌呢?母亲勤快能干、待人热情,不光喜欢把自己泡的八宝酒拿出来让大家分享,平时也总会做"新鲜别致的东西""分给别人吃"。作者加写第八段,写母亲的友善真诚是有其意图的:不仅怀念故乡,更加追怀母亲。如果仅仅是远离故乡,而母亲健在,恐怕不会有那么深的愁绪了吧。母亲是我们的根,唯有根在,我们才知道自己从何而来,自己是谁;根不在,我们便像那漂浮的树叶了。

乡情感人,而与母亲的至爱之情却最能打动人。这是本文三种情感(对童年、对母亲、对家乡)的最凸显也是最核心之处。

10. 泡八宝酒的有两个人

文中重点介绍了母亲泡的八宝酒。母亲的八宝酒,香满全村的。虽然母亲并没有介绍过泡八宝酒的每一种原料的比例,正如她自己所说"大约摸差不多就是了"。但是,她泡进去的是"我"的快乐的童年,"我"喝到的是香甜的幸福。

文中并没有介绍"我"泡酒用的配料,但是我们有理由相信,"我"泡的八宝酒的配料与母亲用的应该是一致的,就那八样材料。但是"我"泡的八宝酒的口味却无法与母亲泡的相比,逊色很多。没有其他原因,只因为那酒里缺少了叫"亲情""乡情"的主料。"我"泡的酒,味道少的是那份情感,因为那份情感最有力的依托——母亲已经不在了。

11. 另外还有两个值得关注的

(1)一个重要的隐藏于文字中的手法:侧面衬托

文章多处运用侧面衬托的手法来表现母亲所泡的八宝酒的香甜美。这也是一块很重要的内容。

"我家吃的东西多",不稀罕那些零食——衬托最喜欢的是八宝酒;

偷偷地舔酒——衬托八宝酒好喝;

小花猫"也是个酒仙呢"——衬托八宝酒香;

我在别人家"只喝一杯,因为里面没有八宝"——衬托八宝酒甜;

"我呢,就在每个人怀里靠一下……舔一舔,才过瘾"——馋酒,衬托酒好喝;

喝会酒后,大家请教母亲——衬托酒的甜美;

因为酒美,更想起制酒之人,然而,如此香甜的美酒再也无法"炮制"了。所以,笔者认为,把文章的解读定位在对母亲的深深追怀上更合适。这样,后面的伤感才更容易理解。"斯人不在,唯有泪千行。"

（2）一个重要的标点

"究竟不是道地家乡味啊。"

上面的这个句子有作者强烈的情感蕴蓄其中,然而,作者却用了一个简简单单的句号,而不是叹号。因为句号是感情的有意控制,而叹号却是感情的直接抒发。这一个小小的句号里包含着作者多少的惆怅、不舍、怀念、伤感、乡愁啊。

通过这一组"两个"的挖掘和分析,我们对琦君的《春酒》的理解才可能是贴近作者内心的,才可能是还原文本真实的。根据这样的解读再做教学设计,才会使教学内容更确定,才能把学生带入课堂深处和文本深处。

《春酒》,一篇欢乐背后是乡愁的文章。

魅力背影知多少

——初中语文课本中人物背影赏析

文学作品中对人物的描写有多个角度。鲁迅先生曾说:"要极省俭地画出一个人物的特点,最好是画他的眼睛。"(鲁迅《我是怎样做起小说的》,见《南腔北调集》)如他对祥林嫂眼睛的多次描写,就把祥林嫂的精神状态、生命特征清晰地表现了出来。然而,"每个人都是典型,但同时又是一定的单个人",除了眼睛可以表现一个人的特点,穿着、语言、动作、神态等也是不同的人有不同的风格特征的。即便是背影,也是各具风貌,各有魅力。不同的人有不同的背影,这些背影因为其独特的故事而让人回眸,给我们留下深刻的印象。初中语文课本中就有这样一些让人难忘的背影(本文所涉及的人物形象均出自人教版初中语文课本)。

父亲辛酸蹒跚的背影

说到背影,我们自然会想到经典作品朱自清先生的《背影》。

父亲攀爬月台"到那边去买几个橘子"的背影,让读者难忘,永远定格在我们的脑海里。这个背影并不高大美丽,却具有穿透人心的力量。望着这个蹒跚的背影,想起关于父亲的一切,眼泪会情不自禁地流下来。

《背影》这篇文章,表达的是亲情之爱,却是这样的与众不同:不是写母爱,而是写父爱;不是刻画人物的正面,而是描写人物的背影;这背影不是潇洒帅气的身姿,而是笨拙年迈的老态;不是事先计划好要写的,而是多年后收到父亲来信后情不能自已完成的;不是刻意营造抒情气氛,而是"情感的自然流露";不是为了赞美父亲的伟大,而是要表达亲子之爱的不对称。

正如孙绍振先生(孙绍振《名作细读:微观分析个案研究》)所说,《背影》之所以成为不朽的经典,就在于它写出了亲子之爱的永恒的特点,那就是爱的隔膜。现实的爱,是有隔膜的,父与子的矛盾,两代人的亲情的错位,是一代又一代不断重复着的人性,具有超越历史的性质。正因为这样的亲情错位有普遍性,所以,读者在阅读时会透过朱自清父子的故事看到自己的影子,会引起心灵的共鸣。"抗拒父亲的爱是毫无愧色地流露出来的,而为他的爱感动落泪却是秘密的。"(孙绍振《名作细读:微观分析个案研究》)"急于回报又竭力掩饰自己情感的心理",生活中我们不是也常常会有吗?

为什么那个背影给朱自清先生如此强烈的打动,是因为"父子之间隔膜的打破、紧张的消解,就发生在'我看见他的背影'的那个瞬间。'我的泪很快地留下来了',不仅是为父亲的爱所感动,更为自己曾有过的对父亲的误解,为父子间的隔膜而悔恨、悲哀!"父子之间"情感的冰块""消融"了。(钱理群《做与不做之间》)

　　每次读《背影》,最让我心酸的是父子最后告别的场面,是那个"混入来来往往的人里"的背影。

　　"他走了几步,回过头看见我,说:'进去吧,里边没人。'等他的背影混入来来往往的人里,再找不着了,我便进来坐下,我的眼泪又来了。"

　　"他走了几步,回头看见我。"

　　他在走的这几步中,一定想了点什么吧?我让学生们揣测父亲此时的心理,再理解父亲的那一回头。孩子们的发言很让人感动。也许,父亲没有想到儿子还站在那儿定定地望着自己,所以,"看见我"时,那份意外,那份感动,那份不舍,那份酸楚,也许还有那份尴尬和局促中流淌出的丝丝甜蜜,那份浅浅淡淡的幸福大概就是他那一瞬间充溢心头的全部感受吧!

　　"等他的背影混入来来往往的人里",这一个背影不像前文的那个背影的动态感、画面感那么强烈,留给我们的似乎也只是比较虚化的一个人形轮廓而已。可是,一读到"混"字,揪心与酸楚感便从心底泛起。"来来往往的人里",父亲的背影渐渐消逝,淡出画面。作者没有用"消失""消逝"写渐渐看不清看不到的父亲的背影,而是用一个"混"字表现出父亲在茫茫人海中的那份渺小、那份漂泊、那份令人心疼和忧虑。谁不是来这世上"混"一遭啊!"父亲能找到工作吗?后面的生活该会是怎样呢?他刚才的一回头叫人看到是多么心酸啊……"这也许便是朱自清努力地寻找父亲背影时的心理。在这里,我看到了朱自清对父亲的深深理解、担心和牵挂。

　　"再找不着了"中的"再"和"找"也都值得品味。

　　不是分别后的一般意义上的"望"着对方离去,而是努力地用眼睛去"找",去发现、去留住,唯恐那个人影会突然之间从视线中消失。火车站来来往往的人很多,一时看不到是正常的;如果再努力地找,也许就又看到了;"再"字让我们看到了朱自清一直把目光集聚在渐行渐远的父亲背影上的专注,与父亲告别后的那份不舍就在这一个"找"字里,淋漓尽致地呈现出来。

　　"距离有多远,牵挂就有多长。"是的,父子之间哪怕再有矛盾,再有隔膜,在当下,在此刻,彼此之间的恩恩怨怨都会烟消云散了。牵挂是那个时刻唯一的主题,理解在此时得以真正实现。

　　这最后的一个长长的镜头,又是一个永恒的瞬间。"这里所传达的,是天地间最真挚的父子之爱,但又不是一般的父子之爱,而是在人世艰难的年

第一部曲

文本解读

代,父子间曾有过深刻的隔膜,而终于被天性的爱的力量所消解、融化以后,所显示出的父子之爱的伟大与永恒。"(钱理群《做与不做之间》)

朱自清先生的《背影》令我们感叹唏嘘,回味无穷。

韩麦尔崇高爱国的背影

下面的这段文字,是都德的著名短篇小说《最后一课》的最后一部分。

忽然教堂的钟敲了十二下。祈祷的钟声也响了。窗外又传来普鲁士兵的号声他们已经收操了。韩麦尔先生站起来,脸色惨白,我觉得他从来没有这么高大。

"我的朋友们啊,"他说,"我——我——"

但是他哽住了,他说不下去了。

他转身朝着黑板,拿起一支粉笔,使出全身的力量,写了两个大字:"法兰西万岁!"

然后他呆在那儿,头靠着墙壁,话也不说,只向我们做了一个手势:"放学了,你们走吧。"

小说《最后一课》的高潮部分定格在韩麦尔先生的板书和背影上。

在这篇小说中,韩麦尔先生由一个普通的教师形象变为一个爱国者,成为短篇小说长廊中一个不朽的形象。小说中,人物形象的价值在于其艺术价值。"艺术价值是情感价值。小说的价值集中在人身上,人的心理,尤其是人的情感是核心。"(孙绍振《名作细读:微观分析个案研究》)

语法课、习字课、历史课,一节接着一节上完了。韩麦尔先生在履行着他作为教师的职责。可是,谁能体会到他在这屈辱的历史时刻心中的悲愤和苦痛呢?作为一个普通的民众,普通的教师,他对职业的敬重、对祖国的热爱,在平时也许显露不出。但是,"人的心理是个丰富多彩的立体结构,隐藏在深层的和浮在表面上的,并不一定很一致。在一般情况下,深刻的情感是隐藏得很深的,连人物自己都不大了解。只有发生了极端的变化,心理结构受到突如其来的冲击,来不及或者永远无法恢复平衡时,长期潜在的情感、与表层相异的情感,才可能暴露出来"。(孙绍振《名作细读:微观分析个案研究》)韩麦尔先生遭遇的祖国受侵略连母语都被取消了这一"极端的变化",是人物情感和感知的一个饱和点,这个饱和点是其命运突转的契机,使潜藏在他意识深处的爱国情感一下子"暴露出来"。

"教堂的钟敲了十二下。祈祷的钟声也响了。窗外又传来普鲁士兵的号声,他们已经收操了。"在象征和平的午祷钟声和象征侵略的普鲁士军号声响起的时候,在最后一课"发生了极端的变化"的时候,这个"可怜的人",却不能像刚才课上阐释"法国语言是世界上最美的语言"那样慷慨陈词了,他的内在情感此刻得不到充分地表达："我的朋友们啊，"他说，"我——我——"，他"没有以伟大而洪亮的声音表达"他复杂的情感，相反，他却是那样拙于表达，以至于"他哽住了，他说不下去了"。

他满腔的爱国深情如何表达？"他转身朝着黑板，拿起一支粉笔，使出全身的力量，写了两个大字'法兰西万岁！'"压抑在内心的情感像火山一样喷发。我们似乎看到了"韩麦尔先生动作的幅度与力量"，看到了"两个字的色彩、线条与形态"，看到了一个振臂高呼"法兰西万岁"的英雄。那"发自内心的热爱祖国的强烈呼声"就回荡在我们耳畔。韩麦尔先生奋笔板书的背影，深深地印在学生的眼睛里，刻在学生的生命中。

写着光彩夺目的两个大字的黑板此刻就是背景，是韩麦尔先生这尊雕像的背景。这尊雕像，活生生地立在每一个读者的面前，让人强烈地感受到这个人物外在的力度和内心的激情！庄重、无畏、悲壮、深情，这就是最后一课的韩麦尔先生，他代表着无数具有爱国主义精神和不屈的民族意志的法国人民。

孔乙己悲凉谢幕的背影

鲁迅先生曾经说过，在他所有的小说中，他最偏爱的是《孔乙己》。

《孔乙己》全文中，鲁迅先生只安排孔乙己正式出场两次，给孔乙己正面的描写实在是有点吝啬的。然而，即便是用笔吝啬，也并不影响这个形象在文学史上熠熠生辉的地位。

孔乙己的第二次出场，从某种意义上来说，也可以算是在咸亨酒店这个舞台上的下场，更可以说，是以喝最后一碗酒的形式向自己的人生告别，做一个谢幕仪式。

我们来重温孔乙己的第二次出场吧。

"温一碗酒。"这声音虽然极低，却很耳熟。看时又全没有人。站起来向外一望，那孔乙己便在柜台下对了门槛坐着。他脸上黑而且瘦，已经不成样子；穿一件破夹袄，盘着两腿，下面垫一个蒲包，用草绳在肩上挂住；见了我，又说道，"温一碗酒。"掌柜也伸出头去，一面说，"孔乙己么？你还欠十九个钱呢！"孔乙己很颓唐的仰面答道，"这……下回还清罢。这一回是现钱，酒要好。"掌柜仍然同平常一样，笑着对他说，"孔乙己，你又偷了东西了！"但他这回却不十分分辩，单说了一句"不要取笑！""取笑？要是不偷，怎么会打断腿？"孔乙己低声说道，"跌断，跌，跌……"他的眼色，很像恳求掌柜，不要再提。此时已经聚集了几个人，便和掌柜都笑了。我温了酒，端出去，放在门槛上。他从破衣袋里摸出四文大钱，放在我手里，见他满手是泥，原来他便用这手走来的。不一会，他喝完酒，便又在旁人的说笑声中，坐着用这手慢慢走去了。

孔乙己这一次出场,与前文的第一次出场完全不同了。

他不再是"站着喝酒"了,而是"盘着两腿,下面垫一个蒲包,用草绳在肩上挂住""对了门槛坐着",连站的能力都不具备了,腿已经完全被打残废了。"青白脸色"也变成了"黑而且瘦,已经不成样子",谁都想象不出这一段时间他是如何熬过来的。那件他永远珍视的读书人身份标志的"长衫"也脱去了,换成了不知从哪儿弄来的"一件破夹袄"。

外形的改变也许还不算什么,但是,这一次,他连之前的"总是满口之乎者也,叫人半懂不懂的"读书人的话语系统也消失殆尽。此时,孔乙己已经被逼到找不到文言词语来维护自己的尊严,连"跌断"这样掩饰性的口语都没有信心说下去了。以前,当别人说他偷东西时,他"涨红了脸,额上的青筋条条绽出"争辩,而"这回却不十分分辩","眼色,很像恳求掌柜,不要再提"。曾经他可以"温两碗酒,要一碟茴香豆",因为那时他可以很得意地"排出九文大钱",而现在,他只能"从破衣袋里摸出四文大钱",连下酒菜也买不起了,唯有空口喝白酒。如果能"多花一文,便可以买一碟盐煮笋,或者茴香豆,做下酒物了",可是,鲁迅先生就是不给孔乙己多一文钱。这就是鲁迅先生处理情节、安排人物命运的高明之处,让一个嗜酒如命的人,生命中最后一顿酒连一碟茴香豆下酒菜都没有。孔乙己的命运到了何等悲惨的境界。那曾经"用指甲蘸了酒,想在柜上写字"教"我"的手,"伸开五指"就能"将碟子罩住"的大手,现在已经"满手是泥"。不仅这样,他的手已经完全代替了脚,他是"用这手走来的",他喝完酒,又"坐着用这手慢慢走去了"。人类的进步,有一个最重要的标志,就是直立行走和手的解放。直立行走使人类能观察到更加宽广的世界,手的解放为人类提供了认识世界、改造世界、让自己生活更好的基本条件。而现在,孔乙己,这个曾经高大的人却沦落到用手走路的惨境。

作为一个生命个体,孔乙己的前后两次出场变化很大。然而,作为社会中的一个普通人,他并没有给周围人带去多少改变。

孔乙己不过是别人生活中的一个可有可无的符号而已。孔乙己在咸亨酒店里,常常"引得众人都哄笑起来:店内外充满了快活的空气"。"可是没有他,别人也便这么过。"孔乙己如此痛苦、如此狼狈地用手撑着地面"走去",酒店里的众人居然一个个都沉浸在自己欢乐的"说笑声"中。人性麻木至此,这是何等的惨烈。

这最后的出场,以他留给别人的笑声和"坐着用这手慢慢走去"的渐行渐远的背影告终。

这个背影是悲凉的,是孤独的,是令人心酸心痛的。孔乙己从此就在人们的生活中消失了。鲁迅先生偏爱《孔乙己》,不是因为表现了这个人物的独特遭遇,而是要表现"这种人物在他人的、多元的眼光中的不同观感"(孙绍振《鲁迅为什么偏爱＜孔乙己＞》),这是鲁迅先生小说的创作原则。孙绍振先生对《孔乙己》的评价是:"于寥寥数页之中将社会对于苦人的冷淡,不慌不忙地描写出来,讽刺又不很显露,有大家的作风。"(孙绍振《解读语文:微观分析个案研究》)孔乙己是个"苦人",他最后一次来咸亨酒店,在他又一次被取笑后,"已经聚集了几个人,便和掌柜都笑了"。"所有的人似乎都没有敌意,都没有恶意,甚至在说话中还多多少少包含着某种玩笑的、友好的性质。"但是,鲁迅先生所揭示的,就是这种含着笑意的恶毒。他们把这个"苦人"仅有的一点点自尊完全摧残了。孔乙己从一开始就尽全部努力忌讳言偷,只是为了维护读书人所谓的自尊,哪怕是无效的抵抗,他也要挣扎的。鲁迅先生的深刻在于,这种貌似友好的笑中,包含着冷酷,包含着对人的精神的麻木不仁,对人的反人道的无形摧残。这是鲁迅先生的高明之处,更是孔乙己的背影带给我们的认识和思考。

老王僵直滞笨的背影

老王,杨绛先生的邻居,"靠着活命的只是一辆破旧的三轮车","没什么亲人"。最后一次到杨绛先生家,"他一手提着个瓶子,一手提着一包东西"。"瓶子里是香油,包裹里是鸡蛋。"第二天就去世了。就这么一个普通的邻居,杨绛先生多年后为他专门写了一篇文章。

我们来看一下老王离开杨绛先生家的情景。

他一手拿着布,一手攥着钱,滞笨地转过身子。我忙去给他开了门,站在楼梯口,看他直着脚一级一级下楼去,直担心他半楼梯摔倒。等到听不见脚步声,我回屋才感到抱歉,没请他坐坐喝口茶水。可是我害怕得糊涂了。那直僵僵的身体好像不能坐,稍一弯曲就会散成一堆骨头。我不能想象他是怎么回家的。

杨绛先生"不能想象他是怎么回家的",我们也想象不出。

这最后一次相见,老王"简直像棺材里倒出来的,就像我想象里的僵尸,骷髅上绷着一层枯黄的干皮,打上一棍就会散成一堆白骨"。这是一开门"看见老王直僵僵地镶嵌在门框里"时杨绛先生的第一感觉。身体已经到了这样的地步,还把自己舍不得吃的香油和大鸡蛋特意送给邻居。可是,在这里他并没有获得自己内心想得到的。因为,在和杨绛先生一家相处的这么多年里,他们的关系是不对等的。

杨绛先生在与老王相处时,很了解老王生活的悲苦,所以,总是不愿意

第一部曲

文本解读

让老王吃亏,大凡老王给她东西,她总是用钱来表达接受和感谢。最后一次,也不例外。然而,老王要的不是"物有所值",他也许只是单纯地、一厢情愿地把杨绛先生一家当作亲人,因为他"没什么亲人",临终前他特意给杨绛先生一家送来的香油和鸡蛋,是他能留下的最好的也是唯一的遗产。这是一个大限将至的人最后的感恩之情。老王是将杨绛先生一家作为最大的恩人和唯一的亲人来对待的。

这一回,老王比谁都清楚,他来杨绛先生家其实是以赠送遗产的方式做生命的告别。唯有亲人间才可能有这样郑重其事的仪式。可是,杨绛先生不懂。她还是一如既往地用她以为正确的方式来处理,用钱来平衡相互的关系。所以,已经如"想象里的僵尸"一样的老王离开后,她并没有去打听,没有托人问候,更没有去看望老王。"过了十多天",碰到老王同院的老李时也只是礼节性地随便问问,老王也可能只是她和老李之间难得共有的话题而已。当得知老王死的时间和下葬时的情况时,她也并没有表示出多大的关心,"没多问",不仅仅只是"不懂",也许压根就没有想到要去多问,因为,一个踩三轮的与她又有多大关系呢。

诗人郑敏说:"每个汉字都像一张充满了感情向人们诉说着生活的脸。"老王的最后一次出场,杨绛先生多次运用了"直"这个字来表现老王的身体状态。"直僵僵"的身体、"直着脚"下楼,几乎已经没有生命鲜活气息的人,"身体好像不能坐,稍一弯曲就会散成一堆骨头",以独特的方式报答给予他关心和帮助的邻居,向他们做生命的告别,又不得不带着遗憾走了。他没有亲人,也没能在杨绛先生面前获得一种被视为亲人的认可,可是毕竟"死者长已矣",他的苦痛随着他的离开而消逝了。

而他"直着脚一级一级下楼去"的背影,在杨绛先生的记忆里总是挥之不去。几年后,杨绛先生渐渐明白,她和老王两人在对待彼此所采用的标尺上的严重差异:双方都没有在对方那儿寻到内在的精神平等的对话,这是对彼此的伤害。再反思自己最后一次与老王的对话,有的只有那份愧疚了:在人与人相处中,老王把杨绛先生当亲人,即便杨绛先生一家也曾遭受过苦难,但是毕竟有像老王这样的人,"持续地关注着我们,体恤着我们,那我们就绝称不上'不幸者'"。而老王,是不幸的,因为,他尽管倾其所有,可是,他最终没有被理解,在人与人相处中,他没有获得认可,杨绛先生"潜意识里很难把老王看成对等的、可以彼此成全的生命"。

老王走了,"直僵僵"地走了。他的背影让杨绛先生反思自己,也让我们更敬重杨绛先生:仅仅是一个普通的邻居,非亲非故,却能通过反思与他的相处而认识自己在人格、人性上做得欠缺的地方,这需要多大的自我反省勇气和人格自觉啊！杨绛先生"双手烤着生命之火取暖"（杨绛《〈杂忆与杂写〉自序》），她何尝不是在引领我们的"生命之火"呢？

老妇人沉痛追悼的背影

在初中语文教材里，老妇人的形象很少。西蒙诺夫的战地通讯《蜡烛》里的老妇人玛利·育乞西以其独特的人格魅力受到红军战士们和读者们的热爱和敬仰。

老妇人的蜡烛是"45年前她结婚的喜烛，她一直舍不得用"，一直珍藏着。可是，在一个特殊的夜晚，她点亮了蜡烛，她为一个不认识的红军战士点亮了蜡烛。她像守护天使一样，蜡烛被风吹灭了，老妇人就"很耐心地再把蜡烛点燃"。那一夜，她就"对着烛光，坐在坟边，一动也不动，两臂交叉抱在胸前，披着那黑色的大围巾"。

方场上，"耸立着一个小小的坟堆"，一支蜡烛，"在坟堆上闪耀着柔和的火焰"。这是战火停息后红军战士们看到的动人的情景。当烛光"渐渐暗淡下去"的时候，"一个披着黑色大围巾的高身材的老妇人走近来了。她默默地走过那些红军身边，在坟旁跪下，从黑色的大围巾底下取出又一支蜡烛来"点着。尽管老妇人自始至终都没有说话，红军战士们还是能够想象得出，在炮火连天的战场，她是怎样艰难地用手把一个炮弹坑里的水一点点舀干，又怎样吃力地把牺牲的战士拖进坑里，然后一捧一捧地把弹坑四周的浮土慢慢地放在死者身上，直到"堆起了一个小小的坟堆"。她点燃珍藏了45年的喜烛，并一直坐在坟堆旁边守护着那微弱的烛光，直到红军战士来到这里。

本可以有一番对话，本可以有一番抒情，但是，什么都没有，"即使在这个当儿，老妇人也没有说话"。她"十分庄严地对他们深深一鞠躬；然后，把她的黑色大围巾拉直了，颤巍巍地走了"。甚至都"没有再回过头来，看一下那蜡烛和那些士兵"。她在红军士兵们敬重的目光中走远了，只留给他们一个无声的背影。

这背影虽是颤巍巍的，可是，却闪动着神圣的光芒。她是南斯拉夫的一位母亲，对孩子的爱让她克服重重困难为苏联青年做了坟堆；她为苏联青年点燃了珍贵的喜烛，因为她深知苏联青年是为了南斯拉夫人民的解放而牺牲的，这样的国际主义情感的价值远远超过了那对喜烛；她点亮的不光是烛光，更是两国人民的战斗情谊；她深知，烛火会熄灭，但是那份爱，那份跨越国度的爱之火"将永远燃着"！

老妇人的背影，满含着战争带给我们的思考，满含着人民对和平的渴望。

第一部曲

文本解读

奥茨悲壮向死的背影

茨威格的作品《伟大的悲剧》，为我们展示了一组英雄形象。五个英雄虽然最后都牺牲了，但是他们的高尚品质却像群星一样永远闪耀。他们诚信，有令人敬佩的绅士风度。勇于承认失败，并愿意"在世界面前为另一个人完成的业绩作证，而这一事业正是他自己所热烈追求的"。他们坚毅、执着，有超人的力量和勇气；他们心中满装着对队友的、对祖国和人民的爱；他们有强烈的集体主义精神、团结协作精神。当他们在归途中与死亡抗争，一个个倒下时，没有一个孬种，都是响当当的汉子，活得明白，死得悲壮。

请看奥茨生命最后的悲壮。

奥茨突然站起身来，对朋友们说："我要到外边去走走，可能要多待一些时候。"其余的人不禁战栗起来。谁都知道，在这种天气下到外面去走一圈意味着什么……劳伦斯·奥茨这个英国皇家禁卫军的骑兵上尉正像一个英雄似的向死神走去。

奥茨，把生的希望留给了队友们，自己在风雪中走向死神。这是一种高贵的舍弃，舍弃自己，保全队友；这是一种坦然的面对，面对悲剧，面对死亡。奥茨走了，虽然在死寂无声的南极，但他的离去在每个人的内心留下了沉重的回响。

"悲剧就是把有价值的东西毁灭给人看。""一个人虽然在同不可战胜的厄运的搏斗中毁灭了自己，但他的心灵却因此变得无比高尚。所有这些在一切时代都是最伟大的悲剧。"美国总统里根先生说过："英雄之所以称之为英雄，并不在于我们颂赞的语言，而在于他们始终以高度的事业心、自尊心和锲而不舍地对神奇而美妙的宇宙进行探索的责任感去实践真正的生活以至献出生命。"这也许也正是奥茨主动牺牲的深刻意义。

风雪中，奥茨从容走向死神的背影生动演绎了罗曼·罗兰的这句名言："一个人是因为他的心灵而伟大的。"

教材中还有不少背影，同样具有独特的魅力。借助这些背影，可以丰富我们对人物的理解，感受作者精妙的笔法，更全面更深入地理解文本。

"我"傲然得意的背影

鲁迅的作品《风筝》中，"我"以为放风筝"是没出息孩子所做的玩意儿"，因此看到弟弟正苦心孤诣地做蝴蝶风筝时，"我即刻伸手折断了蝴蝶的一支翅骨，又将风轮掷在地下，踏扁了"。弟弟"失了色瑟缩着"，然而，"论长幼，论力气，他是都敌不过我的，我当然得到完全的胜利"。那个平日里"张着小嘴，呆看着空中出神，有时至于小半日。远处的蟹风筝突然落下来了，他惊呼；两个瓦片风筝的缠绕解开了，他高兴得跳跃"的弟弟，"绝望地站在小屋里"。"我"带着胜利者的姿态"傲然走出",把一个得意扬扬的背影留给正在伤心的弟弟。

对弟弟一时的惩戒似乎成功了,但是,多年后回想起来,这实在是对弟弟的一场"精神的虐杀"。二十多年后,再提及此事,弟弟只是惊异地笑着说:"有过这样的事么?"难道"他什么也不记得了"?怎么可能!哥哥毁坏了风筝后"傲然走出"的背影一定深深地刻在弟弟的记忆里。也许只是不愿再提那个令一个十岁的孩子伤心的事情罢了。再也得不到宽恕和原谅了,于是"我的心只得沉重着"。

这个背影,是"虐杀者"成功的背影,是令"被虐杀者"心寒的背影,更是令"虐杀者"忏悔一生的背影。

芦荡里父背子的背影

曹文轩先生的儿童小说表现着苦难这一永恒的主题。苦难是生命的主旋律,生命就是不断地遭遇苦难又战胜苦难的过程。《草房子》里的《孤独之旅》,叙述的就是杜小康在家境"忽然一落千丈,跌落到了另一番境地里"后,"跟着父亲去放鸭"的成长过程。

文中有这样的一段文字。

第二天早晨,杜雍和找到了杜小康。当时杜小康正在芦苇上静静地躺着。不知是因为太困了,还是因为他又饿又累坚持不住了,杜雍和居然没有能够将他叫醒。杜雍和背起了疲软的儿子,朝窝棚方向走去。

一场暴风雨,将他们的鸭群冲散了。杜小康与父亲分头去找,天黑后,"杜小康找到了那十几只鸭,但在芦荡里迷路了"。经历了这场暴风雨,杜小康觉得自己长大了。

"杜雍和背起了疲软的儿子,朝窝棚方向走去。"

重重叠叠无边无际的芦荡里,一对父子就这样向前走去,向着窝棚方向走去,向着他们临时的家走去,向着希望走去;后面跟着的是他们养的鸭子,一群正在渐渐长大的鸭子,一群能够给全家带来希望的鸭子。

曹文轩先生是一个非常注重环境描写的作家。芦荡是杜小康遭遇苦难的一个特定的场所,芦荡的阴晴雨雪推动着杜小康的成长。父亲背着儿子向前走去的背影在芦荡这个阔大明丽的背景下虽然显得渺小,但是满含生机。

杨二嫂叫人哭笑不得的背影

鲁迅的小说《故乡》塑造了两个典型人物:闰土和杨二嫂。其中,杨二嫂的两个背影颇有镜头感。

"阿呀阿呀,真是愈有钱,便愈是一毫不肯放松,愈是一毫不肯放松,便愈有钱……"圆规一面愤愤的回转身,一面絮絮的说,慢慢向外走,顺便将我

第一部曲 文本解读

41

母亲的一副手套塞在裤腰里,出去了。

我们再来仔细欣赏这个不急不忙地走出去了的背影。

杨二嫂说:"你阔了,搬动又笨重,你还要什么这些破烂木器,让我拿去罢。我们小户人家,用得着。"理由似乎合情合理,但当听到"我须卖了这些,再去……"这样的解释后,就显得一副很见过世面的样子。可是,她骨子里"小户人家"的鄙俗之气却是流露无遗的。当感觉到在这里也有点尴尬时,便"愤愤的回转身",自找台阶下了,可还是一副"得理不饶人"的架势,还"一面絮絮的说",恼羞成怒、口齿伶俐的刻薄妇人形象跃然纸上。要面子的人、有点自尊的人,在这种情境下应该快快离开才是。没想到的是,她并不是疾步向外走,而是"慢慢"地,原来,这样"慢慢"的速度可以让她"顺便将我母亲的一副手套塞在裤腰里"。"顺便"这个词用得太精妙了,杨二嫂可不是有意要拿走的,只是"顺便"捎带走了而已。望着这样的背影,"我"哑口无言,读者倒是可以"嗤嗤"一笑。

再看杨二嫂留给我们的第二个背影。

杨二嫂发见了这件事,自己很以为功,便拿了那狗气杀(这是我们这里养鸡的器具,木盘上面有着栅栏,内盛食料,鸡可以伸进颈子去啄,狗却不能,只能看着气死),飞也似的跑了,亏伊装着这么高底的小脚,竟跑得这样快。

裹着小脚的、站立时像个圆规的杨二嫂,以为发现了灰堆里十多个碗碟是件有功劳的事情,不管人家同意不同意,拿了东西就走。这回可不是"慢慢向外走"了,而是"飞也似的跑了","竟跑得这样快"。遇到这样的无赖之人、爱占便宜之人,还真没办法,只能用一种看似轻松的幽默来表达对她的鄙夷了。

鲁迅笔下的背影也如他刻画的眼神一样传神。这个杨二嫂真是一个令人哭笑不得的妇人。

纵观教材里的背影,或简笔勾勒或工笔细描;有的是丰满人物形象的需要,有的用于推进故事情节的发展,有的是文章表现的中心……这些背影都是人物形象中不可缺少的内容,艺术的价值在于人物形象,背影使作者笔下的人物更立体,使这些人物形象熠熠生辉。选取背影来塑造人物,是一种独特的写作视角,表现出素材取舍的魅力。因为所有的背影都是渐行渐远、渐行渐模糊的,所以文章也就具有了留白的魅力。背影有时是寄托作者的理解、感想、情怀、审美、志趣的特殊载体,所以背影能够散发出一种抒情和审美的魅力。

"山回路转不见君,雪上空留马行处。"这句诗描绘的画面不正具有背影的多种魅力吗?

真实而可敬的她

——《项链》再读

　　莫泊桑的中短篇小说的内容多是摹写日常生活中的人情世态,特别是中小资产阶级小人物的琐事和心理。由于作者观察精细,善于开掘,作品深刻地反映出生活的真实和社会的本质,所以许多作品篇幅虽短,但蕴意极深;在平淡的小事里,蕴含着隽永之意味,有着强烈的艺术魅力。小说《项链》就是其中的一篇经典之作。也许正因如此,该作品多年来一直被编入中学语文教材。它的布局十分出色,情节起伏跌宕,引人入胜,结局耐人寻味。

　　关于它的主题,过去一直被定位为:作者讽刺了小资产阶级的虚荣心,谴责和批判了金钱万能、以贫富分贵贱的资本主义社会。理解文学作品的主题好像一定得与社会制度挂钩,难道就没有超越社会制度的人类共性的东西吗?前一段时期又有人提出:《项链》的主题是人对于命运的"偶然"的戏剧性变化的无能为力(钱理群《<项链>告诉读者什么》)。没有语文新课程标准的颁布和实施,我们可能还要在语文课堂上狠批《项链》上串起的小资产阶级的虚荣心、人际关系的冷漠、金钱万能主义等所谓虚伪的、卑劣的东西。

　　语文新课标把实施创新阅读教学的方略定为"提倡多角度、有创意的阅读","多角度"地着眼于思维空间,"有创意"地着眼于创新意识,应该说这一方略是比较全面和可行的。它要求学生突破作者的思路,站在自己的角度对文本进行个性化的阅读,读出不属于莎士比亚的哈姆雷特,读出既不属于伊索又不属于钱锺书的《伊索寓言》。要实施这一方略,就要求最大限度地解放学生受到束缚的思维。为此,教师必须摒弃过去"先入为主"的教学方法,让学生与文本进行直接对话,鼓励学生自由、自主地阅读。因为"语文学习具有重情感体验和感悟的特点",所以"阅读教学的重点是培养学生具有感受、理解、欣赏和评价的能力"。

　　阅读应该是读者的个性化行为。接受美学认为,作者写出的文本具有未定性,文本本身还是未完成的作品;读者阅读文本的过程实质上就是文本的再创造过程,作品是作者和读者共同创造、共同完成的。因而,对同一部作品,不同的时代、不同的地域、不同的文化背景、不同的读者群体,会做出不同的解读。越是内涵丰富、深刻的伟大作品,越是常读常新,人见人殊。

第一部曲 文本解读

只有让学生的思维空间得到拓展,培养学生养成"多角度、有创意"的阅读习惯,学生的阅读能力,如对文本的感受、理解、欣赏和评价的能力才会提高。

对《项链》的主题的时代的、政治的定论,已让阅读它的读者有些束手无策、望而生畏了。古希腊哲学家柏拉图说:"带着更多的问题而非更多的答案去生活。"在阅读这部作品时,我们是否可以先抛开以往教材、文学史、评论家们对它的已有的认识和概括而试着提问:路瓦栽夫人为什么会让人觉得又可怜又可爱? 作为一个栩栩如生的人物,她的身上体现出了怎样的丰富性呢? 小说中还有哪些生活哲理值得我们探讨呢? 比如说,生活的偶然对人生的影响,朋友之间如何相处,应该以怎样的态度面对生活的困难,等等。这些问题的提出,对于引发我们进一步的思索和回味,促使我们进一步去挖掘小说的深厚底蕴,都是有积极意义的。

虽然《项链》是莫泊桑于一百多年前(1884年)写成的,但如果从共时性的视角来看,恐怕小说中最明亮、也最值得人们欣赏的,就是玛蒂尔德身上具有的面对命运的捉弄所表现出的那么一股子"英雄气概",这种"英雄气概"让她能坦然地正视困难,勇往直前,并最终以她的不屈的主观能动力量战胜了命运的捉弄、战胜了一个昔日的旧我而成长为一个成熟的女性。应该说玛蒂尔德对命运的捉弄的勇敢抗争是自觉的、是积极主动的,这一抗争的过程和结果充分显示了人本身内在的一种价值和力量。

多年来,人们一直认为《项链》的主题是讽刺了小资产阶级的虚荣心和追求享乐的思想,认为"玛蒂尔德的虚荣心并不是一种个别的现象,而是资本主义社会的产物,具有一定的典型性"(《〈项链〉的思想和艺术》)。这种认为作品"讽刺了小资产阶级的虚荣心和追求享乐的思想"的认识不是空穴来风,而是源于小说开头对年轻的玛蒂尔德的不切实际的梦想的描写:她希望"过高雅和奢华的生活""她梦想那些幽静的厅堂""装饰着东方的帷幕""陈设着精巧的木器""珍奇的古玩"……我们不否认小说的开篇确实描写出了一个小资产阶级女性的虚荣心,然而我们要为玛蒂尔德辩护的是,作为一个"美丽动人"的姑娘,作为一个出嫁不久的年轻女子,常常梦想过一种"高雅和奢华的生活",仅凭这些我们就有理由责备她吗? 有一点儿梦想也是错误吗? 一位名人说过,"没有生活的理想,就没有理想的生活"。有时,梦想往往是一个人努力的动力。再说玛蒂尔德毕竟还没有真正进入社会,还难免停留在不切实际的幻想之中,有一点这样的想法应该是很正常的,"高雅和奢华的生活"谁不希望有呢? 况且,文章开头刻画玛蒂尔德虚荣心的这一部分,从篇幅上来说不过约占整篇小说的七分之一,我们在把握全篇的主题时,怎么就只限于这一短小的部分里做文章,而且一定要和社会制度牵强挂钩呢？笔者认为，与其认为这一部分文字是作者批判玛蒂尔德甚至整个资本主义社会的虚荣心，还不如从结构上去理解它在全文中的作用，即这一部分刻画玛蒂尔德的虚荣心是为了更好地刻画丢项链之后的玛蒂尔德那面对困境的勇气、坚强和表现出的人性之美，也就是我们平常所说的"欲扬先抑"。这样似乎可以更容易把握文章的中心。

　　为了参加一个豪华的晚会精心装扮，本身也是人之常理，是可以理解的。这也可以算是一个人懂得社会交际的表现吧！现实生活中，许多人不也是在重大场合、盛大节日时注重服饰、仪表吗？每一个敢于解剖自我的人恐怕都无法讳言自己身上的虚荣心，所不同的只是程度的轻重而已。可以说，玛蒂尔德还是懂得一些生活美学的，她知道高档的衣服要配上像样的首饰，知道装饰的细节可以起到画龙点睛的作用，于是迫不得已向她的好友佛来思节夫人借项链。一个不起眼的小公务员的妻子能在晚会上吸引这么多人的目光，引起那些社会地位高的"人们对她的赞美和羡妒"，这多少说明了她的努力是有成效的。而且，她的成功也是有一定资本的，"她比所有的女宾都漂亮、高雅、迷人"，在她看来，她确实成功了，她陶醉了，"她陶醉于自己的美貌胜过一切女宾，陶醉于成功的光荣里，陶醉在所形成的幸福的云雾里，陶醉在妇女们所认为最美满最甜蜜的胜利里"。她的虚荣心得以满足的心理就在这份无比的欢快里得到淋漓尽致的表现。这样的一个夜晚，即使换来的是十年的艰辛劳作，但只要在她忙里偷闲时，仍然不胜神往："她一个人坐在窗前，就回想起当年那个舞会来，那个晚上，她多么美丽，多么使人倾倒啊！"

　　在教学中，我们常常忽视了人物在后十年的生活，尽管作者在对人物这十年的艰难生活进行描述时是惜墨如金的，但我们应该明白后十年与前面的生活既是一种因果关系，对人物形象来说，则更是成长过程中不可或缺、举足轻重的部分。在丢失并赔偿了一串昂贵的项链后，"路瓦栽夫人懂得穷人的艰难生活了。她一下子显出了英雄气概，毅然决然打定了主意。她要偿还这笔可怕的债务"。有这种勇气就已经很让人敬佩，更别说她是真正地付诸行动了，而且是整整十年的时间。她就像换了一个人似的，"她刷洗杯盘碗碟""她那粉嫩的手指"被磨粗了，她不仅要承受身体上的劳累和衰老，而且因为还债、因为贫穷，她更要承受心理上的折磨和疲惫，"她穿得像一个穷苦的女人，胳膊上挎着篮子，到水果店里，杂货店里，肉铺里，争价钱，受嘲骂"，尽管这样，她还是"一个铜子一个铜子地节省她那艰难的钱"。她有一股子信念在支撑着她，那就是"她要偿还这笔可怕的债务"。这已经不仅仅是对待金钱的问题，而是超越金钱的如何对待生活、如何做人的问题了。她

第一部曲

文本解读

有姣好的面容,有高雅的气质,有迷人的魅力,这是她作为一个女人的优势,但是她的可爱可敬在于她没有把她的这些优势当作日后渡过难关的挡箭牌,她没有凭借自己的姿色实现虚荣的目的,满足虚荣的幻想,这是她在对待人生的态度上比许多其他作品中的女性都有智慧的地方,也是这一人物形象的魅力所在。小说在一前一后两阶段的对比中,写出了人物性格的丰富性和复杂性,在玛蒂尔德的身上迸发出的"英雄气概"使她摒弃了虚荣心,通过十年的努力,她终于还清了债务,她为自己而感到自豪。生活的磨砺使她领悟到了人生的真谛,最终,玛蒂尔德成为一个成熟的女性。当她在公园里看到佛来思节夫人"依旧年轻,依旧美丽动人"时,她"无限感慨"。也许这份感慨里多少有她对当年的虚荣心的后悔,然而通过她后十年的努力,我们有理由相信感慨的不是她容颜衰老,不是羡慕和嫉妒友人的年轻美丽,而更多的是她没有被巨额债务压趴下,这十年工夫她毕竟凭着自己的艰苦劳作和执着信念挺过来了,"事情到底了结了,我倒很高兴了"。有勇气说出丢项链一事对她来说已经不须多加思考,她已经能坦然面对一切了。当"她带着天真的得意的神情笑了"时,我们看到的是一个虽然容貌比实际年龄显老但是有人格魅力的可爱可亲可敬的形象,我们为她的成功而笑,尽管这是带泪的笑。

从全文来看,作者追求小说的效果就是含泪的笑。这份泪、笑不是由人物本身的浅薄造成的,而是因为代价,这份花了十年来还一串假项链的代价与那个小小的过失相比,真是太沉重、太巨大了,于是讽刺也就不是一般意义上的讽刺了。莫泊桑不像其他一些批判现实主义的作家,只是对社会、对人物进行无情地揭露、鞭挞、讽刺,而是对这个人物充满了他特有的情感,像别林斯基所说的他的讽刺艺术风格是"含泪的笑"。这种"含泪的笑"是有非常深刻的意味的:笑是一种讽刺,而且讽刺得沉重,讽刺得犀利,但是更能让人体会到讽刺里对人物的同情、敬佩。正因为作者所表达的情感的丰富性,所以小说在短短的篇幅里有很多令人回味的东西,在对比中给读者留下了很大的思考空间。正如莫泊桑的老师福楼拜所指出的:"讽刺并不妨碍同情,正相反,如果分寸掌握得好,讽刺往往也加强了哀戚的一面。"

玛蒂尔德绝不是一个性格单一、平面化的人物,而是一个性格相当丰富的、立体层次感强的人物形象。莫泊桑在小说里对她前面一段的态度是讽刺、嘲笑的。后面玛蒂尔德用十年的心血来偿还因项链而欠下的债务,这既是为她年轻时的虚荣心所付出的沉重代价,但更是一种前所未有的勇气的体现,她诚信的品质和敢于接受生活的勇气是令人敬佩的。总的来看,作者对人物的态度倾向是含泪的笑:泪和笑里,有讽刺、同情,但更多的是敬佩,因此在理解时,不能把玛蒂尔德仅视作一个可怜、可笑的小人物,她也有非常可敬的一面。当玛蒂尔德决定以自身力量来还清高额的债务时,作者对她的态度已经不是讽刺了,而是要写出她的坚强、坚韧,力图对她身上的高贵品质进行赞颂。这一侧面往往是教学中对人物进行分析时、对作者对这一人物的感情的把握时容易忽视的。

"路瓦栽夫人懂得穷人的艰难生活了。她一下子显出了英雄气概,毅然决然打定了主意。她要偿还这笔可怕的债务。"要强调的是,这里的"英雄气概"绝不能理解为是一种反语、一种挖苦,而是作者对人物的可喜的变化的欣赏和赞扬。尽管小说中后面十年生活的篇幅仅占五分之一,但在分析和理解全文及人物性格的丰富性时一定要着重把握。这一部分实际上写出了小资产阶级女性在追求豪华生活梦幻的破灭后,最终回归到与她的阶层相称的人生观和价值观上来的一种必然性。面对巨大的打击,她没有消沉,没有堕落,更没有向命运低头,而是用自己的双手,用自己的勤奋劳作谱写了一曲令人赞叹之歌,展示了自己的价值,用自己的实际行动向世人表明,自己骨子里具有的到底是虚荣心还是那坚韧的性格。恐怕正是这坚韧的性格和不屈的意志,才引起了广大读者的共鸣。而那被人称为残酷的结尾形成的悲壮感无疑又强化了这一共鸣,从而使《项链》成为世界性的经典名篇。

如果由此进一步探究作者莫泊桑的世界观和价值观,我们可以认识到,莫泊桑对玛蒂尔德这个人物的敬佩,实质上是源于他对现实社会的深刻认识和对下层人民的深刻同情。莫泊桑对资本主义社会中存在的问题,特别是道德风尚的堕落,无情地给予了揭露和嘲讽。"只有在下层人民中,他才发现一些令人宽慰的健康品质。他的作品同情和表彰下层社会的小人物。"(《中国大百科全书·外国文学》)"他还力图表现社会下层群众在精神面貌上的优越性。"(郭家申译《法国文学简史》)

应该说,莫泊桑对玛蒂尔德身上一些还没有被这个浮华、堕落的社会所吞噬的品质是充分肯定的。玛蒂尔德丢失项链后决定勇偿巨债,展露了她的性格中诚实守信、重义轻利和要强坚韧等可贵的一面。她羡慕"高雅和奢华的生活",但她终究进不了那一阶层,在项链丢失以后,她勇敢地去面对,借钱买真项链还给朋友,在信用与破产的危险之间,玛蒂尔德选择了信用,她没有以假充真,也没有以次充好。可以说,信用是她的做人之本。她能够花十年时间来偿还债务,这是因为在整个事件中她遵循着她的处世原则:讲诚信。《说文解字》:"诚,信也。从言成声。""信,诚也。从人言。"段玉裁注:"信,人言则无不信者,故从人言。""诚""信"二字同义连用,即诚实、守

第一部曲

文本解读

信用的意思。诚信，是任何一个人都应该具有的好品质，也是一个人在社会上立足之根本。孔子说过："言而无信，不知其可也。"玛蒂尔德视恪守信用高于一切，这不正体现了她的人性之美吗？"极细小的一件事可以败坏你，也可以成全你"，许多学者、教师对这一句话的理解常常强调玛蒂尔德为一串项链而付出十年的青春年华就是因为虚荣心败坏了她，她不得不付出惨重的代价，或认为"人对于命运的'偶然'的戏剧性变化"是"无能为力"的，有些持宿命论的人甚至认为这是一种报应。笔者认为，在把握文章主题上，我们可以把这一句话视作文眼，但如果从人物的性格变化发展的轨迹并结合文章最有力量的神来之笔——文章的结束句"我那一挂是假的，至多值五百法郎"来看，恐怕我们就应该明白，这一句话的重点内容是在"也可以成全你"的分句上了。可以说丢失项链这件小事确实是成全了玛蒂尔德，因为在她的人生观、价值观上，她有了脱胎换骨的改变。成全了她而不是败坏了她，究竟为什么？根本的原因就在于玛蒂尔德在内心深处所坚守的那份真诚、善良、讲诚信。正是因为有了真诚、善良、讲诚信这些做人的准绳，她在面对厄运时才不会迷失方向，走上邪路，而最终展示了人性之美。

通过以上的分析，我们可以进一步思考：在语文的阅读教学中，"为什么要让那鲜活而丰满的百千个哈姆雷特非得用教师自身的标签贴得枯瘦而扁平，为什么要把学生瑰丽的想象和丰富的情感风干成单薄而干瘪的丝瓜"？既然是阅读，就应注重读者与文本的对话，真正的阅读教学，应是教师、学生与作者心灵的对话。阅读教学应以学生的自我感悟为主，最重要的任务是学会如何多角度地解读文本。《语文课程标准（实验稿）》的教学建议指出："阅读是学生的个性化行为，不应以教师的分析代替学生的阅读实践。应让学生在主动积极的思维和情感活动中，加深理解和体验，有所感悟和思考，受到情感熏陶，获得思想启迪，享受审美乐趣。要珍视学生独特的感受、体验和理解。"能从文本中读出自己的体验和感悟，这是培养探究性阅读和创造性阅读能力的基础，也是进行阅读反思、阅读批判的前提。"不应以教师的分析代替学生的阅读实践"，通过这句话我们应该明白，解读不需要教师做定性的说明，对于文本所固有的可能性教师应该始终保持开放的态度，而不是理性分析的、终结宣判式的，更不要认为课本、教参或教师自己准备的答案就是唯一正确的答案。不要剥夺了学生的真正的阅读权利，这才是符合新课程理论的做法。

从知识哲学的角度看，知识的价值不在于给人现成的东西，而在于给人不断创造的"起点"。学生的学习目的不再是单纯为了掌握知识，重要的是人在获取知识的过程中的感受、经历和体验。如何在知识中"寻找自我"是非常重要的。教育从根本上说，是使人拥有掌握自身命运的能力，形成主体性的人格。"教育不仅是从外部交给学生东西，更要挖掘他们内在的东西，激活内在的潜能；教育不仅要把学生作为教的对象，更要让他们参与到整个教育中来，即学生不仅仅是教育的客体，更是教育的主体。"阅读的知识不是从条条框框的说教中来的，当学生真正成为阅读教学的主体，他会在学习的过程中亲自感受、体验，获得启迪，形成独特的人格，知识自然而然就获得了。

加拿大学者史密斯说："教学乃是教师与学生在'思考'这面超验的旗帜下进行'聚会'的活动，这思考拒绝以某个在先的目的的名义而结束人与人之间的相互作用。"愿我们广大的语文教育者都能认真钻研语文新课标的内涵，把握实质，开拓思路，用创新的教育价值观将我们与学生在课堂上的这种特殊的教学"聚会"办好。

字字句句皆有味

——夹注式解读《那树》

把文章打印出来，做夹注式解读和评点，然后再选好角度切入，对解读进行整合，这是我对文本的解读习惯。下面呈现的是我对《那树》的解读笔记。

那棵树立在那条路边上已经很久很久了。当那路还只是一条泥泞的小径时，它就立在那里；当路上驶过第一辆汽车之前，它就立在那里；当这一带只有稀稀落落几处老式平房时，它就立在那里。

将镜头拉远，追溯那树的悠久历史。但是，这是一棵什么树，它所立着的具体位置在哪里，都没有交代，这是不是暗示着某一种普遍性呢？正如《喂——出来》里，小村庄、小庙宇、深洞，都没有具体的位置，连那儿后来的城市，也都没有明确的位置。所以，文章写的不是某一个具体的城市，那树也不是某一棵明确的树。

"它就立在那里"的反复，既呈现了人类社会发展的进程，也强调了那树的悠久历史。

那树有一点佝偻，露出老态，但是坚固稳定，树顶像刚炸开的焰火一样繁密。认识那棵树的人都说，有一年，台风连吹两天两夜，附近的树全被吹断，房屋也倒坍了不少，只有那棵树屹立不摇，而且据说，连一片树叶都没有掉下来。这真令人难以置信。据说，当这一带还没有建造新公寓之前，陆上台风紧急警报声中，总有人到树干上漩涡形的洞里插一炷香呢。

以"据说"来表现那树的"坚固稳定"。

在与附近的"全被吹断"的树和"倒坍了不少"的房屋的对比中，更突显那树的"坚固稳定"。

同时，那树具有传奇性："树屹立不倒"超乎想象，可是，居然"连一片树叶都没有掉下来"，这一定是有神力的树。此时，树已经不只是一棵树，它是一个有灵性的生命了。它在危难中保佑人们，它在精神上安慰人们，它成为人们精神上的依托，于是，台风时，人们请求它的庇护。在人力不能保全自己的情况下，那树便是那样的不可或缺。

那的确是一株坚固的大树，霉黑潮湿的皮层上，有隆起的筋和纵裂的纹，像生铁铸就的模样。几丈以外的泥土下，还看出有树根的伏脉。在夏天的太阳下挺着颈子急走的人，会像猎犬一样奔到树下，吸一口浓阴，仰脸看千掌千指托住阳光，看指缝间漏下来的碎秣。有时候，的确连树叶也完全静止。

此段表现那树体型的巨大和在夏天里的贡献。体型巨大，通过树皮和树根表现：树皮沟沟壑壑，树根延展数丈。盛夏里，"急走的人"到树下"吸一口浓阴"就可以享受清凉。

于是鸟来了，鸟叫的时候，几丈外幼稚园里的孩子也在唱歌。

鸟来了，鸟因为那树的繁密的巨冠、深厚的浓阴来安家、欢唱，不仅仅小鸟欢唱，孩子们也在欢唱。

于是情侣止步，夜晚，树下有更黑的黑暗；于是那树，那沉默的树，暗中伸展它的根，加长它所能荫庇的土地，一厘米一厘米地向外。

连爱情都需要那树的荫庇。那树知道自己的责任和使命，尽管它已是如此巨大，但是它还要继续生长。它知道根深才能叶茂。于是，它不断地努力，哪怕仅仅是"一厘米一厘米地向外"。

但是，这世界上还有别的东西，别的东西延伸得更快，柏油路一里一里铺过来，高压线一千码一千码架过来，公寓楼房一排一排挤过来。所有原来在地面上自然生长的东西都被铲除，被连根拔起。只有那树被一重又一重死鱼般的灰白色包围，连根须都被压路机碾进灰色之下，但树顶仍在雨后滴翠，有新的建筑物衬托，绿得更深沉。公共汽车在树旁插下站牌，让下车的人好在树下从容撑伞。入夜，毛毛细雨比猫步还轻，跌进树叶里汇成敲响路面的点点滴滴，泄漏了秘密，很湿，也很有诗意。那树被工头和工务局里的科员端详过计算过无数次，但它依然绿着。

这一段，以"但是"进行转折，文意发生了变化。现代文明以超越树的生长速度的难以计数倍的速度高速发展。整个语段，分为三层：别的东西更快地延伸过来；那树依然绿得深沉，有诗意；人们在计算那树。在这一段中，我们一方面看着如此熟悉的社会发展的生活画面镜头切换般地快速地呈现眼前，一方面也为那树担心，"自然生长的东西都被拆除"了，那树的命运呢？同时，更为那树赞叹，因为即便只有树顶，可它"依然绿着"，这就是那树的一股让人由衷崇敬的精神。有人已经开始特别关注它了，它的命运又将如何呢？最后一句话,是一个很妙的伏笔:树终将难逃厄运;同时也隐藏着一对极大的矛盾,那树依然以自己的方式绿着、活着,它在人的面前到底有多大的能力呢?

计程车像饥蝗拥来。"为什么这儿有一棵树呢?"一个司机喃喃。"而且是这么老这么大的树。"乘客也喃喃。在车轮扬起的滚滚黄尘里,在一片焦躁恼怒的喇叭声里,那一片清阴不再有用处。公共汽车站搬了,搬进候车亭。水果摊搬了,搬到行人能悠闲地停住的地方。幼稚园也要搬,看何处能属于孩子。只有那树屹立不动,连一片叶子也不落下。那一蓬蓬叶子照旧绿,绿得很。

在此文中,有多处写到社会的高速发展,作者只用一两句话就把现实生活中的社会发展特点生动地表现出来。"饥蝗拥来",黑压压的一片,不可阻遏之势。这是计程车数量多的真实写照,也暗示着道路上的车和树这一对矛盾将进一步加深。

"那一片清阴不再有用处",当然不是真的没有用处,而是在现代生活的发展中,人们的喧嚣浮躁造就了他们更关注快捷的、物质的东西,静雅的、精神的追求已经被越来越多的人看淡甚至抛弃了。

"幼稚园也要搬,看何处能属于孩子。"这是与前文的巧妙照应。那树曾带给孩子们歌唱,如今,幼稚园也要搬,那是与它相距几丈远的幼稚园啊。这里面是不是有作者的讽刺意味呢? 更值得深思的是,"看何处能属于孩子",当我们的美好环境、精神寄托、生命伙伴不在时,哪里也不属于我们了,更别谈孩子了。

末句再一次写树的坚毅,"屹立不动","连一片叶子也不落下",又一次落笔在这个神奇的现象和魔力上。那树为什么有这样的定力和恒力呢? 哪怕只有叶子,叶子"照旧绿,绿得很"。

啊,啊,树是没有脚的。树是世袭的土著,是春泥的效死者。树离根,根离土,树即毁灭。它们的传统是引颈受戮,即使是神话作家也不曾说森林逃亡。连一片叶也不逃走,无论风力多大。任凭头上已飘过十万朵云,地上叠过二十万个脚印,任凭在那枝丫间跳跃的鸟族已换了五十代子孙,任凭鸟的子孙已栖息每一座青山。当幼苗长出来,当上帝伸手施洗,上帝曾说:"你绿在这里,绿着生,绿着死,死复绿。"啊! 所以那树,冒死掩覆已失去的土地,作徒劳无用的贡献,在星空下仰望上帝。

这一段,很特殊。教学中要关注这一段。

这一段，从文脉上看，有从天而降的感觉。

在前文中，作者都以一种很平静的语气和心态在娓娓述说着那树的故事，关于那树的历史、外形、作用，那树的周边生活的变化。在述说中，含蓄地赞赏着那树的绿的精神。

本段开头，作者以"啊，啊"直抒胸臆，然后用议论的语言来说树的坚持。"树离根，根离土，树即毁灭。"这里暗含着那树后面的命运轨迹。

"十万朵云""二十万个脚印""五十代子孙""每一座青山"，这一组短语，把文章开头的"很久很久"生动地诠释和丰富了。"当幼苗长出来"，才把那树的历史真实地追溯出来。

末句的"冒死掩覆已失去的土地"可以看作是用来解释为什么那树无论遭遇什么都"屹立不动"，可是，"在星空下仰望上帝"有何深意呢？那树一定牢记着上帝的那句话，它一定知道自己"绿"的意义和价值，它将以"绿"的形式和姿态面对一生，它当然也知道自己的命运结局，它更知道它的命运的再现方式，"复绿"，这便是树的恒久不变的生命的轮回了。也许有了这样的认识，才有了这样独特的坚守和仰望。它知道上帝是万能的，一切都会向着上帝说的那样发展，所以，它可以很平静地去面对。然而，那树哪里能料想到，上帝在人的面前有时也是虚弱无力的，"死复绿"，这是上帝曾经说过的，可是，那树再也没有绿过了。

这天，一个喝醉了的驾驶者，以六十英里的速度，对准树干撞去。于是人死。于是交通专家宣判那树要偿命。于是这一天来了，电锯从树的踝骨咬下去，嚼碎，撒了一圈白森森的骨粉。那树仅仅在倒地时呻吟了一声。这次屠杀安排在深夜进行，为了不影响马路上的交通。夜很静，像树的祖先时代，星临万户，天象庄严，可是树没有说什么，上帝也没有。一切预定，一切先有默契，不在多言。与树为邻的一位老太太偏说她听见老树叹息，一声又一声，像严重的哮喘病。伐树的工人什么也没听见，树缓缓倾斜时，他们只发现一件事：本来藏在叶底下的那盏路灯格外明亮，马路豁然开旷，像拓宽了几尺。

三个"于是"，连续推进，把树的终极命运提前了。从锯树这一细节的语言来看，作者是把树视作一个有血有肉、有精有魂的生命的，或者说，从头至尾，作者都没有把树只视为树，始终是把它作为一个生命来写，后面的文字里这种情感尤其明显。

"咬""嚼""撒"，这便是人们带着现代工具对树的"屠杀"。称之为"屠杀"，流露着作者对那树同情、疼惜的深重之情和对人类行径谴责的悲愤痛苦之情。

第一部曲

文本解读

"夜",在这篇文章里多次出现。这是一个特殊的氛围,一个特殊的情境,屠杀之夜,"星临万户,天象庄严",有天地为这场屠杀作证。人可以为自己的恶劣行径找到各种理由,然而,这一切都逃不过天地的眼睛。人,不要自欺啊!

　　"树没有说什么,上帝也没有",如果说会说什么呢? 树知道"绿着死"是它的命运,树也相信死后可以重生的,而且会是依然绿着的。上帝没有说,因为上帝自信自己安排好了树的命运轮回,此刻,他只是见证了树的第一次生命的结束仪式而已;上帝,他万万不会想到,人类可以让这一棵树从此断了命脉,没了呼吸,活活"闷死"。

　　"一切预定,一切先有默契,不在多言",这一句,很值得品味。谁"预定"的? "默契"者是谁? 为什么"不在多言"? 是前文提到的"工头和工务局里的科员"预定好的吗? 当人类为了自己的那一点点私利时,真可谓心心相印啊,这就是那份"默契"吗? 或者,是那树和上帝的默契? 是啊,一切按照上帝预定的那样发展着,那树和上帝都知道,现在,树只是到了"绿着死"的生命阶段而已,真的"不在多言",因为等着他们的是"死复绿",所以,他们什么也不说,只是默默地面对和接受而已。

　　"与树为邻"的老太太,与树是那样的相依相伴,他们也许早已视对方为生命中不可缺少的部分,所以,老太太能听到老树的叹息。伐木工人的任务就是砍伐,任何的树木在他的眼里都是要除掉的对象,他怎么会用心听到呢? 只是,"树缓缓倾斜时",他们的发现多么意味深长啊:路灯亮了,马路宽了。这个发现很简单也很现实:有用,是一切追求的标准。这是现代社会的极具代表性的价值标准。可是,当全社会都以这样的标准去生活时,我们必然要失去比得到的物质更多的非物质的东西。

　　尸体的肢解和搬运连夜完成。早晨,行人只见地上有碎叶,叶上每一平方厘米仍绿着。它果然绿着生、绿着死。缓缓的,路面染上旭辉;缓缓的,清道妇一路挥帚出现,她们戴着斗笠,包着手臂,是树的亲戚。扫到树根,她们围着年轮站定,看那一圈又一圈的风雨图,估计根有多大,能分裂成多少斤木柴。一个说,昨天早晨,她扫过这条街,树仍在,住在树干里的蚂蚁大搬家,由树根到马路对面,流成一条细细的黑河。她用作证的语气说,她从没有见过那么多蚂蚁,那一定是一个蚂蚁国。她甚至说,有几个蚂蚁像苍蝇一般大。她一面说,一面用扫帚划出大移民的路线,汽车的轮胎几次将队伍切成数段,但秩序毫不紊乱。对着几个睁大了眼睛的同伴,她表现出乡间女子特有的丰富见闻。老树是通灵的,它预知被伐,将自己的灾祸先告诉体内的寄生虫。于是弱小而坚韧的民族,决定远征,一如当初它们远征而来。每一个黑斗士在离巢后,先在树干上绕行一周,表示了依依不舍。这是那个乡下来的清道妇说的。这就是落幕了,它们来参加树的葬礼。

被锯下的枝枝叶叶,是那树的尸体。即便是碎叶,"叶上每一平方厘米仍绿着。它果然绿着生、绿着死",这就是那树永恒的绿之精神,一切为绿而生,死了也要一切为绿。老树,经历了无数个日日夜夜,遭遇了数不尽的风风雨雨,它的生命最后呈现出的是那种独特的"一圈又一圈的风雨图",可是就是它的"亲戚",这些清道妇,也没有对它的离去和悲惨结局表现出不舍、追怀,哪怕就是同情也好。她们看重的是"根有多大,能分裂成多少斤木柴",一切以为我所用来衡量他物对于自己的价值,哪怕这他物是一个生命。这就是现代人的生活价值观,这就是那树之所以被屠杀的根本原因,因为它无用了,即便是来台风,也不会有人到它那旋涡形的树洞里插上一炷香了。

写蚂蚁国大搬家,是有特殊用意的,一方面,写出"老树是通灵的,它预知被伐,将自己的灾祸先告诉体内的寄生虫",于是有了这样一次规模浩大的大搬迁。老树向蚂蚁传递了信息,它也一定向人传递过信息,可是,又有谁会在意它的用心呢?除了那个邻居老太太,没有人相信老树曾经以呻吟的方式表达过内心的情感。另一方面,连蚂蚁都能理解老树的心思,可是,以万物之长自称的人呢?作者将蚂蚁与人的情感进行了对比,无疑是对麻木的人类的一种嘲讽。再者,用"依依不舍""来参加树的葬礼"的蚂蚁来衬托出老树被屠杀的浓厚的悲剧感。

另外,作者对诉说者身份的安排也是别有用意的。清道妇是"乡下来的",诉述蚂蚁大移民时"表现出乡间女子特有的丰富见闻",让我们看到,在淳朴的乡间,在经济相对落后的地区,人们还保留着对自然的那份神圣的敬畏之情。社会的高速发展,城市化的迅速推进,在我们追求物质利益的时候,我们开始盲目相信我们的力量,认为我们通过高科技的手段就能获得我们想要的一切物质,精神的追求、依恋便慢慢淡出了我们的物质化了的生活。

两星期后,根也被挖走了,为了割下这颗生满虬须的大头颅,刽子手贴近它做了个陷阱,切断所有的动脉静脉。时间仍然是在夜间,这一夜无星无月,黑得像一块仙草冰。他们带利斧和美制的十字镐来,带工作灯来,人造的强光把举镐挥斧的影子投射在路面上、公寓楼的窗帘上,跳跃奔腾如巨无霸。汗水超过了预算数,有人怀疑已死未朽之木还能顽抗,在陷阱未填平之前,车辆改道,几个以违规为乐的摩托车骑士跌进去,抬进医院。不过这

第一部曲

文本解读

55

一切都过去了。现在,日月光华,周道如砥,已无人知道有过这么一棵树,更没有人知道几千条断根压在一层石子一层沥青又一层柏油下闷死。

原以为,树被连根锯掉了,屠杀就结束了。没有想到,人要让这棵老树死得彻彻底底。"树离根",根还可以重新发芽;然而,正如前文所说,"根离土,树即毁灭",没有了生存的土地,树便没有了一切。那树知道这个道理,人更知道,于是,人们担心"已死未朽之木还能顽抗",于是,把根也挖走了。"这颗生满虬须的大头颅"让"刽子手"的"汗水超过了预算数"。是的,树是在顽抗,可是,它敌不过人类对它"举镐挥斧"。刽子手工作时的影子"跳跃奔腾如巨无霸",这分明就是魔鬼的影子啊!

大凡不正义的事情,都不敢在白天进行,于是,绝对不是巧合,"时间仍然是在夜间,这一夜无星无月"整个漆黑一片,可是为了那点可怜的动机,人也要冒黑行动的。多么有意思的讽喻啊!

第二部曲

创意设计

　　无论怎样的解读，都要通过巧妙的整合进行文本还原，再借助创意的设计最终传达给学生。一个关键词，一段导读语，也许就是创意设计的切入口；一则资料，一道习题，就可能造就一份独特的创意设计。别致、新颖的教学创意来源于我深入、细致的文本解读，更来源于我对语文教学的赤诚热爱。深入解读是修炼基本功，创意设计则是培养更高层次的对文本的整合能力。因为爱着，所以乐此不疲，所以创意无限。

品家醅　解乡愁

——《春酒》教学设计

设计说明

　　《春酒》是人教版八年级下册第四单元的课文。这一单元是介绍民俗文化的。单元说明中这样写道："民俗是人类文明积淀中一个重要的组成部分。关注民俗,可以了解民生和民间文化。"《春酒》课文的导读语是:"甜甜的一杯春酒,是节日的珍品,是母亲的骄傲,更是作者最美好的回忆。让我们与作者一起,在这杯甘醇的'春酒'中尽情地陶醉吧!"按照编者的意思,这篇文章是通过作者的回忆来展现一种民俗文化——春酒的。结合作者琦君的身世和作品来看,这样简单地处理《春酒》这篇美文是肤浅的,是有违作者创作原初的意图。琦君的文章中最有成就的是她的怀旧散文,"怀旧"不是仅仅怀念旧人、旧事、旧景,更是怀念故乡,借怀旧来抒发自己离开祖国后再也没回过故乡的那份浓浓的乡愁。因此,我们当以理解乡愁为解读和教学文本的立足点。

　　全文以春酒为线索,回忆了童年时在故乡过新年的种种美好的经历。文中的诸多细节描写表现了生活情趣,塑造了人物个性,尤其是文末叙述视角的转变,把文章深刻的立意一下子揭示出来,这是这篇散文最独特的手法和最感人之处。因此,本设计在进行整体感知、片段赏析之后,运用深读精段来实现对作者所抒发情感的感悟和理解。"如果没有最后两段",这一主话题引导学生的目光关注全篇,引导学生从时间、内容、结构、语言、立意、抒情、视角等角度,进行前后的比读,联合全文来感受作者化不开、解不散的乡愁。

　　另外,本设计的无提问式、话题讨论式的研读、探究也避免了满堂问,避免了课堂上学生思维零碎断裂,这对学生的思维品质的发展是很有推动作用的。

教学目标

1. 朗读课文,整体感知与春酒相关的人与事。
2. 品析语句,体会细节描写的作用。
3. 深度感悟,理解作者字里行间所表达的思乡之情。

第二部曲 创意设计

教学方法

1. 朗读法。
2. 品析法。

教学时数

1 课时。

教学过程

一、初读全文说印象

自由朗读课文。

说说"这是一篇……的文章"。

找出抒发作者情感的语句。

文章的最后一段:

"一句话提醒了我,究竟不是道地家乡味啊。可是叫我到哪儿去找真正的家醅呢?"

让我们和作者一起去寻找真正的家醅,品尝春酒的"道地家乡味"吧。

二、精读片段品酒味

品品"春酒美味"。

结合具体语句,品析春酒的"道地家乡味"。

示例:品析细节、关键词。

"其实我没等她说完,早已偷偷把手指头伸在杯子里好几回,已经不知舔了多少个指甲缝的八宝酒了。"

"偷偷"不是当着母亲的面,表现"我"内心是非常想喝的,但又不能让母亲知道的隐秘心理。"好几回"是指多次,足以见出母亲的八宝酒对"我"充满了诱惑,也显示出"我"的可爱。这里饱含着回忆中的那份快乐和童趣的味道。

学生思考,挑选两句写旁批,全班交流。

对典型的句子,加强朗读指导。

相关语句:

(1)"尤其是家家户户轮流地邀喝春酒,我是母亲的代表,总是一马当先,不请自到,肚子吃得鼓鼓的跟蜜蜂似的,手里还捧一大包回家。"

"一马当先,不请自到"生动地写出"我"急切的心情,一副很嘴馋的样子。

"还捧一大包"表现了孩子的可爱,同时反映出乡里之间关系很和谐。

此处巧妙运用比喻的修辞手法,写出了"我"贪喝春酒,喝完后"酒足饭饱"的可爱模样。

(2)"母亲给我小杯底里只倒了一点点,我端着、闻着,走来走去,有一次一不小心,跨门槛时跌了一跤,杯子捏在手里,酒却全洒在衣襟上了。抱着小花猫时,它直舔,舔完了就呼呼地睡觉。原来我的小花猫也是个酒仙呢!"

"只"和"一点点"说明"我"对母亲的"小气"而感到不满足。"走来走去"表明了即使是只得到了一点点的酒,但还是格外珍惜,舍不得喝。"直"表现小花猫对八宝酒满是喜欢,舔个不停,煞是可爱。"呼呼"地睡了,表现了小花猫舔完酒后的相当满足和陶醉的情态。"也是"一词,是以"我"当时的心理来揣摩小花猫的,可见"我"也同小花猫一样馋得要命,也写出了"我"的那种童趣。这一句从"我"的馋和小花猫的"醉"来衬托母亲的八宝酒的香和美。

(3)"我呢,就在每个人怀里靠一下,用筷子点一下酒,舔一舔,才过瘾。"

看似十分随意的几笔细节描写,让我们强烈地感受到大家是如此喜爱这小姑娘,在故乡,邻里之间是如此亲密随和、融洽温馨。这种温馨的人际关系让人向往不已,而这一切都只包蕴在文中极不起眼的细节描写中。另外,"才过瘾"写出了"我"馋酒的可爱心理,这也是衬托母亲八宝酒的美好。

(4)"大家喝了甜美的八宝酒,都问母亲里面泡的是什么宝贝。母亲得意地说了一遍又一遍,高兴得两颊红红的,跟喝过酒似的。其实母亲是滴酒不沾唇的。"

这里运用生动的外貌描写,"两颊红红的",描写出母亲高兴的情态,让我们看到了一个热情好客、朴实大方的母亲形象。

(5)"花匠阿标叔也巴结地把煤气灯玻璃罩擦得亮晶晶的,呼呼呼地点燃了,挂在花厅正中,让大家吃酒时划拳吆喝,格外的兴高采烈。"

"巴结"一词指人做事勤快,表现出阿标叔乐颠颠的样子,寥寥几笔,就写出了阿标叔热情好客、乐于助人、勤快淳朴的性格。

(6)"我每年正月里,喝完左邻右舍的春酒,就眼巴巴地盼着大花厅里那桌十二碟的大酒席了。"

"眼巴巴""盼"生动地表现出"我"期盼喝会酒的急切心情。侧面表现出喝会酒这种美好的气氛与和谐的邻里关系。

其他重点句:

"还有个家家邀饮春酒的节目,再度引起高潮。在我的感觉里,其气氛

第二部曲

创意设计

之热闹,有时还超过初一至初五那五天新年呢。"

"春酒以外,我家还有一项特别节目,就是喝会酒。"

[教师小结、板书]

真正的家醅:热闹的新年味、快乐的童趣味、淳朴的人情味、浓厚的亲情味。这些就是"真正的家醅"里飘散出的"道地家乡味"。

这与作者的经历是紧密相关的。(插入作者介绍)

琦君(1917年~2006年),原名潘希真,现当代女作家,生于浙江温州。1949年赴中国台湾,后定居美国。琦君的名字总是与台湾散文连在一起。散文集中,写得最出色的是怀旧散文。自去台湾以后,琦君50多年再也没有回过温州。她说:"来到台湾,此心如无根的浮萍,没有了着落,对家乡的苦念,也就与日俱增了。"2006年6月7日凌晨,琦君临终前在病榻上一再念叨着:我想回到自己的家乡呵……

三、深读精段悟情感

体会最后两段的作用。

齐读最后两段,思考、讨论、交流话题:"如果没有最后两段,_____"。

每个人用这个句式先写一段话,再全班交流。

引导学生从时间、内容、结构、语言、立意、抒情、视角等角度,深度体悟作者情感:乡情、乡愁。

有了末两段,使得文章产生了下面的一组比衬。

(1)视角有两个

这篇文章的一个独特之处在于,作者在文章中变换了视角。所谓视角,即观察事物的角度。

如果没有最后的两段,文章是一篇独立的回忆童年的文章,童年时的新年是那样令人回味,它是快乐美好的,因为有很多好吃的,尤其是可以挨家挨户地邀喝春酒。这些都是孩子眼里的新年,是从儿童的视角来记录童年时期的新年。文字是活泼的,情感基调是快乐而温馨的。

末两段与前文内容和视角完全不同,回忆中的童年变成了现实中的当下,回忆中妈妈泡的八宝酒变成了自己泡的八宝酒,儿童的视角变成了成人的视角。因为变化,使文章变得立体、丰满和厚重起来,由简单的回忆童年时新年的美好转变为抒发浓浓的乡愁。文字也变得凝重起来。

不同的视角决定了不同的文字风格,也决定了不同的情感基调,更影响了文章的立意。

(2)内容有两段

前八段写"我"小时候的生活,那时候在浙江老家,"我"和"我"的母亲生活在一起,在那里"我"拥有快乐的童年;后两段是"我"的现在,现在是在美国,"我"已经失去母亲,"我"和儿子生活在一起。

因为有了文章的末两段,而使文章的内容跨越了两个时间段,这就自然地把文章的结构切分成了两部分。前面的热闹、快乐、美好更反衬了后面的冷清、伤感、失落。

(3)情感有两种

在两个时段、两个视角分析的基础上,我们很容易把握文章的情感,因为视角的不同,内容的不同,语言的不同,表达的情感也不同。

文章抒发了两种情感:快乐而美好的,伤感而哀愁的。

快乐而美好的情感,主要集中在对童年新年的回忆那一部分。那是有关故乡的、儿时的、与母亲在一起、喝着香醇的春酒的日子,充满了温馨和甜美。

伤感而哀愁的情感,是末两段中流露出的作者内心的情感主色。那是在美国的、现在的、没有了母亲、喝着用美国葡萄酒泡的没有美味的春酒的日子,充满了思念和感伤。

两种情感,一先一后,看似一重一轻,实则是那么不可分割,相互映衬,尤其是末两段的情感,那是真正的四两拨千斤啊,真可谓"在我心中重千斤"!

总的看来,如果没有末两段,文章纯粹写回忆童年,可以独立成章,但这不是作者的写作目的。加上末两段,文章的立意就变化了,就深刻了。作者是借回忆童年来抒发乡愁。

末两段最值得称道的手法是:改变叙述视角。作者运用叙述视角的改变,把文章自然设计为语言风格、情感基调、心理色彩完全不同的两个部分。从内容比重上看,回忆童年的美好占了绝大部分篇幅,但这并不影响末两段在整篇文章中的四两拨千斤的力量。前八段的内容完全创设了新年喝春酒的欢乐祥和的幸福氛围,后两段却使得全文一下子笼罩在了深深的、厚厚的、抹不开的乡愁里了。美好的怀念都是源于这当下难掩的思乡之情,也是为了当下这份跨越了太平洋的对美好精神家园的追怀与向往。这样的衬托让那份乡愁更绵长、更动人。

研读最后一段,让我们感受作者对童年乐趣的怀念和对故乡、母亲的思念。

PPT 呈现:

琦君曾这样深情地说过:"像树木花草一样,谁能没有一个根呢?我若能忘掉故乡,忘掉亲人师友,忘掉童年,我宁愿搁下笔,此生永不再写。"

琦君最成功的散文是怀旧散文,是写故乡、亲人师友、童年的文章。

小标点,大讲究——重点体会两个标点符号的作用。

第二部曲 创意设计

"究竟不是道地家乡味啊。"

上面的这个句子有作者强烈的情感蕴蓄其中,然而,作者却用了一个简简单单的句号,而不是叹号。因为句号是感情的有意控制,而叹号却是感情的直接抒发。这一个小小的句号里包含着作者多少的惆怅、不舍、怀念、伤感、乡愁啊。

"可是叫我到哪儿去找真正的家醅呢?"

以戛然而止的疑问结束课文,给文章留下很大的空白,让读者在作者的这一声寻问中去思考、去品味那份浓浓的乡愁。

[小结]

叙述角度的变化、含蓄深沉的抒情、戛然而止的结尾,把文章深刻的立意和作者深深的乡愁更好地表现了出来。我们要通过比较文章叙述方式、语言风格、视角的变化甚至标点的使用来更深层次地把握文章的中心。

完成板书:凝重的乡愁。

四、课堂总结

读文章就是读作者、读社会,就是与作者进行心灵的交流,所以,读文就是读人。

这节课我们通过三种不同层次的读课文,培养了感知能力、品析能力和感悟能力。在这样的过程中,我们更清晰地体会到,读散文就是读情味,所以,要学会读懂作者在字里行间的感情。

五、布置作业

课外阅读琦君的散文。

[板书设计]

春酒

琦君

真正的家醅	热闹的新年味 快乐的童趣味 淳朴的人情味 浓厚的亲情味	凝重的乡愁

析比喻 悟生命

——《谈生命》教学设计

设计说明

　　冰心先生的散文《谈生命》是一篇文质优美的文章,它精致的结构、精彩的形象、精美的语言、精深的哲理都是很值得细细品读的。

一、精致的结构

　　文章的体形比较庞大,结构形式独特,只有一个整片的段落。细细分析,精致的结构便清晰地呈现出来。

　　首句直接点明话题:生命。下面用两个内部结构基本一致的并列段落,把生命比作"一江春水"和"一棵小树"两个生动贴切的形象,揭示出作者所理解的生命的过程、规律和本质,并抒发作者的感叹。最后一部分,将前文中的道理提炼出来,用议论的方式增强了理性的思考和提升。

二、精彩的形象

　　要给"生命"下定义是很难的,因为这关系到对"生命"本质的理解。"只能说生命像什么""生命像向东流的一江春水""生命又像一棵小树",一下子就把抽象的话题变得具象化,也能引起读者的关注和共鸣。

　　"生命像向东流的一江春水",这是作者从生命的本质来形象地理解生命。生命是奋勇向前的,任何力量也无法阻碍他、压制他,生命的运动形式是流动,生命的特点就是"前进"。尽管其间顺利与曲折如影随形,但"终于有一天""他已到了行程的终结",最终完成了使命。

　　"生命又像一棵小树",这是作者借树的孕育、生长的过程来揭示生命的规律:始而渺小、微弱,继而不断成长、强健、壮大,终而归于消亡,但正是在这样的历程中实现了自己生命的价值。

　　一江春水,作者侧重表现他的向前推进的过程,写出生命的"流动"的特点;而一棵小树,作者则侧重表现他的向上生长的过程,将两部分结合起来看,作者描述了生命的周而复始又螺旋上升的态势。

　　这两个形象描述的部分有许多妙点可以挖掘,这既是作者的精妙构思所在,也是学生阅读理解能力的训练点所在。我们可以用"聚合"的方法来

第二部曲　创意设计

欣赏妙点。如可以设计这样几个话题引导学生进行美点欣赏。

1. 文章里有许多"两个……"（如：文章里有两个生动的形象、两个生命的内容、两个描写的段落、两个分别出现了两次的语句等等）。

2. 两个段落的内容有很多的一致（如：都有两条线索、都写了两次生命、都有虚实两部分、生命结束时的状态与心态都是一样的、作者对两种生命结束的感慨都是一样的）。

三、精美的语言

整篇文章语言优美精练，运用典型的修辞手法来增强语言的表现力。如比喻使丰富多彩的不同的人生变得形象可感，从而揭示人的生命的过程、规律和本质；富有情态感的拟人手法生动地表现出春水、小树的丰富的生命体验；反复的句式，生动又富含思想，仿佛作者在深情地咏叹，加强了文章回环往复的旋律美；强烈的对比突显春水不畏险阻、勇往直前的生命追求，更好地塑造了春水的形象。

四、精深的哲理

如果说前面的两个大段落是形象地解说生命，那么最后一部分就是作者个人的生命感悟。这篇文章首次发表于1947年，文章表现的是一个中年人对生命的深刻认识和独到感悟。

文章的最后一部分，是在形象说理之后的理性升华，起到了深化主题、总结全文的作用。可以说，前面的形象解说都是为这最后的议论服务的。

这一部分的表达方式与前面的完全不同，这里采用议论的方式，从表达主题方面说，在前文对生命的现象做比喻性的充分描写之后，再点明了命意、阐明了文旨、深化了主题；从结构方面说，起着总管全文的作用，文章的哲理性、议论性的特点，在这一段表现得很充分。

教学目标

1. 反复朗读课文，感知内容，理解主旨。

2. 体会文章景、情、理和谐相融的意境，欣赏文章精妙的比喻、精深的哲理。

3. 理解作者对生命本质的认识，培养豁达、乐观、积极的人生态度。

教学重点

1. 激发学生的联想和想象，感受文中鲜活的形象。

2.揣摩文章重要的语句或段落,理解其哲理意蕴。

教学难点

感知作者的情感变化,把握作者的感情基调和生命观。

教学方法

1.朗读法。
2.赏读法。
3.演读法。

教学时数

1 课时。

教学过程

一、新课导入

"有人说,生命像花,花开美丽,花落亦灿烂;也有人说,生命像船,扬起风帆,驶向彼岸;还有人说,生命像列车、像彩虹、像桥梁……"冰心先生认为生命像什么呢? 今天我们一起学习冰心先生的散文《谈生命》。

二、有趣地变形

这篇文章的结构很独特,只有一个体形庞大的独立段落。下面请根据文章内容和逻辑的特点给文章做结构变形,看看能把这一个段落划分为几个段落。

交流、明确:文章可分为四个段落。

先一句话点题,"我不敢说……我只能说",接着写生命像春水、生命像小树,这两个并列结构的部分描写了生命的过程与体验,最后揭示主旨、总结升华:感谢生命。

变形之后,结构一下子就变得生动、明朗起来,原来这篇文章有这么精致的结构。

三、有味地朗读

学生齐读"春水"部分。

第二部曲 创意设计

学生评点朗读情况。

教师作朗读指导：

1. 要运用联想和想象，把自己融入情境；

2. 处理好语气，注意读出语气的变化、情感的起伏，如激动、悲哀、快乐、沉重、感叹、抒情……

3. 处理好语速，急速的、平缓的；注意重音的使用，如注意有表现力的动词、形容词、副词等的轻重处理；

4. 注意对标点符号的灵活处理。

这篇文章写了一江春水向东流的经历，要读出文章内容和情感的波澜起伏，就要注意表现出平静与激昂，粗犷与柔美的对比。

重点训练四个"有时候……"句段的朗读。(先稍作分析，再读)

四、有味地赏读

(一)欣赏精妙的比喻

1. 为什么说"生命像向东流的一江春水"？春水和我们的生命有哪些相似之处？

引导学生结合具体语句来分析。

强化学生语言表达的规范。

找出比喻句，说"这一句把……比作……写出春水的……表现生命的……特点"。

[教师小结]

作者描写了江水从源头到融入大海的整个经历，这些经历由两条线索推进着。第一条就是一路上江水"所遭遇的一切"，第二条是遭遇这一切时，江水作为一个特殊的生命所怀有的态度——"享受着这一切""快乐勇敢地""向前走"！这一路的经历和情感高度地集中在下面这一个句子里。

关键句："他快乐勇敢地流走，一路上他享受着他所遭遇的一切。"

在写"一江春水"奔流入海的过程中，作者用了四个"有时候"，呈现出生命过程中会经历的几种情况，显示了"一江春水"亦即人的生命历程的丰富多彩，揭示了人生总是幸福与苦难、顺利与曲折相伴而随的。

要注意省略号的作用！

2. 为什么说"生命又像一棵小树"？小树和我们的生命有哪些相似之处？

引导学生结合具体语句来分析。

找出比喻句，说"这一句把……比作……写出小树的……表现生命的……特点"。

[教师小结]

"生命又像一棵小树",这是作者借树的发育、生长的过程来揭示生命的规律。从渺小、微弱,到不断成长、强健、壮大,最后归于消亡,小树正是在这样的历程中实现了自己生命的价值。

写小树的这一部分,我们也可以清晰地把握到两条线索,第一条是小树生命的历程,第二条是与历程相伴的情感态度。

[总结]

作者用"一江春水"和"一棵小树"两个比喻,形象地写出了生命由生长到壮大,再到衰弱的过程和一般规律,以及生命中苦痛与幸福相生相伴的共同法则。

两个比喻又各有侧重:

一江春水,侧重表现生命的遭遇、经历,表现向前的力量;

一棵小树,侧重表现生命的成长,表现向上的力量。

结合起来看,作者描述了生命的周而复始又螺旋上升的态势,同时展现了对待生命的态度:快乐、勇敢、享受。

(二)欣赏精深的哲理

学生齐读最后一部分。要求:读出句子之间的停顿,读出作者的感悟。

体会作者的生命感悟。找一个句子做评点。

学生交流。

在交流中相继朗读有关语句。

教师小结精深的哲理:

1.我们的生命既是卑微的,也是高尚的;

2.快乐和痛苦是生命之歌的基本旋律;

3.我们应用感恩的心去善待生命。

归纳哲理的表达方法:

1.直接揭示哲理;

2.用比喻来说理;

3.对比说理。

五、有味地演读

演读课文,就是表演式地朗读,声情并茂地传达出对文本的理解。

全班齐读根据原文的部分段落改写的散文诗。

六、课堂结束

不论生命像春水、像小树还是像花,我们都要热爱它。让我们一起享受如花的生命,感谢如花的生命!

第二部曲 创意设计

69

七、布置作业

将写小树部分的内容改写成短诗。

[板书设计]
设计成花朵的形状

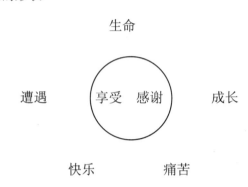

生命

遭遇　　享受　感谢　　成长

快乐　　　　痛苦

附:根据文章改编的朗诵文本

谈生命

师:我不敢说生命是什么,我只能说生命像什么。

师:生命像向东流的一江春水。

合:他从最高处发源,将许多细流聚集成有力的洪涛,向下奔注。

男:遇到悬崖峭壁,他愤激着、怒吼着、回旋着,前波后浪地起伏催逼、一泻千里。

女:细细的平沙、红艳的桃花、斜阳与芳草……他快乐而羞怯,轻轻地度过这浪漫的行程。

男:狂风暴雨、迅雷激电……他心魂惊骇;雨过天晴,他又增添了新的力量。

女:晚霞和新月,带给他幽幽的温暖,他想休憩,而那前进的力量仍逼着他向前。

合:他终于望见了大海。大海多么辽阔,多么伟大! 多么光明,又多么黑暗!

师:他一声不响地流入大海的怀里。他消融了、归化了,说不上快乐,也没有悲哀!

师:生命又像一棵小树。

语文教学三部曲——解读、设计、演绎

合：他从地底聚集力量，勇敢地破壳出来，快乐地寻找生命的梦想。

男：他尽情地吸收空气，享受阳光；

女：在风中跳舞，在雨中吟唱。

合：青春的力量，使他在烈日下挺立昂扬！

男：他开出满树的繁花，结出累累的果实，带来甜美与芳馨。

女：秋风陪伴他享受成功后的庄严、怡悦与宁静。狂风让他旋舞，使他呻吟。

师：他一声不响地落在大地的怀里。他消融了、归化了，说不上快乐，也没有悲哀！

合：宇宙是一个大生命。在宇宙的大生命中，我们是多么卑微、多么渺小。

男：不是每一道江流都能入海，不流动的便成了死湖；

女：不是每一粒种子都能成树，不生长的便成了空壳！

男：生命中不是永远快乐；

女：也不是永远痛苦。

合：快乐和痛苦是相生相成的。

男：在快乐中我们感谢生命。

女：感谢生命！

女：在痛苦中我们也感谢生命。

男：感谢生命！

合：感谢——生命！

第二部曲　创意设计

赏新月　品亲情

——《金色花》教学设计

设计说明

　　《金色花》是泰戈尔《新月集》的代表作品。这是一篇散文诗,是一篇表现着浓烈的、圣洁的母子之情的抒情诗,也是一篇寄托着泰戈尔对逝去的亲爱的妻儿的缅怀诗。借助母子形象歌颂圣洁之爱是《新月集》里不少作品的共同主题。这样的一篇浅显的文字,在朗读训练上应以读文本为重点,要通过读出画面、读出形象、读出情感来感受母子之爱。在备课时,我研读了两个版本,发现了两个版本上的文字上的差别,比较后自然有高下之分。因此,运用比较阅读带领学生深入文本细处,可以让学生更好地感受散文诗的语言特色。通过抓住人物语言,引导学生更细致地解读人物形象,感受浓厚的亲情,体会人物对"爱与被爱都同样幸福"的理解与实践。《新月集》中还有不少表现童真、童趣、渴望母爱的文章,教学中可进行适度拓展,用以篇带类的方法,激发学生阅读和欣赏《新月集》。

教学目标

　　1.掌握朗诵技巧,通过有表现力的朗诵读出人物形象。
　　2.通过比较阅读的方法品味语言,更细腻地感受文章所表达的情感。
　　3.初步了解泰戈尔的《新月集》。

教学重点、难点

　　1.通过有表现力的朗诵读出人物形象。
　　2.理解作品的最后一段。

教学方法

　　诵读法、探究法。

教学时数

1课时。

教学过程

一、资料助读(PPT呈现)

1.文学常识——散文诗

散文诗,兼有诗与散文特点的一种现代抒情文学体裁。

它融合了诗的表现性和散文描写性的某些特点,有诗的意境,给读者以美和想象,内容上保留了散文性细节;形式上,有散文的外观,不分行,不押韵,但不乏内在的音乐美和节奏感,通常形式短小灵活。

2.作者介绍

泰戈尔(1861年~1941年),印度作家、诗人、社会活动家,被誉为"印度诗圣"。他是印度国歌的作者。他的创作对印度文学的影响很大。他于1913年获得了诺贝尔文学奖。

诗集代表作:《新月集》《园丁集》《飞鸟集》《吉檀伽利》。

二、远望《新月》

《新月集》的第一版的序言中有这样的一段话(PPT呈现):

《新月集》把我们"带到秀嫩天真的儿童的新月之国里去。我们只要一翻开它来,便立刻如得到两只有魔术的翅膀,可以使自己飞翔到美静天真的儿童国里去。而这个儿童的天国便是作者的一个理想国"。

(诗人把儿童比作"新月",预示儿童就像新月那样纯洁和宁静,美好和天真。)

《新月集》创作背景(PPT呈现):

泰戈尔的散文诗里可以处处感受到富有宗教意义的爱——最高尚、最纯洁的爱。没有人会想到写《金色花》的时候,是作者个人最不幸的时候。1902年,他的妻子病逝。第二年,他的一对儿女相继夭亡,这些不幸笼罩在他身上,对他的打击真的太大了!可是,他通过作品把爱的光辉撒遍世界的每一个角落。他的作品满含着对生命的爱、对孩子的爱、对自然的爱、对所有一切的爱。

(借助母子形象歌颂圣洁之爱是《新月集》里不少作品的共同主题。这一背景的介绍有助于学生理解泰戈尔借助作品所传达出的对逝去的亲爱的

第二部曲 创意设计

73

妻儿的深情缅怀,也有助于教学难点的突破,即理解作品的最后一段。)

三、赏读《金色花》

活动一:朗读

1. 齐读课文

选几位学生评价全班齐读的效果。

教师点拨文章朗读的整体基调:温馨、活泼、亲切、甜蜜。

2. 深情朗读

每位学生先挑自己喜欢的段落自由地读。

选几位学生朗读他们喜欢的段落,追问,为什么喜欢这一段落(把朗读和文意理解融为一体),并根据其朗读情况作有针对性的指导。

注意:教师指导过程中,适当穿插教师范读和集体朗读。

朗读的目标:要能读出画面、读出形象、读出情感。

关于读出画面:

文章的画面感很强,画面之间可以做稍长一些的停顿,以给人想象和回味的空间;每一个画面呈现时要能读好轻重、缓急、起伏,以突出镜头感,如第一段中,"高枝""笑嘻嘻""新叶""跳舞"等都可以稍作强调。

关于读出形象:

孩子的形象比较容易把握,要读出孩子的天真、调皮、活泼、撒娇来。

(文中出现了"笑嘻嘻""暗暗""悄悄""小小"等叠词,要读出孩子说这些词语时的天真调皮的语调。)

母亲的形象是圣洁的、温婉的、慈爱的,要能用舒缓的语调、舒展的情绪读出一个做祷告、读圣书、爱孩子的圣洁的母亲的形象。

关于读出情感:

读出孩子在调皮中对妈妈的爱和依恋之情。

读出妈妈说"你这坏孩子"时的丰富的含义。

活动二:说读

思考:孩子为什么要变成金色花?

学生先独立思考,然后同桌交流,再全班交流。

适时地穿插金色花的图片及介绍。

(PPT 呈现)金色花,又译作"瞻波伽"或"占波",印度圣树(菩提树,树叶呈心形)上的花朵,木兰花属植物,开金黄色碎花。金色花在印度受到大人小孩的喜爱和敬重。菩提树在印度又被称为"幸福树"。

[参考]

金色花,是圣树上的花朵。作者想象孩子变成金色花,象征着孩子的圣洁可爱,也象征着母爱的光辉给孩子的影响。孩子变成了金色花,就变得隐匿起来,为妈妈做的事情就变得悄悄的、不留痕迹的,这是从一个孩子的角度来表现对妈妈的爱的回报。

借助这样奇特的想象,我们仿佛看到了一个无所不能的小精灵,他可以把自己变成花朵,散发出幽香,为妈妈遮阳,又可以把自己变回来,回到妈妈的怀抱。他有神的能耐,更有神的品行——善与爱。孩子是一个活泼的、调皮的、懂得被爱与爱的幸福的小天使形象。

人们常常用花来称呼孩子,因为孩子活泼、美丽、纯洁、可爱。金色花,受到印度人民的喜爱,孩子希望自己能让妈妈喜爱。

活动三:品读

此环节为深度解读,是对人物形象和情感的深层挖掘。这是教学的难点,要注意做好铺垫和引导。

深度品读文章的最后一段(PPT 呈现):

"我不告诉你,妈妈!"这就是你同我那时所要说的话了。

为什么不告诉呢? 如何理解最后一句话?"这"指代什么? 如何理解"同"?

学生先独立思考,然后同桌交流,再全班交流。

对于最后一段中的人物语言"我不告诉你,妈妈",有两种理解。

1. 只是孩子一个人说

[分析]

他不告诉妈妈,这是孩子的天真调皮的表现。他爱妈妈,用儿童的方式、悄悄地回报妈妈的爱,但又不愿让妈妈知道,于是用了与妈妈捉迷藏的方式。他自然不会告诉妈妈,也许他正为自己的机灵而得意呢!

2. 妈妈与孩子一起说出

提倡采用第二种理解。但不要强求学生放弃第一种理解。

[分析]

不难想象,妈妈会模仿孩子的口气来说。生活中,也许孩子经常调皮地逗妈妈,妈妈对孩子的性格、脾气已经很熟悉了,他的一言一行其实妈妈都是心里有数的。于是,在孩子又一次调皮时,妈妈也会脱口而出这一句话。或许,两人说完后,会因为这样的默契而同时开心地大笑起来。这是多么温馨、活泼、甜蜜的时刻。妈妈了解孩子,理解这份童心,也满足了孩子的童趣,并和孩子幸福地享受这份童趣。这样的妈妈是真实的、可爱的。这样的理解也许更贴近泰戈尔创作的本意,这么温馨、幸福的画面谁说就不会是在他的家里常常发生的呢?(板书:童心)

("这就是你同我那时所要说的话","这"究竟指代什么? 第一种可以理解为指代母子的一问一答,正好是先"你"说再"我"说;第二种可以理解为

第二部曲 创意设计

75

是指两人同时说的,"这"指代的内容就是"我不告诉你,妈妈"。)

("同",第一个理解,相当于英语里的"and",这样就是母子同说"我不告诉你"了;第二个理解,跟、与,相当于英语里的"with",这样就是妈妈问,孩子答了。)

第二种理解,学生也许想不到或者不会一下接受,教师可以穿插介绍自己生活中的默契而又幽默、充满温情的例子。需要的话,也可以直接呈现英文版原文。(PPT呈现)

"Where have you been,you naughty child?"

"你到哪里去了,你这坏孩子?"

"I won't tell you ,mother." that's what you and I would say then.

"我不告诉你,妈妈!"这就是你同我那时所要说的话了。

[小结]

学会通过理解人物的语言来把握人物形象,尤其要学会通过理解具体情境中的人物内心来把握形象。

这首散文诗表现的是一种理想中的母子之爱,甜蜜、默契,欢乐而神奇,甚至带有一种宗教色彩,是那么的圣洁。彼此的理解和关爱是母子深情的前提。(板书:理解、爱)

活动四:比较阅读

这一环节是一个有创意的比较阅读设计。

比较苏教版和人教版两个版本的教材上课文文字的细微差别,分析选用不同词语的效果。此环节采用的方法是侧面入手,正面解读。

教师朗读与学生不同版本的《金色花》,学生边听读,边在自己的课本上做记号。读完后学生提出两个版本的不同之处,朗读、对比、分析。

不同之处有:

"变了一朵"——"变成了一朵";"笑哈哈"——"笑嘻嘻";"空中摇摆"——"风中摇摆";"新生的树叶"——"新叶";"母亲"——"妈妈";"你做祷告"——"做祷告";"花的香气"——"花香";"我便要投我的"——"我便要将我的";"小影子"——"小小影子"。

[重点分析]

"变了一朵"——"变成了一朵":要使句意准确,不能有歧义。

"笑哈哈"——"笑嘻嘻":前者笑出了声音,与文意不合;后者的"笑"更有孩子气和调皮味,给人一种偷乐的感觉,同时与后文中的"匿笑"呼应。

"空中摇摆"——"风中摇摆":前者是主动的行为,表现孩子的天真活泼;后者是被风刮的,被动的。

"母亲"——"妈妈":前者太正式,不太符合儿童的心理和实际;后者更

语文教学三部曲——解读、设计、演绎

口语化更亲切,且与后文的用词风格一致。

"花的香气"——"花香""新生的树叶"——"新叶":后者"花香""新叶"更精致、凝练,符合诗歌的语言特征。

"小影子"——"小小影子":前者是客观表述,只是表现出"小"这个特点;后者显得小巧、灵动、可爱,叠词"小小"的使用又增加了亲切感和韵律感。

[小结]

选词用句精致、确切,可以更好地表现文章中心,抒发情感。在比较阅读中,能提高我们的语言敏感度和欣赏能力。

四、近观《新月》

《新月集》里有许多写母子故事的作品,通过阅读这些充满童趣、充满母爱的作品,我们可以感受到作者对自己亲爱的妻儿的深深怀念,也感受到作者对儿童的爱,对幸福生活的歌咏。

《新月集》里的很多诗歌以"质朴的语言"表达出"真挚的情感",尤其是不少诗歌里的想象更是奇妙独特。我们试着阅读、体会其中的一篇。

印发《花的学校》《恶邮差》《同情》等。

阅读欣赏《花的学校》。

学生齐读。

先独立思考,再交流:说说你最喜欢这首诗的哪些句子? 为什么?

[分析]

这首散文诗修辞手法丰富,想象非常奇特,语句活泼有灵气,最重要的是最后一小节,写出了孩子很得意的形象。这种得意是因为他觉得他读懂了那些从地底下花的学校里钻出来的花儿们的心思:他们在渴求妈妈的拥抱! 从这首散文诗里,我们读到了一个孩子眼里的世界,也体会到了一个孩子对母爱的理解,更感受到了一个中年男子对在天堂的妻儿的怀念和祝福。这就是真实的泰戈尔。

五、课堂总结

从《花的学校》中,我们可以进一步体会到作者把诗集命名为《新月集》的意图,儿童就像新月那样纯洁和宁静,美好和天真。是的,用儿童的目光去观察生活,永葆一颗童心,用诗歌把对生活的爱记录下来,你就是一个有诗心、有诗性的人,你必将拥有诗意的生活。愿大家都诗意地活着!

六、布置作业

课外阅读《新月集》《榕树》《告别》《小大人》《著作家》《恶邮差》《同情》《英雄》……

第二部曲 创意设计

解读爱　悟成长

——《爸爸的花儿落了》教学设计(第一课时)

设计说明

　　课文《爸爸的花儿落了》节选自《城南旧事》。写了英子参加小学毕业典礼,回家后得知爸爸已经去世了。在毕业典礼上,英子由胸前的夹竹桃花回忆了前一天晚上以及之前父亲教导自己的几件事情,现实中的毕业典礼和回忆中的成长历程两条线索并列推进,使文章的结构比较复杂。从篇幅看,对初一的学生来说是比较长的;从文体看,需要让学生体会到小说的基本特点和本选文的独特之处。因此,两个课时的安排需要很合理的设计。第一课时,首先就要让学生能够把故事情节复述得清楚、准确,而如何复述,需要教师授予方法,结合本文的具体情况,可以引导学生从事件和人物入手。理解人物形象、感受父爱,是本课的一个教学重点。理解人物形象,最忌讳的是贴标签,教学中可带领学生通过紧扣文本,细细品味父亲的一句话、一个动作、一处心理活动来深入地理解父亲的形象,并通过反复朗读、补充留白来完成这一教学环节。有了前两个教学重点的完成,对"成长"内涵的理解也就水到渠成了。

教学目标

　　1.了解并能复述故事情节。

　　2.通过细节把握爸爸这一人物形象,体会爸爸的教育对英子成长的影响。

　　3.理解"成长"的内涵,并促进自己健康成长。

教学方法

　　1.诵读法。

　　2.品味法。

教学过程

一、新课导入

这篇课文选自林海音的自传体小说《城南旧事》。

作者林海音曾经在《城南旧事》的序言中写道(PPT呈现):

"我是多么想念童年时北京城南的那些景物和人物啊!我对自己说,把它们写下来吧,让实际的童年过去,心灵的童年永存下来。就这样,我写了一本《城南旧事》。"

"这些故事,以我的童年为背景……每一段故事的结尾,里面的主角都是离我而去,一直到最后的一篇《爸爸的花儿落了》,亲爱的爸爸也去了,我的童年结束了。"

(师读,缓慢。)

为什么爸爸去了,"我"的童年就结束了呢?英子在这篇文章中向我们讲述了童年时她和爸爸之间的哪些故事呢?让我们一起走进课文。

二、整体感知课文

速读课文,把握记叙要素。

梳理一下文章主要写了哪几件事?

文章比较长,老师推荐以下这两种读法。(PPT呈现)

(1)从事件入手,跳读课文,勾画或圈点能概括事件的相关语句。

(2)从人物入手,尽量用有表现力的语音语调读出人物的语言内涵。

一二组和三四组同学分别从事件、人物入手有选择地读,读后交流。

文章主要讲述了以下几件事情:

(1)上学赖床被爸爸打;爸爸送夹袄和零钱;

(2)爸爸让我独自到银行汇款;

(3)毕业典礼前去医院希望爸爸能到会;

(4)毕业典礼后爸爸去世,冷静地面对。

[过渡]

文章讲述了英子参加毕业典礼前后的全过程,她在典礼中回忆了和爸爸之间发生的几个故事。

PPT呈现:关于文章的内容框图

三、揣摩细节,理解人物

抓住:一句话、一个动作、一处心理活动。

(对文本细节的剖析这一部分,要让学生读出其中的情味。这些细节应

第二部曲 创意设计

79

该是浸泡着泪水的、是心酸的、凝练的。）

这些故事中,给你印象最深的是什么? 为什么? (如:爸爸对"我"的爱的细节。此环节可激励学生要找得又快又准)

主要有:

(1)上学赖床,打了"我"。(爸爸以严厉方式表达他的爱,他要培养孩子的良好习惯和端正的态度。)

(2)打了"我"之后又赶到学校为"我"送夹袄,看我穿上。(表现爸爸的爱默默而又细腻的一面,心里很心疼我。)

(3)逼我去汇款。(引导我进入社会,去独立地做事)。

透过这些故事,我们深深地感受到,在平常的生活中,爸爸用其独特的方式传达出沉甸甸的父爱。

PPT 呈现:爸爸的爱用独特的方式表达出来,成为英子成长的动力!

——"世界上有许多种爱,只有父母的爱是为了离开。"

在离开这个世界前,爸爸是如何让英子理解这种"为了离开"的爱的? 下面我们一起来品读第 4 ~ 12 段。

分角色朗读(全班读旁白,男、女生各一人读爸爸、英子)

评价朗读并作指导。

这是病重的爸爸和女儿的最后一次对话,每一个细节都会永远刻在英子的脑海里。让我们跟着英子一起回忆爸爸留给我们的最后一幕。

全班齐读第 8 段。对学生朗读进行评价、指导:语速缓慢,符合当时的人物的心境;三句话,呈现出三组镜头,要留有想象的余地;角色替换,把自己想象成"我",眼前浮现的就是一个病重的爸爸。

一句朴实的话,一个微妙的动作,一段看起来平静的沉默,都会满含着深深的爱。让我们通过分析细节来读懂爸爸。

分析一个动作、揣摩一处心理:"不说话",此时无声胜有声;"把脸转向墙那边",掩饰心中的痛苦,不愿让女儿担心;"举起手……看指甲",此时的内心活动、神态(掩饰含泪?)和"叮嘱",不是一般地说说,而是郑重地交代。

引导学生认识:一个父亲在面对死亡时,最无法舍弃的是自己的孩子,更何况他的孩子还那么小。爸爸内心的痛苦不愿意让女儿看到,只有自己默默地承受。

领悟一句叮嘱。(学生自己先读,在老师分析、指导之后再读)

你从爸爸的最后一句话里读懂了哪些含义?

PPT 呈现:

"没有爸爸,你更要自己管自己,并且管弟弟和妹妹,你已经大了,是不是?"

体会含义:

(1)"没有爸爸"——语意双关。(爸爸不在身边;爸爸去世)

(2)"你更要自己管自己"——要自力更生,以身作则。

(3)"管弟弟和妹妹"——担当起做姐姐的责任。

(4)"你已经大了,是不是?"体会爸爸说这话时内心复杂的情感:有因自己生病而不能继续抚养孩子的愧疚,更多的是对女儿的鼓励和期待。

[小结]

对人物的语言、动作、心理描写的细致分析,可以帮助我们更好地理解人物形象和文章内涵。我们在作文中也可运用细节描写手法来增强文章的感染力。

四、理解文章主旨——"成长"的含义

在爸爸爱的教育的影响下,英子有了哪些变化? 最能表现她成长的是哪件事?

学生交流想法。

主要有以下变化。

(1)不再迟到,到校很早,成为优秀毕业生 ——学习态度的教育。

(2)独自去银行汇款——"闯练",培养自立的生存教育。

(读46~53段,重点理解爸爸的语言的含义。)

(世界上所有的爱当中,只有父母的爱是为了离开。)

(3)镇定、安静地面对爸爸的去世——我已不再是小孩子。

可以说,这些变化就是成长。

大人们总希望我们快快长大,但正如文中所说,"我们是多么喜欢长高了变成大人,我们又是多么怕呢"。为什么孩子们喜欢长大又怕长大呢?

长大有什么好处? 有什么不好?

不长大呢?

学生谈感受。

成长对于我们来说,也许是充满着期待、充满着喜悦的,然而对于失去了爸爸的英子来说,成长却是满含着心酸的,是含泪的成长。

英子可以不想长大吗? 为什么英子在知道爸爸去世的时候表现出镇定、安静就是长大了呢?

学生交流想法。

资料链接

作者在《城南旧事》的序言中写道(PPT 呈现):

"那时我十二岁,开始负起了不是小孩子所该负的责任。如果说一个人一生要分几个段落的话,父亲的死,是我生命中一个重要的段落。"

当面对爸爸去世的噩耗时,英子表现出的是镇定、安静,但我们能感受到她心里的那种波澜。在爸爸的教导下,在爱的鼓励下,面对家庭的变故,英子已经明白了"长大"的真正含义。她是家里最大的孩子,她必须要积极面对她所面临的一切。因为(PPT 呈现),"对于成长,年龄不是记号,责任才是标志,长大就是一种勇气与承担。成长在这里还是生命的延续、责任的延续"。

英子把对爸爸的爱与怀念深埋在心底,只是默念:"爸爸的花儿落了。我已不再是小孩子。"(PPT 呈现这两句话)你能体会最后这两句话的深刻含义吗?

学生交流想法。

"爸爸的花儿落了"有两层含义:爸爸种植的夹竹桃花落了;喜爱花儿、热爱生活的爸爸的生命之花落了。

"我已不再是小孩子"——真正地长大,与前面爸爸的那句话呼应。

英子用了诗一样的语言来怀念爸爸,淡淡的忧伤饱含着浓浓的情感,是对自己的肯定、鼓励,也是对爸爸的承诺。反复诵读,读出这两种含义来。(与第 11 段爸爸病床上的最后一句话连起来读。)

(PPT 呈现)"花开花落是自然规律,纵使再美丽的花也会凋谢,却会留下浓浓的花香。爸爸的花儿虽然落了,却结出了丰硕的果实——英子真正成长起来。"

五、课堂总结

这节课我们对故事情节做了梳理,了解了英子成长的背景。文章通过细节表现出爸爸的爱的独特的方式。而英子的成长离不开爸爸严厉而又默默的爱。我们知道,长大意味着要负责任,让我们在理解父母爱的前提下,在培养自己有责任感的过程中茁壮成长。(完成板书)

(PPT 呈现)

[课堂小结]

我学会了:概述故事;

我了解了:细节的作用;

我懂得了:长大 = 责任。

六、布置作业

课外阅读《城南旧影:追忆林海音》《城南旧事》。

重积累　练能力

——《绿色蝈蝈》教学设计

设计说明

这是一篇妙趣横生的小品文,作者采用生动活泼的笔法,把蝈蝈写得活灵活现。先描述了蝈蝈的歌声,写出了声音的各种特点,如"柔和""清脆""尖锐"等,特别是"比蝉更胜一筹的歌手"的称呼,流露了作者对蝈蝈的喜爱之情。接着又描写了蝈蝈的外形特征:非常漂亮、色泽亮丽、身材优美、苗条匀称。文章重点写了蝈蝈的食物习性。作者通过自己的观察,饶有兴致地介绍了蝈蝈喜欢吃蝉的特点及原因。还介绍了蝈蝈之间的相处和睦、从不争吵的特点。本文集知识性、趣味性、艺术性于一体,可读性强,利用文本对学生进行学习方法指导和能力训练是教学重点,同时还要注意培养学生自主阅读,体验阅读过程中的快乐。引导学生学会运用提取信息法、组合要言法概括文章内容;字词的学习与积累也可以变得更为生动活泼,让学生通过连词成段的方式写作片段;精段赏析,要学生先独自地写品析再交流,这样的话,三个教学板块中都可以有对学生进行读写结合的共同训练,使课堂效率大大提高。

教学目标

1. 学习提炼文意的方法,概括课文内容。
2. 了解绿色蝈蝈的特点。
3. 品味生动的语言,感受活泼的笔法。

教学重点

品味生动的语言,感受活泼的笔法。

第二部曲

创意设计

教学过程

一、新课导入

鲁迅先生家的后院有个"百草园","油蛉在这里低唱,蟋蟀们在这里弹琴。翻开断砖来,有时会遇见蜈蚣;还有斑蝥,倘若用手指按住它的脊梁,便会'啪'的一声,从后窍喷出一阵烟雾",真的是有"无限趣味"。著名昆虫学家法布尔先生家里有个"百虫园",每天都有昆虫的表演。今天节目的主角是绿色蝈蝈,让我们跟着法布尔先生一起去欣赏精彩节目吧。

这是一篇写绿色蝈蝈的科学小品文。只需要稍稍用心,你就会了解到蝈蝈的特点,你会欣赏到蝈蝈的节目,你还会积累很多的词语,当然,你更会学到生动的写法。好了,语文的学习你做主吧!(PPT:我来把握全文)

二、把握内容

(这一环节分为两个步骤,采用两种方法)

(1)快速阅读课文,把每一段的内容概括出来。(提炼、筛选)

教师进行方法点拨(PPT呈现)。

概括段意的方法

提取信息法:直接提取文中现成的语句概括文意;

组合要言法:组合文中的关键词语、连词成句地概括。

学生独立思考;同桌交流,一人讲一段。

全班交流。

内容归纳:文章写了绿色蝈蝈的叫声、外形及食性,重点写了食性。

(2)为"绿色蝈蝈"写100字左右的简介性文字。(整合、写作,7分钟)

结合课文,提取关于蝈蝈特点的文字,编写一段蝈蝈简介。先在书上勾画,然后写在草稿纸上。

学生交流。

教师示例(PPT呈现):

绿色蝈蝈"浑身嫩绿,侧面有两条淡白色的丝带,身材优美,苗条匀称,两片大翼轻盈如纱"。声音"微弱"但"非常柔和","连续"且高低起伏。凭借"有力的大颚""锐利的钳子",它们常常"进攻比自己大得多、强壮有力得多的动物"。它们"酷爱甜食""喜欢吃昆虫""十分喜欢吃肉"。它们虽也"同类相食",但"彼此十分和睦地共居"。

赏析课文(PPT呈现:我来欣赏文段)

(这一环节也分为两个步骤,采用两种方法。)

虽是一篇介绍昆虫的科学小品,但是作者写得富有情趣。下面我们重点欣赏两个文段。

三、欣赏精段

结合内容,试为第三段、第五段命名。

两段命名参考:"美妙的音乐会""激烈的肉搏战"。

音乐会究竟是怎样的美妙,肉搏战到底是如何的激烈,让我们从听音乐会和观战的角度来欣赏吧。(PPT呈现:多角度欣赏这两段文字)

学生思考、交流。

这场美妙的音乐会,美妙在:演员组成、声音特点、气氛效果、作者情感。

这场激烈的肉搏战,激烈在:力量悬殊、动作惊险、武器独特、结局惨烈。

四、品析手法

通过上面对两段文字的分析,我们看到在这一篇妙趣横生的小品文里,蝈蝈是那样的活灵活现,这与作者采用了生动活泼的笔法是分不开的。下面我们就来品析作者活泼的笔法。

(PPT呈现:我来品析手法)

请找出自己喜欢的句子或段落,说说喜欢的理由。可以用这样的句式:"这篇文章妙在……我发现了……"

学生思考、交流。

教师总结文章笔法特点及作用。(PPT呈现:拟人 比较 称呼)

拟人:

采用拟人化的手法,语言生动传神,使读者感到亲切自然,增强了可读性。如"绿色的蝈蝈啊,如果你拉的琴再响亮一点儿,那你就是比蝉更胜一筹的歌手了"。

比较:

为了更好地表现蝈蝈的特点,作者将蝈蝈与其他昆虫相比较:声音与蝉相比略低一些;与螽斯一样不喜欢吃莴苣叶;不像老鹰一样进攻弱小;不像螳螂一样只吃肉;与螳螂一样同类相食,但不残暴。

如"蝈蝈也存在着同类相食的现象。诚然,在我的笼子里,我从来没见过像螳螂那样捕杀姊妹、吞吃丈夫的残暴行径,但是如果一只蝈蝈死了,活着的一定不会放过品尝其尸体的机会的,就像普通的猎物一样"。拿螳螂来作比较,这样写既能使读者了解其他昆虫的习性,又能突出蝈蝈的习性。

称呼:

绿色蝈蝈是一种小昆虫的名称,作者在文中不断变换角度,改变对它的称呼。找出这些不同的称呼,了解作者是在何种情况下用这个称呼的,并体

第二部曲 创意设计

会这样使用的好处。

（PPT 呈现）

多变的称呼："狂热的狩猎者""夜晚的艺术家""比蝉更胜一筹的歌手""进攻者""笼里的囚犯""蝉的屠夫"

当蝈蝈捕杀蝉时，是"狂热的狩猎者"；当蝈蝈在夜色苍茫中发出柔和的声音时，就是"比蝉更胜一筹的歌手"；当蝈蝈成为作者笼中观察和实验的对象时，则成了"笼里的囚犯"；当蝈蝈侵犯蝉时，就是"进攻者"，而吃蝉肉时自然就是"蝉的屠夫"了。

选择不同的角度并不断变换称呼，使行文更生动有变化，描写更形象，给人更深刻的印象。另外也写出作者对这种小昆虫的观察非常仔细，生动地写出了蝈蝈在不同情况下不同的特点。"狩猎者"的称呼写出了蝈蝈捕捉蝉时的凶猛，"歌手"的称呼写出了蝈蝈叫声的美妙，"囚犯"的称呼有些调侃，写出了作者对研究对象的关注，"进攻者"表现出蝉的英勇，"屠夫"这一称呼则写出了蝈蝈在享用美味时那种满足的样子。

不同的称呼除了体现蝈蝈不同的特点外，其实都表现了作者对蝈蝈的喜爱。我们从中也看到了一个如此热爱自己的研究事业的学者形象，正因为他对昆虫事业执着的爱，我们才了解到昆虫世界是如此的丰富和吸引人。我们也能感受到字里行间所洋溢着的作者对生命的尊重与热爱。难怪，周作人说："比看那些无聊的小说戏剧更有趣味，更有意义。"

五、积累词语

文章中有不少雅词成语，要学会积累和运用。

先齐读，再选用下面的词语，连词成段。可以结合文章内容来写，也可以发挥自己的想象写一个片段(选用其中不少于六个词语)。（PPT 呈现）

倾听　喧嚣　沉寂　酷爱　弱肉强食　窃窃私语
清脆悦耳　柔和甜美　静谧气氛　更胜一筹　津津有味　窸窣作响
力量悬殊　轻盈如纱　连续不断　夜色苍茫　隐隐约约　毫不犹豫
学生进行写作训练，交流。

六、课堂总结

学会概括文意的两种方法：提取信息，组合要言。
了解行文生动的三个策略：拟人、比较、称呼。
掌握积累词语的两个技巧：转述课文、连词成段。

七、布置作业

1. 课外阅读法布尔的《昆虫记》。
2. 用拟人手法写一段介绍小动物的文字。

角度新　趣学文

——《孙权劝学》教学设计

设计说明

　　《孙权劝学》是一篇极其简略但又有完整故事情节的文言短文。故事主体只有两个部分,孙权劝学,吕蒙"乃始就学";鲁肃"与蒙论议""结友而别"。文章主要通过对话的方式,表现人物、推进故事。对话言简义丰,生动传神,富于情味。人物寥寥数语,就表现出各自说话时的口吻、神态、心理和性格。在情节的安排上,亦别具风格。吕蒙学习的起因是"孙权劝学",学习的过程略去,学习的结果是鲁肃与吕蒙"结友而别"。通过"论议""结友"来表现孙权善劝、吕蒙勤学和学有所成。直接描写、侧面衬托、留白再塑、繁简结合等手法的巧妙运用,让这一篇小短文既充满了情趣,又不乏理趣。

　　文章简短,教材注释比较丰富,学生理解起来不会有文意上的困难。但是,因其短小,它的文学价值也往往容易被忽略。如何感受到它的文学魅力,则需要教师在深入解读后,通过生动的教学形式带领学生一道走进文本,品析欣赏。笔者通过反复解读和剖析,挖掘出短文里藏有的多组"三",这些"三"包含了文章结构、人物形象、艺术手法、文化背景等多项内容。于是,笔者以"找寻三"趣学文言故事作为此设计的总构思。

教学创意

　　趣学文言故事

教学目标

　　1.积累文言词汇:谓、博士、但、涉猎、吴下阿蒙、刮目相待、邪、耳、乎等等。

　　2.赏析写人记事的美妙手法。

第二部曲　创意设计

87

教学重点

赏析写人记事的美妙手法。

教学方法

诵读、品析。

教学时数

1 课时。

教学过程

一、朗读

要求:读通——读顺——读懂。

方法:自由地放声朗读,自己译读,同座译读,质疑解难。

二、积累

要求:圈出并掌握需要积累的词。

方法:自己圈出,落实意义和用法,教师点拨强调。

(以自行整理或统一练习的方式积累。)

以下词需要强调:

实词:谓、当涂、涉猎、见、就、过;

虚词:以、岂、但、若、乃、及、即、更、何、遂;

人称:卿、孤、孰;

古今异义:博士、往事;

语气词:邪、耳、乎;

成语:吴下阿蒙、刮目相待。

三、品析

要求:找寻文中独特的"三"组合并作分析,感受文章写人记事的美妙手法。

方法:教师示例,学生独立寻找,教师巡视点拨,学生小组交流,全班交流。

语文教学三部曲——解读、设计、演绎

文中的"三"组合有以下一些内容。

1. 三个段落式结构

根据情节把文章分成三个部分,这就是事件的三个阶段,即孙权劝学、吕蒙就学、鲁肃赞学。这三个段落是:

初……/蒙乃始就学……/及鲁肃过寻阳……

2. 三个人物证蒙学

穿插人物介绍:孙权、吕蒙、鲁肃。

简析三个人物(孙权、鲁肃、蒙母)对吕蒙学习并成功的证明作用。

孙权:孙权对吕蒙要求严格,劝他读书,对吕蒙满是关心与厚望。正因为有孙权的善于劝说,才有了吕蒙的"就学"及学有所成。

鲁肃:鲁肃"与蒙论议",一句"非复吴下阿蒙"从侧面反映吕蒙因"学"而使才略有了令人难以置信的长进。鲁肃地位高于吕蒙,且学识丰富,由他说出此番话,更可表明吕蒙的长进非同一般。

蒙母:从情节的角度讲,文章的最后一句"肃遂拜蒙母,结友而别"似乎多余,然而,细细揣摩,就可以感受到它的意味深长了。

鲁肃是一个很有学问的人,通过他"拜蒙母",看得出鲁肃为吕蒙的才略所折服而愿与之深交,二人情投意合,侧面衬托出吕蒙富有学识。更重要的是,这一情节传达出古代对读书的另一个角度的理解:一个人因为读书而有丰厚的学问,会获得社会的认可和尊敬,更使自己的父母也得到尊敬,甚至可以提高自己家族的社会地位及威望。这一情节深化了选文的中心。在表现孙权劝学的效果和吕蒙学习的成果上也都是很重要的一个补笔。

3. 三句话语见形象

要求:体会文中人物的语气语调,感受说话人的心理。

方法:以读促析,通过朗读体会人物心理,感知人物形象。

[简析]

(1)"卿今当涂掌事,不可不学!"

用双重否定的形式,语气坚决果断,神态郑重严肃,表现出孙权对吕蒙要求严格,同时严厉中又可见深切关心,希望吕蒙能胜大任。

(2)"孤岂欲卿治经为博士邪……大有所益。"

这一句隐隐可见孙权对吕蒙不听劝诫的不悦神情和责备的意味,但又说得语重心长、言辞恳切;尤其是从自己的切身体会来谈,现身说法、神情激动,读来让人感动。

孙权是善劝的。他对吕蒙既严格要求又殷切期望,既责备吕蒙的不争、无志又透出关怀爱护之心,不失人主身份。

(3)"卿今者才略,非复吴下阿蒙!"

吕蒙的变化判若两人,使鲁肃既吃惊又情不自禁地发出赞叹,为吕蒙的进步感到高兴,惊异、赞许之态呼之欲出。鲁肃是一个忠厚的长兄,这句话流露出他重视学问、善于欣赏他人、对年轻将领的亲切赞美之情。

4.三次态度现性格

(1)"蒙辞以军中多务。"

用军务繁重来推脱,这里折射出吕蒙之前不读书只尚武的性格和成长经历。

(2)"蒙乃始就学。"

在孙权的教育和指点之后,吕蒙无可推辞并知错能改,这是他实现自我转变的重要一环。

(3)"士别三日,即更刮目相待,大兄何见事之晚乎!"

这是吕蒙对鲁肃赞叹的巧妙接应。可以看出吕蒙为自己的进步深感自豪,充满自信。我们仿佛能听到他那坦诚豪爽的笑声。

[小结]

吕蒙的三次态度的作用:

(1)让文气有起伏;(2)丰满了人物形象;(3)三次态度就是事件发展的三个阶段,也是他成长的三个阶段(拒学 - 就学 - 成学);(4)比衬出其他的人物形象。

5.三个留白显详略

要求:根据文字展开适当的联想,揣摩作者这样安排情节和详略的意图。

方法:说读结合、讨论交流。

[简析]

(1)"蒙辞以军中多务……"

会以怎样的说来"辞"? 扣紧文意想象、表达。

(2)"蒙乃始就学……"

为什么不写他如何勤学?

(3)"肃遂拜蒙母……"

为什么要交代这个环节? 删去了会怎样? 鲁肃会对蒙母说些什么呢?

前两个留白是略写,而最后一个则是扩充出来的。这样安排有什么好处吗?

除了以上的"三",还有一些"三"也不能忽视。如:

三个称呼表亲密

"卿",是君对臣或朋友之间的爱称。第一次出现是孙权称呼吕蒙,表现出孙权对吕蒙真切的关心和殷切的期望,既郑重又亲切。第二次出现是鲁肃"与蒙论议"后很吃惊地喊出的,表现出鲁肃对吕蒙的认可、赞扬。

"大兄",面对鲁肃的吃惊和赞叹,吕蒙巧妙地接应"大兄何见事之晚乎"。对话中有同僚间的调侃趣味,更显两人志同道合的兄弟般的情谊。

三种语气传态度

人物语言,尤其是语言中流露出的语气语调能够揭示人物的心理、情感和性格。

（1）"孤岂欲卿治经为博士邪"中,"邪"表示反问语气,相当于"吗"。联系句意,隐隐可见孙权对吕蒙不听劝诫的不悦神情和责备的意味。

（2）"但当涉猎,见往事耳"中,"耳"表示限止语气,"罢了"。说得语重心长,言辞恳切,传达出孙权对吕蒙的关心、爱护。

（3）"大兄何见事之晚乎"中,"乎"表示感叹,可译为"啊"。此句一出,吕蒙的自得、自豪以及"书中多阅历,胸中有沟壑"的自信浮现在眼前。

四、诵读

要求:读熟、读美。

能够生动地读出人物的语气语调,通过朗读表现出丰满的人物形象;努力做到熟读成诵。

方法:同桌配合演读;全班配合演读;全班背诵。

五、总结

1. 文言文学习的角度:积累词汇。
2. 文学作品学习的角度:品析写人记事的妙法。

[板书]

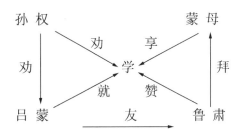

多角度品析　体验角色

——《我的叔叔于勒》教学设计

设计说明

　　小说是通过典型的人物形象、生动的故事情节以及典型的环境描写来表现社会生活的一种文学样式。教学小说，不仅仅是掌握小说本身，更重要的是要引导学生能借助文本认识"那时"的社会，从而更好地建设"当下"的现实社会，这也是小说的社会价值的表现。

　　《我的叔叔于勒》是一篇经典小说，人教版九年级上册第三单元选用了它。小说在揭露和批判金钱第一的社会价值观的同时，也表达了对社会底层小人物的关注与怜悯，更传达了作为有责任感的作家的一份期望，即无论社会发展怎样、人情世态如何，我们都不能失去做人的本性——善良。莫泊桑不是冷漠地揭示社会，而是带着一颗火热的心关注社会，这应该是作者设计以"我"这么一个孩子为叙述者的目的和创作此小说的意图：表现社会生活，改进社会生活。教学中，应该引导学生深入理解文本、理解作者。

　　教材的单元说明中指出："欣赏这些作品，能从中得到人生的启示和艺术的享受。"本设计从了解情节、认识人物、分析形象等基础入手到赏析构思、体验情感、理解作者，由浅而深、由表而里、由故事而现实。整个教学中，以多种形式的"读"贯穿始终，既关注学生的语文基础知识、基本技能的积累，更注重学生人文素养的熏陶和培养，深入到文本的中心和作者的内心，唯有这样，才能在学生的内心掀起情感波澜，引导学生走好人生的道路。

教学目标

　　1. 理清曲折的故事情节，把握文章脉络，了解人物的性格特点。

　　2. 学习通过多种描写方式揭示人物心理、刻画人物形象的写法，欣赏文章的艺术手法。

　　3. 理解文章表现的主题思想，把握作者的创作目的。

教学方法

1.诵读法。

2.讨论法。

3.赏析法。

教学时数

2课时。

教学过程

第1课时

教学要点:理清故事情节;认识并分析人物形象。

一、由己及人,新课导入

我们大家可能都有这样的体验,当全家人日里想、夜里盼的分别多日的亲人突然出现在眼前时,一定是一件非常令人激动的事情!可是,当一个孩子与自己的亲叔叔相遇却不能相认时,那又会是怎样的一种尴尬和矛盾啊!为什么他们不能相认呢?让我们听听莫泊桑给我们说的这个故事吧。

二、初读课文,理清情节

(此环节意在使学生对文章有总体的了解,为后面的分析、讨论做准备。)

学生速读课文,勾画情节要素,做好复述准备。

围绕要求从不同角度、不同顺序来述说情节。

(1)从"我"的角度,按照原文的顺序复述。

(2)从"菲利普"的角度,按照心理变化的顺序复述。

过渡:从以上情节可以看出,一家人的生活现状和未来似乎都取决于于勒。于勒竟然能对全家的生活产生这么大的影响,他到底是一个怎样的人呢?

三、悟读称呼,点评于勒

(此环节为准确把握主要人物形象、逐渐揭示中心做铺垫工作。)

1.了解于勒的经历。

文章写了于勒的哪些事?

第二部曲

创意设计

学生默读课文,边读边将文中与于勒直接有关的语句挑出来。

根据选出的语句,复述于勒的事情。

[归纳]

于勒是有着这样经历的人:年轻时浪荡败家、中年时闯荡发达、老年时穷愁潦倒。

2.悟读对于勒的称呼。

快读课文,在文中找出对于勒的不同称呼。

请学生概括人物是在怎样的情况下使用这些称呼的。分析:为什么会有这么丰富的多变的称呼?

对于勒的称呼从情感和用词上可以分为两类:(1)褒义的;(2)贬义的。

[归纳]

对于勒的称呼变化多次,用什么称呼取决于于勒是富有还是贫穷,取决于于勒能为他们带来什么。通过对于勒称呼的变化,我们可以理解作者创作于勒这一形象的深刻目的:借小人物来反映深层的社会问题,揭示亲情在金钱、利益面前是那样的微不足道、不堪一击。在当时的社会里,金钱能左右人们的社会关系、能操纵人与人之间的感情。

3.点评于勒,理解于勒。

请根据你对于勒的了解,给于勒一个相对公平的评判。对于勒说几句真心话。

过渡:为什么菲利普夫妇一会儿说于勒是好人,一会儿又说他是坏蛋,他们具有怎样的心理和性格特征呢?下面结合具体的文段来认识这两个人物形象。

四、演读课文,精彩评"说"

(人物说话时的不同情态,常常折射出人物不同的心理和性格特征。此环节意在引导学生通过点评不同的"说",把握主要人物菲利普夫妇的形象及其典型意义。)

重点阅读第22~47段,要求学生分角色朗读,读出人物特定情态下的语气、心理。

人物在"说"前都有修饰语,表现其特定的神态、语气。请学生找出相关语句,分析人物心理,进而把握说话者的性格特点和形象特征。

评"说"时可以用这样的句式。

"某人是这样说的:……(读相关语句),当时他可能是这样想的:……(揣摩人物心理),从这里,可以看出他是一个……的人(把握人物形象)。"(训练学生用严谨、规范的语言来表达自己的观点。)

通过列举语句、揣摩人物心理，逐句分析、讨论，最后归纳菲利普夫妇的形象特征。

菲利普是典型的小市民形象，他虚荣、势利、自私、冷酷，有着一副可怜又可鄙的拜金相，而菲利普太太除了有和丈夫一样的小市民阶层的性格共性外，还精细、刻薄、泼辣。在他们眼里，钱大于情。这是他们对待同一个于勒而用不同的称呼的主观原因。客观原因呢？客观原因是：他们穷！但是，穷，能怪他们吗？

五、课堂小结

这节课，我们通过朗读、评析与讨论相结合，梳理了情节，认识了穷苦的菲利普一家。他们的性情确实不讨人喜欢，甚至让人讨厌。难道真的是人穷志短吗？他们穷，但这不是他们的罪过。穷，大的方面看，是社会造成的；小的方面看，则是于勒以前侵吞了他们的财产造成的。他们的生活是当时社会上无数的最底层的小人物生活境况的代表，所以，对菲利普夫妇，不能一味地鄙视和憎恶他们。老师觉得他们又可怜又可恨，你的感觉呢？你能否依据课文里的相关信息得出你对他们的看法呢？

第 2 课时

教学要点：欣赏作品的艺术美；理解作者的创作意图和人文情怀。

一、教学导入

上节课，我们熟悉了故事情节，主要认识了三个人物，他们给我们留下了似曾相识的印象。读这篇小说，我们像是看了一场家庭情景剧。在富有表现力的语言的支撑下，故事情节一波三折，人物形象丰富生动，景物渲染恰到好处。这与作者的独特的写作技巧是分不开的。这节课就让我们来寻找并欣赏这篇世界著名短篇小说的精美之处。

二、细读课文，欣赏美点

（此环节意在引导学生学会赏析语言、精心布局，为自己的习作做积累。）

[资料链接]

"当我们刚刚开始读这篇作品时，它那平凡的故事和质朴的语言，并无'一鸣惊人'之效，反有'平庸无奇'之感。然而，随着人物的活动和情节的展开，读者从平凡中看出了神奇，从质朴里窥见了光华，心不由己地跟随着作家去嘲讽，去鄙夷，去同情，去怜悯。直至小说戛然而止，读者仍在感受人物的喜怒哀乐，仍在品咂其中的酸甜苦辣。这不由人不思忖：小说的这种魅力到底从何而来？如果我们对这篇作品作一番细致的揣摩和推敲，便可发现其中的奥秘。"（卢昆）

第二部曲 创意设计

要求:细读课文,从语言、情节、形象、景物四个方面来欣赏并体会作者独特的匠心。

分工合作,每一组探究一个方面。然后全班交流。

(1)语言生动美点。

A.用词独具匠心(例句略)

B.诙谐讽刺的效果(例句略)

[归纳]

作者不动声色地、用看似平淡的语言来表达丰富深刻的韵味,将人物形象进一步凸显,也含蓄而委婉地表达了作者嘲讽的态度。

(2)情节设计美点。

(情节的波澜起伏,离不开相关要素的设计和安排。)

学生先自己寻找,然后参加小组讨论,发言时用这样的句式:"故事里如果没有……就会……"引导学生理解情节设计的精妙。

教师可以对信、船长、换船、"我"对情节的作用做适当点拨。

[归纳]

线索要素的安排,可以使文章产生悬念,增强情节的跌宕起伏,一定程度上深化中心。

(3)人物形象美点。

文章通过丰富而生动的语言、动作、神态、心理等描写,塑造了典型的人物形象——菲利普夫妇,尤其是船上遇于勒以后的文段,很有镜头感。

请学生找出描写主要人物的语句,咀嚼回味该语句的魅力。

[归纳]

镜头式地呈现人物,对人物进行精描细画,使人物真实地生活在读者生活的当下,形象更加可感。

(4)景物渲染美点。

引导学生用赏析语句的方式来体会这一美点。

主要分析、理解两次写海面的作用。

[归纳]

小说中的环境描写通常起到交代故事背景、渲染气氛、衬托心情、推动情节的作用。两处写海面,既与故事情节合拍又巧妙地衬托了人物的心情。

过渡:我们了解了故事情节,也充分讨论和欣赏了作者的高超的创作技术。故事就要结束了。当确认了眼前卖牡蛎的就是于勒时,大家都不说话了。此时无声胜有声,其实每个人心里都是有波澜的。他们各自会想什么呢?

三、默读"心理",体验角色

（此环节借助对文本的进一步的理解,引导学生学会关爱他人,做有善心的人。）

1.揣测人物心理,进一步体会人物形象。

根据47段的内容,"后来大家都不再说话",试揣测人物会想些什么,并说出依据。（要顺着文脉,要符合人物性格。）学生先思考,后交流。

2.引导学生认真研读42和43两个自然段,分析并理解若瑟夫的言行。

3.体验角色:如果你是若瑟夫,你愿意带于勒回家吗? 为什么?

（学生在这一环节的讨论中进一步理解人物形象,同时也是在做一次心灵的选择题。）

学生讨论交流。

教师需要强调的是:愿不愿意带回家和能不能成功带回家,是两个概念。我们要做一个有善心的人。

过渡:你知道作者的希望是怎样的吗? 他仅仅是揭示一个关于穷人的社会现象吗? 作家是通过他的作品来表达他对这个社会的现实的关注和对未来的期待的,那么,借这部作品,作者的期待在哪里? 有没有在文中表现呢?

四、理解作者,感受情怀

思考并讨论:作者为什么不用第三人称而用第一人称来叙述故事?

（此环节意在理解作者的精心设计和深厚的人文情怀。）

一般说来,第一人称可以给人以真实感,也更便于抒情、议论。本篇小说用第一人称除了有这样的基本作用以外,更主要的是在"我"身上寄托了作者的愿望,这是莫泊桑深厚的人文情怀的表现。

读懂作品,首先要理解作者。我们先了解作者莫泊桑的一些情况。

[资料链接]

莫泊桑的生平及创作经历。

过渡:当我们读这部小说时,就好像我们在听作者莫泊桑跟我们叙说他自己家的故事,这样的效果源于他采用了第一人称。我们来理解一下作者用第一人称的目的。

若瑟夫,是故事的叙述者,更是一个用自己的眼睛、自己的心灵记录并感受成人世界真实面目的人。从题目"我的叔叔于勒"我们读到的是亲切、亲近;从"这是我的叔叔,父亲的弟弟,我的亲叔叔"一句,我们读到的是他对于勒的深切同情、对亲情的强烈呼唤,这与冷漠、唯利是图的菲利普夫妇形成强烈的对比。儿童对人的评价与成人的利益为先的评价标准产生了碰

第二部曲 创意设计

撞,只有在碰撞中才会有进一步的选择和取舍。在全家甚至全社会都以金钱作为衡量人与人之间关系的标尺的时候,"我"拥有真诚的怜悯心和正义感,这应该是作者特别的用心。作者借"我"的眼睛展现了"父母"在生活中、情感上、灵魂里都处于穷困境况的现实,更借"我"的心理表达并希望要反思我们的生活、反思我们的情感、反思我们的灵魂,不要失去做人最基本的真诚的爱心和同情心。

只有认识到作者的真正用心,才能真正读好、读懂这篇小说。

五、收束全文,回味精美

1.回味故事的精美。

概括文章情节设计的巧合及其中表现出的作者的高超的创作技术。

2.享受真情的美好。

引导学生要拥有真情和善良,呵护亲情、享受亲情!

六、布置作业

课外阅读莫泊桑的其他小说,体会其小说的艺术特色。用点评法完成一篇读书笔记。

领悟情感　赏析手法

——《荷叶　母亲》教学设计

设计说明

这是一篇借景写人，托荷赞母的精美散文。文章从自家院子里的莲花写起，重点写雨中的莲花，描写雨打红莲、荷叶护莲的情景。此情此景，触动了作者，连荷叶都会自觉地保护荷花，何况母亲爱护自己的子女。于是产生了联想，借此景抒发自己对母亲保护儿女成长的感情，歌颂在细小情境中表现出的母爱的伟大。结尾处简单几笔点明了主旨，深化了中心。在我们风风雨雨、坎坷磨难的生命中总会有一张为我们遮蔽风雨的荷叶——母亲。

文章精美短小，语言质朴，情景交融。文中呈现了作者的情绪变化，从"烦闷"到"仍是不适意"，再由"不适意"到"不敢下阶去，也无法可想"到"坐在母亲旁边"后的"不宁的心绪散尽了"，触景生情，最后"深深地受了感动"。这一条清晰的情绪线索是和雨中的红莲的情态紧密相关的。

这篇文章虽然短小，却运用了多种写作手法。从文学素养积累的角度看，教学中可以展开对文章艺术手法的赏析。如以物喻人、情景交融、开门见山、卒章显旨、巧妙的穿插、精彩的衬映、形象的比喻、抒情的呼告、虚实相结合、双线共推进等等，都可以引导学生结合具体的语段语句来赏析。

教学中要通过深入解读文本，引导学生关注文章内在的描写内容和情感脉络，体会双线推进的妙处。本文的手法非常丰富，教学中引导学生结合具体的内容进行文学欣赏，充分发挥教材的价值的同时，让学生有厚实的文学积累。

教学目标

1. 有感情地朗读课文，体会作者情绪的变化。
2. 多角度赏析文章丰富的艺术手法。
3. 体会作者对母爱的赞颂，领悟母爱的伟大。

第二部曲
创意设计

教学重点

多角度赏析文章丰富的艺术手法。

教学时数

1 课时。

教学过程

一、作者介绍

前一篇文章是印度文学家泰戈尔的《金色花》。徐志摩在他的《泰戈尔来华》中说:而唯独冰心最得泰戈尔思想和艺术的精髓,成了"最有名神形毕肖的泰戈尔的私淑弟子"。

冰心(1900 年~1999 年),福建人,原名谢婉莹,现代著名女作家。歌颂母爱、歌颂自然、歌颂童心是冰心作品的思想内核。主要作品有:小说《两个家庭》《斯人独憔悴》《超人》;散文集《往事》;诗集《繁星》《春水》;儿童文学作品《寄小读者》。她的诗以抒写纯真的童心和圣洁的母爱为主,影响很大。"永远的爱心"融入她近八十年的文学创作,洋溢在她七百万字,作品的字里行间。

[关于《繁星》《春水》]

在没有看到《飞鸟集》之前,冰心初期的诗作只是平时随便记下的"随时随地的感想和回忆"。后来受到《飞鸟集》的影响,她觉得自己那些三言两语的小杂感里也有着诗的因子,这才整理起来,而成为两本小诗集,这就是《繁星》和《春水》。

二、研读课文

(1)听读。

教师范读,学生听读。

学生交流听读中莲花给自己的印象。

(2)细读。

划出文中写莲的语句,验证、丰富自己听读时的印象。

说说文中所描写的每一次红莲的不同情态。

体会作者看到红莲不同情态时的不同心情。

100

（3）悟读。

齐读第 6~9 节,结合具体语句,品味作者见到荷叶护莲的情景时的情感。

品析第 6 节中的"慢慢倾侧下来""正覆盖在"的意味。

想象第 7 节所描绘的雨打荷、荷护莲的情景,品析语言,体会这个情景带给作者的感动和对母爱的联想。

"雨势并没有减退,红莲却不摇动了。雨点不住地打着,只能在那勇敢慈怜的荷叶上面,聚了些流转无力的水珠。"荷叶本身是脆弱的,但是在保护红莲的时候,显示出了勇敢,正如母亲的身体是柔弱的,但是当她要保护自己的孩子时,会显示出巨大的勇气和力量。"雨点不住的打着",说明雨势很强,但是在荷叶的遮挡下,这个暴雨却成了"流转无力的水珠",可见,荷叶的护莲力量之大。由此想到,雨点就如那困难、挫折、磨难、烦恼等,这便是末段中的"心中的雨点",生命有很多不幸,但是母爱,能将这些轻轻抹去! 母爱的伟大,在于她可以战胜暴雨。

与末段有同样意旨的,在《繁星》里还有多篇,如:

"母亲啊! 天上的风雨来了,鸟儿躲进它的巢里;心中的风雨来了,我只好躲进你的怀里。"

"母亲啊! 请顿时撇开你的忧愁,容我沉酣在你的怀里,只有你是我灵魂的安顿。"

[穿插]

冰心是一个细致敏感的人,因为心中有爱,一沙一世界,一花一天堂,所有自然界的景物都能触发她心里最真挚的情感。冰心幼时身体孱弱多病,幸有母亲细心照顾,才得以存活。冰心成为作家后,每写完一篇文字,总是先捧到母亲面前。母亲是她最忠实最热诚的批评者。冰心感谢母亲,母亲去世后,她写了很多纪念慈母的文章,这一篇《荷叶 母亲》是借物喻人,而冰心的作品更多的是直接的情感流露。

三、赏析手法

以"我发现了文章中的……美"为话题,多角度赏析文章的美点。

文章至少有以下这样的一些美点可以让学生品味、赏析和积累:

以物喻人,情景交融,开门见山,卒章显旨,巧妙的穿插,精彩的衬映,形象的比喻,抒情的呼告,虚实相结合,双线共推进……

[教师示例]

如:卒章显旨。

课文的末段以深情的呼告,直抒胸臆。自然界的雨点是可见的、有形

第二部曲 创意设计

的,而"心中的雨点"却是无形的、广泛的,人生的风雨从来就没有间断过,只是在我们最累、最痛、最需要的时候,母亲永远以一个最温暖的姿态迎接我们,为我们指点迷津,庇护我们一路走好。整篇文章歌颂母爱的主旨在最后揭示出来。

再如:精彩的衬映。

文中多处有衬映手法的精妙使用。

白莲"已经谢了,白瓣儿小船般散飘在水面"对盛开着的"亭亭地在绿叶中间立着"的红莲的衬映;雨"愈下愈大""繁密的雨点"对被"打得左右欹斜"的红莲的衬映;被"打得左右欹斜"的红莲对"不敢下阶去,也无法可想"的"我"的衬映;"雨势并不减退"对"却不摇动了"的红莲的衬映;"流转无力的水珠"对"勇敢慈怜的荷叶"的衬映。

四、课堂小结

学会利用文本培养自己的文学赏析能力。

品味诗意　理解情怀

——《茅屋为秋风所破歌》教学设计

设计说明

　　"诗史",是杜甫作品的最鲜明特征。"诗圣",是杜甫最为崇高的情怀。这首《茅屋为秋风所破歌》真实地记录了杜甫在安史之乱时期的生活,抒发了希望能有"广厦千万间,大庇天下寒士俱欢颜"的美好愿想。这是一首叙事诗,是一首极好地表现了"起承转合"行文特点的作品。如何将诗歌中所叙之事概括清楚明白,不能离开诗作本身。所以,从训练学生能力的角度看,需要引导学生选用和提炼诗歌中的词语来概说诗歌内容,了解诗意。对杜甫"诗圣"情怀的理解,必须要通过揣摩、品味诗中的词语来感受。这样的感受,可以通过两种方式和渠道:品析阐释,深情诵读。为了让学生更好地进行品读活动,教师可以提供品析的示例;更需要对学生进行高品质诵读的指导。能够有合适的有表现力的诵读为前提,理解诗人的情怀就是水到渠成的事情。整个教学,以品析为训练学生分析阐释能力的方式,而以朗诵阅读为教学线索推进教学前行和深入。

教学目标

1. 了解此叙事诗的内容,背诵诗歌。
2. 学会抓住有表现力的词品味诗意。
3. 体会作者饱览民生疾苦、体察人间冷暖的济世情怀。

教学重点

1. 品味诗意。
2. 理解情怀。

第二部曲　创意设计

教学方法

朗读法、品读法。

教学时数

1 课时。

教学过程

一、热身活动

1. 导入。

由学过的杜甫的诗歌引入,如《石壕吏》:"吏呼一何怒,妇啼一何苦";《春望》:"国破山河在,城春草木深"。他的诗因能反映那个时代的社会生活,而被称为"诗史"。(板书)

2. 破题。

解题:"为……所""歌";题意(叙事内容)。

这是一首叙事诗。学习叙事诗就抓两点:"叙事"与"诗"。叙事,了解事情的有关背景、经过、结局。诗,以情动人,要理解作者的情感。叙事诗,在叙事过程中抒发自己的情感。叙事为载体,抒情为目的。(板书:叙事 诗)

[背景介绍]

公元 760 年,杜甫结束了十年客居长安、四年颠沛战乱的生活来到成都。在朋友的资助下,在成都的郊区浣花溪旁盖起了草房,全家总算安定了下来。此时北方的安史之乱还没平定,在这远离战火的后方,可以宁静地生活多么让人欣慰。可是,第二年秋天,辛辛苦苦盖起的草房却被秋风所破,诗人感慨万千,写下了这首著名的诗篇。

3. 热身活动。

齐读全诗。(强调字音)

了解诗意:同桌一人一句地说说诗意。(教师巡视)提出不懂的字词,师生共同解决。

二、文本学习

(一)走进诗人生活。(叙事)

1. 用自己的话简要说说诗歌内容。

在概括中我们可以发现,全诗的表达是有梯度的:第1至3节,叙事;第4节,抒情。

2.用诗中短语高度概括诗歌内容。

学生充分发言,讨论后用以下短语概括诗歌内容:

风卷茅飞,倚杖叹息,长夜(屋漏)少眠,广厦万千。

[过渡]

在那样的时期,连杜甫这样的诗人都颠沛流离、不得安宁,连一个安身之所都没有,内心是多么痛苦、忧郁。可以说,苦痛、忧虑无处不在。你能从诗中找出表现诗人苦痛、忧虑的细节吗? 忧虑从何而来? 忧虑深发何处? 读诗歌,品细节。

3.品析诗意。

要求:结合诗中的具体句子、词语品析。(可以每一小组承担一段的品析)

"从……这一句中,我读出了(看到了)……"

"……句中的……这个词,写出了(表现了)……"

[示例](屏显)

(1)"八月秋高风怒号"中的"风怒号",这一个"怒"字,生动地写出了风势之大,之猛,之疾;"卷"字,把风的力量和势不可挡生动地表现出来,同时也表现了这场秋风所带来的伤害之重。

(2)"俄顷风定云墨色,秋天漠漠向昏黑","俄顷""云墨色"写出了雨势很急,一会儿工夫乌云就黑压压地下来了,"向昏黑",渲染出阴沉黑暗的雨前景象,也烘托出诗人凄恻愁惨的心境。

[品析]

(1)见证"风号茅飞"。

怒风飞卷茅草,"飞""洒""挂罥""飘转""沉"等动词细致地写出了风卷茅草的情状。茅草翻飞的三种结局:"洒江郊",挂"林梢","沉塘坳"。细细分析,茅草挂上高树之巅,收回无望;茅草下坠入深洼池塘、飘转水面,也收回无望。坠落在溪畔郊野的茅草,似乎还有希望收回,可是"南村群童"却"公然抱茅入竹去"。我们可以体会到,面对秋风破坏茅屋,诗人那份焦灼、苦痛的心情。

(2)聆听"倚杖叹息"。

听到了声声叹息:

一叹,风卷茅飞;

二叹,群童抱茅;

三叹,连呼不得;

第二部曲

创意设计

四叹,体衰困窘;

……

"倚杖自叹息"不仅可以想象出诗人气喘吁吁的情形,也可窥视到诗人悲叹群童抱草,屋破难修的无可奈何的心情。这一段写儿童由心理到行动,写自己又从行动到心理,寥寥数语,使人物形象形神俱备。

(3)感受"长夜少眠"。(此段重点解读)

长夜少眠的原因:直接原因,雨脚如麻;根本原因,丧乱。

"云墨色""向昏黑",渲染出阴沉黑暗的雨前景象,也烘托出诗人凄恻愁惨的心境。

"布衾多年冷似铁,娇儿恶卧踏里裂。""多年",说明了布衾是与杜甫一起饱经忧患的"难友"。"冷似铁"三个字,写出多年使用的布衾实在破旧、难以取暖。穷诗人杜甫,只有这样的布衾!"冷似铁"是现实的感受,"多年"却又道出了他与布衾撇不下的情感。孩子为了向铁一般冷的布衾索取温暖,把两只脚伸入被里的裂缝乱蹬。寒凉的不仅是天气,还有作者只能给孩子提供的没有温饱的生活,更有作者的那个悲苦的内心。

"屋漏无干处",写大雨给诗人全家造成的灾难。连一点干燥的地方都没有,还怎么安然入睡呢?在那个夜晚,"雨脚如麻",更是心乱如麻啊。作者所能做的也许只有等到天明,祈祷风停雨住了。诗人彻夜难眠,浮想联翩,由眼前联想到丧乱以来,由风雨飘摇的茅屋联想到国家和人民,为下文作好铺垫。

[总结]

现实的悲苦、残酷,令人心痛,如何才能改变现实,首先要心存美好的向往。那是一份怎样的心愿呢?

(二)理解诗人情怀。(抒情)

1. 深情朗读。

要读出前三句的美好的愿望和博大的胸怀,以及后三句的深沉感慨和无怨无悔。

2. 通过学习本诗,加深对杜甫的认识和理解。

诗人在屋破漏雨的困苦情境中,由己及人、由近及远、由小及大,一想到饱经丧乱、颠沛流离的"天下寒士",在此风雨如磐的困苦中煎熬,他便泯灭了"小我",为天下受苦受难的人们振臂高呼。"广厦千万间""大庇天下俱欢颜""风雨不动安如山"何等粗犷有力的笔锋,何等壮阔深达的形象,何等铿锵雄壮的声音。三句蝉联而下,形成奔腾汹涌的气势,恰切地表现了诗人奔放的激情和殷切的渴望以及博大的胸怀。诗人至此意犹未尽,又于回环往复中递进一层,把由己及人升华到舍己救人:"呜呼! 何时眼前突兀见此屋,吾庐独破受冻死亦足!"多么深切的期望! 它把诗人舍己为人,至死无悔的高尚情怀表现得淋漓尽致。这是全诗主旨所在,也是最动人,感召力最强之处。

三、课堂总结

"诗圣情怀":

世上疮痍,诗中圣哲;民间疾苦,笔底波澜。

草堂留后世,诗圣著千秋。

激情朗读末段或试背全诗。

全班按照解读时的安排,各小组分别背诵。然后一齐背诵全诗。

以赞证传 深读"五柳"

——《五柳先生传》教学设计

设计说明

陶渊明是独特的。东晋末年,社会黑暗、风气污浊,许多人不择手段,追名逐利,社会上充斥着虚伪与欺诈。陶渊明做过几任小官,因对统治阶级不满,不愿与黑暗现实同流合污,辞去官职,躬耕僻野,过着简朴的生活。陶渊明的一生主要是在田园中度过的,同时代的人称他为"幽居者"。他把田园看作是与腐朽现实对立的一片净土,在这里带着浓厚的浪漫主义情调怡然自得地生活。

陶渊明是可敬的。陶渊明的可贵之处就在于守志安贫,不与世俗同流合污。《五柳先生传》是陶渊明托言为五柳先生写的传记,所写内容,都可以从史传和本集有关作者的记事中得到印证。在一定意义上,可以说《五柳先生传》就是作者的自画像。文章从思想性格、爱好、生活状况等方面塑造了一位独立于世俗之外、具有高风亮节的隐士形象。它着重刻画出一种人物精神:作者理想的、衷心倾慕的、在诗文作品中竭力表现的精神,也是作者千百年来给人印象最深、影响最大的精神,我们甚至可以把它称为"陶渊明精神"。

陶渊明是可爱的。《五柳先生传》虽是自况,却不等于全面纪实,而是创作。它不拘人物之迹而传人物之神。对于陶渊明来说,虽然并不符合全部实迹,却比任何史传的记载更能表现出陶渊明的风貌。尤其可爱的是,文章多用否定句。钱钟书先生说:"'不'字为一篇眼目。"正是因为世人有种种追名逐利、矫揉造作之事,作者言"不",突出了自己与世俗的格格不入,突出了他对高洁志趣和人格的坚持,不仅让读者对他的与众不同击节叹赏,也使文章笔墨精粹而笔调诙谐,读来生动活泼、引人入胜。

如果我们把《五柳先生传》中五柳先生的形象予以概括,那么也就是"不戚戚于贫贱,不汲汲于富贵""衔觞赋诗,以乐其志"。"赞"中这几句话成为画龙点睛之笔,把五柳先生的精神阐发得更为明晰,扬己傲世之意尽在赞语中。

基于对文本及陶渊明的认识,设计时可以做如下考虑。

传记作品如何教学?确实没有定数。照一般的思路,大概是了解传记作品里介绍的人物的事迹,即"传"本身的内容,再感受人物的精神品质,还可以分析一下作者是如何写出人物的特点的,即从写法上来分析文本。

《五柳先生传》,作为初中教材传记作品中的一篇,有以下特点:第一,是文言文;第二,是以第三人称写的自传;第三,它有一个独特的内容——赞。这几个特点就规定了教学中要做相应的特殊处理。

常见的教法,是逐段讲解,按照一般文言文的教学方法进行必要的朗读、翻译、讲析。传记教学僵硬化,缺乏传记的味道,是普遍的事实。可以说,从课堂上看不出教师对传记文本的独创理解和深度加工,自然就看不到充满个性的创意设计。

利用这篇传记的结构,我们可以做一个灵动的改变——印证法,把两段的内容打通,让"传"与"赞"有机地融合在一起,用以"赞"证"传"的方式品读传记,而不是机械地翻译、解读课文。学生会因要完成印证这一任务而在文本里进进出出,忙得不亦乐乎。

以"赞"为钥匙打开"传",将传记作品教得灵动,让学生学得生动,这是本设计的创意与追求。

教学目标

1. 积累文言词语,掌握重点词(许、辄、觞、汲汲、戚戚等)的含义和用法。
2. 用以"赞"证"传"的方式,了解传文内容,体会"赞"的作用。
3. 体会本文独特的写人方法,感受五柳先生的独特形象。

教学重点

用以"赞"证"传"的方式,了解传文内容,体会"赞"的作用。

教学难点

体会本文独特的写人方法,感受五柳先生的独特形象。

教学方法

1. 诵读法。
2. 讨论法。

第二部曲 创意设计

教学时数

1 课时。

教学过程

一、朗读

1. 自由朗读课文。

要求:读准音、读通顺、读流畅。

2. 齐读课文。

教师强调重点字音。

(本文语句精短,断句、节奏不是朗读的主要问题。初读课文关键是读准字音。)

(屏显)

嗜(shì)　　辄(zhé)　　吝(lìn)　　汲(jí)

俦(chóu)　　觞(shāng)　　箪(dān)　　黔(qián)

3. 自由译读课文。

同桌或全班交流难点字词。

下列词(短语)要加以关注:

(屏显)

何许　不详　以　不求甚解　会意　或　亲旧　造饮辄尽　吝情

环堵萧然　箪瓢屡空　晏如　赞　戚戚　汲汲　俦　觞

二、解读

(一)文体知识铺垫。

看文章结构,了解文章的形式特点:传 + 赞。

1. 介绍"传记"。

(屏显)

传记,记述人物生平事迹的一种重要文体,包括人物传记、自传、评传几种。

自传,传记文的一种,是叙述作者自己生平经历的文章,是一种以第一人称叙述的人物传记。一般来说,自传要介绍自己的姓名(字号)、籍贯、年龄、性格爱好、个人成长及思想发展等等。

有人说,《五柳先生传》是陶渊明写的自传。但是作者并没有按照一般自传的手法来写,而是独树一帜的。

2. 介绍"赞"。

(屏显)

赞,是传记的一种体式,缀于传文之末。

《文心雕龙》说:"赞者,明也,助也。"传文中记事有未完备之处,在"赞"中补足,即所谓"助"之义;传文中褒贬之义没有说尽,在"赞"中讲透,即所谓"明"之义。赞,不是赞美,是对传文的记事和褒贬做进一步的补充和阐发。本文利用这一体式,进一步揭示五柳先生的精神和展拓文章的境界。

(二)解读"赞"语。

(1)解读"不戚戚于贫贱,不汲汲于富贵"。

请用第一段中具体的语句来证明:五柳先生是"不戚戚于贫贱,不汲汲于富贵"的人。(屏显)

学生讨论,明确。

[有关语句]

"不慕荣利""家贫不能常得""环堵萧然,不蔽风日""短褐穿结,箪瓢屡空""忘怀得失"。

[具体分析]

"不慕荣利"直接揭示人物品质,"忘怀得失"也是照应了"不慕荣利",因为不看重功名利禄,所以才不在意自己的人生得失;"环堵萧然,不蔽风日;短褐穿结,箪瓢屡空",不仅写出了他的穷困潦倒,而且含蓄地以古贤颜回自比,表达了追求高尚的道德情操,以及安贫乐道的思想。

(2)体会用典故的目的("黔娄之妻有言")。(屏显)

教师补充介绍黔娄的故事。

黔娄是春秋末期的名人隐士,他病故后,孔子的弟子曾子去吊丧,看到黔娄停尸在破窗之下,身着旧绵袍,垫着烂草席,盖的短衾竟不能蔽体,不禁为之心酸,就提议说:"把布斜过来盖,就可以盖住黔娄先生全身了。"黔娄妻说:"斜之有余,不若正之不足。先生生而不斜,死而斜之,这会违背先生的生前意愿的。"曾子问黔娄妻:"先生之终,何以为谥?"黔娄妻说:"以康为谥。"曾子大惑不解,问:"先生在时,食不充饥,衣不遮体,死则手足不能覆盖,棺旁也没祭祀酒肉,生不得其美,死不得其深,何乐于此而谥为康乎!"黔娄妻回答说:"先生生前,鲁国国君要任他为国相,但他辞而不为……齐国国主也屡次要予以报酬,他都辞而不受……他愿与大地人间共甘苦,宁愿做平民百姓;他不戚戚于贫贱,不汲汲于富贵,这些全是为了仁义。用'康'做谥,谁又能说不合适呢?"曾参听罢,受到极大的感动,连呼:"唯斯人也,而有斯妇!"

第二部曲 创意设计

（屏显）

"安贫守贱者,自古有黔娄。"（陶渊明《咏贫士》）

作者借用著名隐士黔娄的典故来比说无名的五柳先生,委婉含蓄地表达了对五柳先生品质的肯定与赞美。

（2）找出并理解与"赞"中"衔觞赋诗,以乐其志"相照应的语句。
（屏显）

学生讨论,明确。

与"赞"中"衔觞赋诗,以乐其志"相照应的语句:

"好读书,不求甚解;每有会意,便欣然忘食。""性嗜酒,家贫不能常得。亲旧知其如此,或置酒而招之;造饮辄尽,期在必醉。既醉而退,曾不吝情去留。""常著文章自娱,颇示己志。"

［具体分析］

说说"以乐其志"的"乐"在文中的表现。（屏显）

学生讨论、交流,明确。

"乐"的表现有:"好读书""欣然""嗜""晏如也""自娱"。

本文可谓是"自娱,颇示己志"之文。这种快乐的情绪融于整篇文章中。

五柳先生喜欢读书,读到与书中有心灵共鸣之处、精神有相通之处便很高兴地忘了吃饭,真是废寝忘食了。他不是一般地喜欢喝酒,而是"嗜"酒,陶渊明在多篇诗文中都提到喝酒之事。家里穷困不堪,有一顿没一顿的,可是他"晏如也",安然自若,一点悲戚之情都没有,从不为生活窘迫困扰。写文章也不是为了一官半职、溜须拍马,而是"自娱",吟诗作文,意在示志娱情。通篇不见哀叹、悲楚,对自己的那份肯定、赞许成了文字间的主旋律。

说说"以乐其志"的"志"在文中的表现。（屏显）

学生讨论、交流,明确。

五柳先生的"志"在:"不慕荣利""好读书,不求甚解""期在必醉""常著文章自娱,颇示己志""忘怀得失"。

从这些短语中,我们可以看到,五柳先生的"志"概括起来包括四个方面:读书适意,醉酒陶情,安贫乐道,著文娱志。有这些"志"的人是一个坚守节操、不随流俗之"高人""雅士"。

（屏显）

"何以称我情,浊酒且自陶。"（陶渊明《己酉岁九月九日》）

［小结］

"衔觞赋诗,以乐其志"这一句,再一次总结了五柳先生简单而又超然的生活内容,更进一步地表明他的志趣和乐在其中的心态。从"赞"的角度看,这是对前面的传文做进一步的补充。

(3)体会末句的作用："无怀氏之民欤？葛天氏之民欤？"（屏显）

赞中继续用典故，说五柳先生是上古帝王时代的民众。那个时代，人民生活安乐，社会风气淳厚朴实。此句有影射五柳先生生活的时代社会黑暗之意。言外之意是五柳先生喜欢这样的安然、恬淡、舒适的生活，也侧面表现出与当时社会的格格不入。这是利用"赞"做的进一步的阐发，更加丰富了人物形象。

"常言五六月中，北窗下卧，遇凉风暂至，自谓是羲皇上人。"（陶渊明《与子俨等疏》）

讨论：结合所学过的陶渊明的作品来谈谈他为什么有这样的心怀。

《桃花源记》中的相关语句。

"屋舍俨然，有良田美池桑竹之属""阡陌交通，鸡犬相闻""黄发垂髫，并怡然自乐"：表现了桃花源中人们安居乐业、恬淡自足的幸福生活。这是陶渊明的理想社会，与当时污浊黑暗的社会形成鲜明的对比，他希望能生活在这样的美好境界中。

《归园田居》中的"但使愿无违"中的"愿"。

"愿"：回归本我，恢复真我，热爱田园生活，寄情大自然的这么一份朴实又超然的愿望。

[过渡]

这种与社会的格格不入通过他独特的表达，含在字里行间的一种自乐的情绪表现得淋漓尽致。

三、比读

作为传记，本文具有独特的表达：为了表现五柳先生的特点，作者不是正面歌颂，而是多用含"不"字的句子，将五柳先生的独特个性呈现出来。

（屏显）

讨论：比较两种表达效果，体会作者反弹琵琶的用意，进一步理解人物形象。

[原文]

先生不知何许人也，亦不详其姓字，宅边有五柳树，因以为号焉。闲静少言，不慕荣利。好读书，不求甚解；每有会意，便欣然忘食。性嗜酒，家贫不能常得。亲旧知其如此，或置酒而招之；造饮辄尽，期在必醉。既醉而退，曾不吝情去留。环堵萧然，不蔽风日；短褐穿结，箪瓢屡空，晏如也。常著文章自娱，颇示己志。忘怀得失，以此自终。

删去"不"字句的文段：

第二部曲 创意设计

宅边有五柳树,因以为号焉。闲静少言。好读书,每有会意,便欣然忘食。性嗜酒,亲旧知其如此,或置酒而招之;造饮辄尽,期在必醉,既醉而退。环堵萧然;短褐穿结,箪瓢屡空,晏如也。常著文章自娱,颇示己志。忘怀得失,以此自终。

原文中带"不"的语句有:

(屏显)

"先生不知何许人也,亦不详其姓字""不慕荣利""不求甚解""家贫不能常得""曾不吝情去留""不蔽风日""不戚戚于贫贱,不汲汲于富贵"。

[讨论,分析,明确]

钱锺书说过,这一篇《五柳先生传》"'不'字为一篇眼目"。"先生不知何许人也,亦不详其姓字。"意思是,不知道先生是什么地方的人,也不知道他的姓和字。钱钟书先生说:"岂作自传而并不晓己之姓名籍贯哉?正激于世之卖声名、夸门第者而破除之尔。"这是一个隐姓埋名、深藏避世的"高人",与古人重视地望、声名之风背道而驰,正表现出他不求闻达、追求淡泊之情怀。

与"闲静少言"这种外在的不尚交往、不喜应酬的表现相比,"不慕荣利"才是五柳先生的真实面貌、最本质的情操,不为荣名利禄动心,所以能守志不阿,高出流俗。

读书"不求甚解",乃是因为他读书不是为了"学成文武艺,货与帝王家",他不为名利、禄位而读书,只是求得心灵的宁静、思想的共鸣、情感的寄托、精神的享受而已。

"家贫不能常得""不蔽风日"写出了五柳先生的家里贫寒窘迫之境。

"曾不吝情去留",这句话是说五柳先生作客时说来就来,说走就走,有酒就喝,不以去留为意,表现了他自然率性、爽快放达的真性情。

[小结]

王夫之《思问录》评论说:"言无者,激于言有者而破除之也。"正因为世人有种种追名逐利、矫揉造作之事,作者言"不",正突出了自己与世俗的格格不入,突出了他对高洁志趣和人格的追求,不仅让读者对他的与众不同击节叹赏,也使文章笔墨精粹而笔调诙谐,读来生动活泼,引人入胜。

四、诵读

这个环节的朗读,是在全文分析的基础上的朗读,应该能够读出人物形象,要注意读出陶渊明对自我性格、志趣的肯定、满足,读出他安贫乐道的高洁情怀。第二段尤其要通过两次问号的升调,读出一份自我欣赏、扬己傲世的心态。

教师可以先做一两句的诵读示范。

五、布置作业

背读全文。阅读陶渊明的其他作品,进一步了解陶渊明。

[板书设计]

五柳先生传

不戚戚于贫贱,不汲汲于富贵

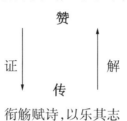

衔觞赋诗,以乐其志

景色奇美　手法丰美

——《答谢中书书》教学设计

设计说明

文言文教学,手法通常比较单一。在现实的教学中,更多的教师常常简单地把落实字词、疏通文义、完成练习作为一篇文言文的教学任务,而忽略对文本的解读与赏析,不能充分利用文本的文学价值。

本设计努力改变简单化处理文言文的不科学的方式,力图通过设计精妙的角度,为学生提供赏析文言山水、小品美文的思路和方法;同时,把作者和写作背景的介绍这一环节置后,也是为了使学生先对文章内容尤其是山水之美有了深度感受之后,再来理解人物的内心世界,这样顺势而下,更容易更真切地认识作者,这才是文学作品及其教学的真正核心价值:读懂人!最后的"课文背读"环节又保证了这一堂课不飘于文学性的深度解析。对初中生来说,还是需要有一定的背诵积累量的。

综合起来看,本设计可以做到:用充分的学生活动(多读、深思、想象、口头和书面表达、背诵默写等),来丰厚学生的文言积累,培养文学赏析能力,训练学生的想象等思维能力。

教学目标

1.有感情地朗读、背诵课文。
2.赏析文中所绘之景的奇美、艺术手法之丰美。
3.体会作者寄情山水、自得自乐的感情。

教学重点

赏析景色之奇美、手法之丰美。

教学方法

1. 朗读法。
2. 品读法。

教学时数

1 课时。

教学过程

预热:初识课文。

1. 全班齐读,强调字音:与:yù;颓:tuí(板书)。
2. 同桌译读,提出不懂的字词,师生共同解决。
3. 结构划分。

先默读,划出结构。

交流为什么这样划分。(总引——写景——抒怀。)

学生齐读。要求通过有意识的稍长时间的停顿,读出文章的三段式结构。

(PPT 显示文章结构)

山川之美,古来共谈。　　　　　(总引)

高峰入云,清流见底。　　　　　(写景)

两岸石壁,五色交辉。

青林翠竹,四时俱备。

晓雾将歇,猿鸟乱鸣。

夕日欲颓,沉鳞竞跃。

实是欲界之仙都。

自康乐以来,

未复有能与其奇者。　　　　　(抒怀)

一、观景

作者说他所看到的景"实是欲界之仙都",是人间天堂。到底他看到的景色有多美呢? 我们一起跟随他去观赏美丽的风景。

用自己的语言说说文章所写的美景。

第二部曲 创意设计

117

二、赏文

（这一环节是通过品读来欣赏文章的美，围绕两点展开：本文"宛如一幅清丽的山水画""又像一首流动的山水诗"。）

课文的导读语说，本文"宛如一幅清丽的山水画""又像一首流动的山水诗""语言精练生动"。作者是如何写出这样的美景的，用了哪些美妙的手法的呢？让我们从"山水画"和"山水诗"两个角度来欣赏这篇文章。

作为一幅画，是要讲究它的构图、内容、色彩等要素的；作为一首诗，最重要的是它的意境。

请用这样的句式说话：

（PPT呈现）

"这幅山水画，美在＿＿＿＿＿＿＿＿，我仿佛看到了（听到了）＿＿＿＿＿＿＿＿。"

"这首山水诗，美在＿＿＿＿＿＿＿＿，我欣赏到了＿＿＿＿＿＿＿＿。"

提示：可以从内容、结构、句式、视角、手法、语言、情感等多个角度进行赏析。

示范：这首山水诗，美在开头，我欣赏到了它开头即点明中心，告诉我们文章内容是写山水之美的。

学生先独立思考，再班内交流。

［具体分析］

"这幅山水画，美在＿＿＿＿＿＿＿＿。"

（1）美在俯仰生姿。

高兀的山峰直插云霄，清澈的流水一直可以见到水底。写景起笔即大气恢宏，将读者的视线由低而高地引向高远，直达云端。然后，笔锋陡转，把镜头一下拉到眼前，拉到水面。这是从俯仰的观察角度来写山水之美。从结构上看，自然地承接了文章首句"山川之美"。

（2）美在色彩斑斓。

这是一幅色彩丰富的山水画。蓝天与白云、五彩的石壁、苍青的树木、翠绿的竹林，还有那正慢慢往地平线一点点靠近的橙红的夕阳，这一切组合成了眼前美丽而多彩的画面。

（3）美在动静相生。

山峰、溪岸、石壁、林子，都是静止不动的，给人一种静谧之感；飘散着的晨雾，渐渐坠落的夕阳，也是悄无声响的，可是从它们的运动中，我们分明感受到了一种力量，一种带着我们一起飘飞的力量，那是因为它们给宁静的山林带来了活泼和灵动的感觉。与这一番灵动相和谐比衬的还有那来自生命的音乐：猿啼鸟鸣，此起彼伏；欢快的鱼儿跳出水面时又分明弄响了水花。

（4）美在远近结合。

近处清澈见底的流水，远处高邈看不见的山峰；近处两岸五色的石壁，放眼远望的满山翠竹；近处竞相跳跃的鱼儿，远处正缓缓下落的夕阳，这一切都使这幅画充满了层次感。

（5）美在虚实变幻。

高峰入云，上不见顶。峰顶被或浓厚或单薄的云气遮蔽，缥缥缈缈的；正在渐渐变淡的雾气，还有那带着独特光芒和色彩的太阳的余晖，都给整个原本清澈透明的山中美景带来了梦幻般的朦胧感。真真假假、虚虚幻幻，那简直就是天堂了。

（6）美在晨昏交替。

清晨，浓雾在太阳出来后渐渐消散，笼罩在雾气中的一切变得越来越清晰，猿鸟啼鸣的声音也更清脆响亮。傍晚，橙红的太阳又大又圆，颜色由鲜亮而渐渐黯淡，万物沐浴在霞光中，连水中的鱼儿也跳出水面感受着美好的时光。

"这首山水诗，美在_____。"

（1）结构雅致。

本文短小精练。虽然呈现的是一个整的段落，但通过研究文本内容和表达方式，可以清晰地看出文本内在的优美的结构。

前八个字"山川之美，古来共谈"，以感慨发端，既点出此文要写的核心内容——"山川"，又直接表达出作者对"山川"的愉悦评价——"美"。"共谈"一词让我们不难想象作者写信给好友时情不自禁地流露出的要与朋友共同分享品味山川之美的那份快乐。

中间的十句则运用多种手法具体描绘了秀美的山川景色。

最后又以感慨收束，那份自豪、得意之情溢于言表。

三段式的结构使文章形体丰满，灵动又平稳。

（2）骈散结合。

文章的语言充满节奏感，主体部分为工整的四字结构的短语，描绘出山水的奇美；最后以散句形式收束，生动地抒发自己的情怀。整篇短文，朗诵起来犹如在唱一首节奏鲜明、旋律优美的抒情歌曲。

短文中运用了形象的比喻、齐整的对偶、生动的借代，使语言富于活泼和灵动，便于咏唱。

（3）意境丰富。

在这样的一幅山水诗里，作者精心选择和布置了这样的一组内容：高峰、白云、清流、石岸、树林、竹子、晓雾、猿鸟、夕阳、鱼儿。丰富的内容创设

第二部曲

创意设计

了丰富的意境。

[归纳如下]

这幅山水画美在:山水相映,俯仰生姿,色彩斑斓,动静相生,远近结合,晨昏交替……

这首山水诗美在:骈散结合,结构雅致,情感率真……

[小结]

借助联想和想象,我们从内容、结构、视角、手法等多个角度对这篇短文进行了文学欣赏。这确实是一幅清丽的山水画、一首流动的山水诗。

再读一遍,要读出欣赏、陶醉之情。

三、读心

在欣赏这样的山水画、山水诗时,我们仿佛和主人公一起游山玩水,陶醉于美丽的大自然中。面对这样的美景,作者生发出怎样的一番感慨呢?他究竟是一个怎样的人呢?

能表示作者感慨的语句是:"自康乐以来,未复有能与其奇者。"让我们通过这句话来读懂作者的心,理解那一句率真的独白语。

引导学生借助以下三个内容去思考。

(1)解题;

(2)背景介绍;

(3)"与"字的理解。

[具体分析]

1.解题(穿插文体说明)。

书,也叫尺牍,信札。"答……书",即回友人的信。借助书信的方式写景、抒情、议论,与友人的交流中表达心迹。

2.背景介绍。

[关于作者]

陶弘景(456年~536年),字通明,自号华阳隐居,丹阳秣陵人,南朝齐梁时期的道教思想家,茅山派的创立者。陶弘景博学多识、对阴阳五行、山川地理、医术本草等都有研究,一生著述宏富,诗文辞采宏丽、意境峻脱,独具特色。

(PPT 呈现:"山中宰相")

陶弘景曾担任诸王的侍读,因看透混浊的俗世,后隐居山林。梁武帝时,礼聘不出,而"国家每有吉凶征讨之事,无不前以咨询,月中常有数信,时人谓为'山中宰相'"。

3."与"的理解。

"与",参与,这里指欣赏。

作"参与"讲,很好。表达作者与天地山水融为一体的感觉。

作"欣赏"讲,也可以。表达作者忘怀俗世,有闲时、有闲心、有闲情来欣赏大自然的美。总之,作者的情感是:寄情山水、逍遥其中、自得自乐。

在这一句中,最能表现作者情感的一个词是"未复有能与其奇者"中的"未复",不再有的意思。那份自得、自豪、自足之情跃然纸上。作者真可谓谢灵运的知音。

(PPT 呈现)

谢灵运的诗句:

"人生谁云乐?贵不屈所志。"

"惜无同怀客,共登青云梯。"

"持操岂独古,无闷征在今。"

[小结]

末句的感慨是作者的内心独白,抒发了他寄情山水、自得自乐之情。

[总结]

我们通过朗读、译读理解了文意,通过品读欣赏了本文作为山水小品代表作的美,通过抓关键词语理解了作者的情感,可谓收获巨大。下面我们再争取把全文背默下来。

四、背读

在多次的朗读和深入的品读之后,训练学生快速地背诵课文。可采用小组竞赛的方式或者大组间的接龙方式。

默写精彩语句(中间写景部分)。

[板书设计]

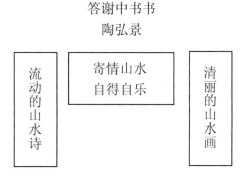

答谢中书书
陶弘景

| 流动的山水诗 | 寄情山水
自得自乐 | 清丽的山水画 |

第二部曲 创意设计

第三部曲

课堂演绎

  像赴美好的约会一样，每天充满期待又满心幸福地走进教室。感恩我的忠诚伴侣——录音笔，伴随着、见证着我的每一节课。下课后，我把课堂录音传入电脑，不论是成功的课还是失败的课，我都可以通过听录音对自己的课进行分析、反思、整理。每一篇实录都是我边听录音边敲击成文字而成的。听录音、读实录，以独特的方式面对自己最真实的课堂，在分析课堂演绎情景的过程中，提高课堂教学能力，培育现场教学智慧。

  录音打开，"同学们好"，仿佛又回到了师生共同成长的语文课堂。

《散步》之美

——《散步》教学实录片段

师：一篇小小的《散步》，有很多的美点值得我们欣赏。下面我们就来寻找《散步》美在哪里。

倪润博："母亲摸摸孙儿的小脑瓜……"这里可以看出"我"的母亲还是很爱"我"的儿子的。有两处可以看出，第一处，当"我"说走大路后，母亲却说还是走小路吧。她虽然身体不好，但是为了满足自己的孙子，还是要求走小路了。第二处，她摸着孙子的小脑瓜说，这里用"摸"这个小动作，表现出母亲对孙子的爱。所以，美在奶奶对孙子的爱。

罗绮雪：我想说的是第一段。第一段尽管只有一句话，但是它的表达也是有讲究的。"我，我的母亲，我的妻子和儿子。""我"之所以排在第一位，是因为"我"的责任重大，也就是第六段中所写的："一霎时，我感到了责任的重大。"美在"我"知道"我"的责任重大。

师：这一句，还美在它的句子很漂亮。"我们在田野散步"，没有说"我们一家四口在散步"，介绍完散步这件事，也没有特别强调这四个人。"我们"等于"我们一家四个人"，缺一不可，所以后来有了分歧也没有拆开一家人。

杨紫玥：我找的是第七段。我觉得这里面有三个美。一个是"我的母亲"对孙子的疼爱的美；另一个是自然风光景色的美；还有一个，为什么母亲后来一定改变主意了要走小路，还是体现了母亲和一家人对自然风光美的向往。

师：这是欣赏的心态之美。我们归纳一下：第一，奶奶对孙子的疼爱之美，这是人情美；第二，南方初春田野的景色之美，"那里有金色的菜花……鱼塘"，这是自然景色之美；第三，人物对美景欣赏的心态之美。

蔡晓海：美在生命的活力和生机。第四段写自然景色中春天一片生机盎然的景象，虽然没有华丽的辞藻，但非常散文化。有静有动，还写到了颜色。"大块小块的绿色随意地铺着"，体现出盎然的生机。"冬水也咕咕地起着水泡"，这是写动态之美。（师：这是动静结合之美。）还有，画面很丰富。写的绿很有层次：有浓的，有淡的；有树上的嫩芽之绿，也有田野的新绿。（师：有高处的绿，有低处的绿。）还有，生命之美，作者看起来很随意地说了一句："这一切都使人想着一样东西——生命。"一方面，是为上面这部分文

第三部曲

课堂演绎

字总结了一下,自然之景具有生命力;另一方面,也是对第五段有启下的作用。"前面也是妈妈和儿子,后面也是妈妈和儿子",通过儿子的天真活泼的语言说出了生命的延续之美,使散步这件事具有了活力(师:欢快。)之美。

师:这一段文字写出了田野的生命之美。如果我们往上面看呢?(师深情朗读第三段。)一个"又"、一个"熬",有什么意味?

焦烨泠:母亲年纪很大了,身体又很不好,她又熬过了一个严冬,和其他老人有个对比。还有一点,作者很庆幸自己又能和母亲在一起过一年了。美在生命的延续和顽强。

师:和那些老人相比,母亲的生命力是顽强的。所以,"这一切都使人想着一样东西——生命",不仅仅是初春田野的生命,更与母亲熬过严冬,跟我们一起散步、一起享受春天这种生命力之强是相关的。好的,第四段写出了生命之美。

朱蕴博:我要说的是第六段的最后一句。"我"知道自己的母亲年纪大了,想在母亲的有生之年多陪陪她,所以要委屈儿子。从这里我看出了儿子对母亲的敬爱和孝顺。所以,美在这份敬爱和孝顺之心。

沈天茹:我觉得整篇文章流动着一种幸福和欢乐的美。一家人在春天里散步,本来就很美。小孙子又说,"前面也是妈妈和儿子,后面也是妈妈和儿子",这传达出一种欢乐之美。再说,母亲挺过了严冬,本来作者就很高兴。现在又是一家三代人一起散步,就更是一种幸福。

师:整篇文章说的是一家人在一起的幸福,是和和美美的。

孙喻:第七段的写景,一方面写出了小路是怎样有意思的,同时,这里的景物描写也写出了春天的生机勃勃,另一方面也暗示着母亲的生命会在这一年焕发出生机。

焦烨泠:"但我和妻子都是慢慢地……整个世界。"我觉得,儿子和母亲对于作者来说都是非常重要的,所以,走得很慢很稳,生怕一不小心就有什么闪失。因此,对作者来说,这个世界上有自己的母亲和儿子就是最幸福的。美在他有这种最重要的幸福。

胡逸青:我觉得最后一句话构造出了一个很和谐的家庭画面。这个家庭平时一定也是很和谐的,这从他们的散步中体现出来,所以,这表现出一种和谐的美。

刘天驰:"整个世界"就是一种责任。这种责任对于"我们"来说,就是对老人的孝顺和对自己孩子的教育、关心,这两个人加在一起就相当于"我"的一切。这是一种责任,更是一种使命。

蔡晓海:我觉得责任是一方面,并不是全部。老人和孩子对于中年人来说是很重要的,因为有父母在,又有了自己的孩子,这是很必要的,这个家庭就比较美满了。也就是说,三代人加起来才是和谐的、美满的,作者觉得这就是整个世界。这是对生命的传承、爱的传递的亲情。(师:这是对亲情的一种赞颂。)"我背上的同她背上的"中"背"应该读第一声,作动词用,背负的意思。

师:做第一声的背来看,背起来的就不只是妈妈和儿子了,而是背负起了更多的责任:对老人敬养的责任,对孩子抚养的责任,我们共同承担起来的就是整个世界。一起齐读体会。

周澜:从第二段的"她现在很听我的话"和第六段的"她早已习惯听从她强壮的儿子",看得出来,老母亲始终是听儿子的,她很信任儿子。从母亲的角度看,这是一个好儿子。所以,体现了信任之美。

师:老了以后,身体不好,对儿女有一种依赖感。这其实就是一种生命间的相互支撑,这也是理解之美。身体不好,相信儿子能照顾好自己,信任之美。人字形的结构就是相互支撑。

陈珈伊:我理解的是第七段的"我走不过去的地方,你就背着我"。她相信儿子会照顾好她,这是母亲对儿子的依赖之美。

罗雨昕:最后一句话中,我和妻子代表的是现在的时代,老人代表的是过去的时代、逝去的时代,而孩子代表的是新生的时代和即将到来的时代。我和妻子这样的中年人,背负的是承前启后的使命,这句话体现了作者的使命感,又深化了文章的主题。所以,我觉得读"背"(bēi)比"背"(bèi)好。

吴索拉:我要讲的是第八段的第一句。前面已经写了"她的眼随小路望去",写出了生机,这里可以说是一语双关,不光是指散步时向那里走去,也代表一家人向着希望、向着未来走去。

师:是的,向着希望走去。这里还有内在的一点呼应感,前面是母亲望过去,而现在是我们走到这当中去了,表现了"我们在阳光下"散步。不仅仅是写实,还写出了一种很好的情绪、很美的情感。一家人和和乐乐地在一起,往那个方向走去。而那里是春意、是生命的象征,我们彼此的关爱,让这种温馨幸福之美自然地表现出来。

王博言:"前面也是妈妈和儿子,后面也是妈妈和儿子",写出了孩子的天真,这是一种童趣之美。

师:儿子的发现,充满了童趣,也充满了哲学的意味。生命的延续、母子亲情就被这个孩子揭示出来了。

师:这一课通过写一家人散步,展现出南方初春田野的自然之美,写出了其乐融融的家庭之美,家庭成员之间彼此关爱的亲情之美,更让我们懂得

第三部曲

课堂演绎

了中年人身上的责任和使命,这是一种生命责任之美。以前教学时,我对这篇文章有点忽略,可能是因为我没有读懂作者身上的中年人的责任,年纪越大,就越能理解作者了。我希望同学们能理解你们的进入了中年的爸爸妈妈们,他们身上的责任很大,要赡养老人、抚养你们,还有自己的工作事业,一切生存的、发展的责任他们都要去背负。

教学后记

关键词:预设与生成

这是一个预设了话题由学生现场讨论生成的精彩的课堂片段。

一次小小的散步,给人带来美美的感受;一篇短短的《散步》,读来那么温馨、温暖。不论是散步这件小事,散步中看到的春天的景色,抑或是散步中的"分歧"和"决定",还是那最后背起的"整个世界",都给我们丰富的美的体验和丰厚的生命的感悟。

记得几年前第一次教学《散步》时,我真的不知道如何处理这篇课文,似乎就是根据《教师用书》的解说走了一遍。这几年,因为对文本解读和教学设计越来越感兴趣,也越来越用心,教材中以前被我怠慢的课文也越来越多地被我重视,被我利用。我越来越觉得,教材待开发的空间实在是太大了,文本可利用的价值也实在是太丰富了。

《散步》中叙述的事情实在是小之又小,然而,细读文本,会发现,之所以文章显得厚重,是因为作者让散步变得有起伏、有波澜、有情味,更有意味。而这些可能不是学生一下子就能读出来的东西,这恰恰是课堂上需要教师引领学生深入文本去体会的内容。如何由散步本身引入生命感悟,需要找准切入口。课堂教学中我设计了"寻美"活动,以"《散步》美在……"为话题,启发学生从多个角度进行文本的解读和赏析,取得了意想不到的精彩。学生们发现的美有:疼爱之美、孝顺之美、景色之美、句式之美、淡雅之美、心态之美、童趣之美、生命之美、幸福之美、和谐之美,还有"美在爱的传递""美在信任依赖""美在那份责任""美在一家人向着希望、向着未来走去"。

另一节课,我引导学生从"生命的角度"来理解此篇美文,学生能够读到文章中的自然界的生命之美,感受到文中传达出的生命的支撑与眷恋、生命的传承与回环、生命的关爱与理解以及对生命的尊重与担当。

同一篇文章,不同的处理,都能直指文章的核心价值,这带给我们思考:教学设计必须以深入解读为前提,有了精深的解读,独特的主话题的预设,就一定能看到课堂上精彩生成的美好的世界。

学生的发言中,有一个美妙的插曲,那就是关于最后一句中"背"的读音问题。"但我和妻子都是慢慢地,稳稳地,走得很仔细,好像我背上的同她背上的加起来,就是整个世界。"学生发言分析:"最后一句话中,我和妻子代表的是现在的时代,老人代表的是过去的时代、逝去的时代,而孩子代表的是新生的时代和即将到来的时代。我和妻子这样的中年人,背负的是承前启后的使命,这句话体现了作者的使命感,又深化了文章的主题。所以,我觉得读'背'(bēi)比'背'(bèi)好。"联系文本,阐述理由,这是一种思路,更是一种习惯,学生的分析做到了有理有据;这样的品味不是空谈,而是扣紧文本、抓住字词分析,实在、充分,自然有说服力。

评点

让审美的过程更美
——评柳咏梅老师《散步》教学实录片段

戴季华

透视《散步》教学实录片段,我们不难发现教学者的别具匠心。正如其在课堂小结中所说:"以前教学时我对这篇文章有点忽略,可能是因为我没有读懂作者身上的中年人的责任,年纪越大,就越能理解作者了。"尽管不完美,但可能正是这份理解,让老师在重教这篇散文时下了一番功夫。

这堂课特征鲜明,我试从三个方面做一简单阐述。

三个亮点

活动设计具有穿透性。

我这里所说的"穿透性"包含三层含义。一是教学指向聚焦为一点,即寻找、体会《散步》的美点。这倒颇像"微课"之特征,集中力量解决一个问题;但"微课"以老师"个人完美"为"旨归",这堂课全然不是。二是教学行为"别无旁骛",师生活动始终指向目的。三是教学追求契合语文课堂的本真。初中语文课程标准中提到:"九年义务教育阶段的语文课程,必须面向全体学生,使学生获得基本的语文素养。"高中语文课程标准亦说:"高中语文课程应进一步提高学生的语文素养,使学生具有较强的语文应用能力和一定的语文审美能力、探究能力,形成良好的思想道德素质和科学文化素质,为终身学习和有个性的发展奠定基础。"两个学段的语文课程标准的关键词都是"语文素养",而"审美能力"无疑是"语文素养"的重要组成部分。以此观之,该堂课教学内容的选择,既符合学生未来的需要,也符合语文课

第三部曲 课堂演绎

程的目标,是一堂典型的本真的语文课。

教学组织富有灵活性。

"灵活性"主要表现在两个层面。一是对话的维度多。有生本对话,学生通过跳读课文,能迅速找到各种美点的承载处,并将之进行个性化阐述;有师生对话,整节课参与对话的学生共16人次,在学生表达看法的过程中,老师参与了13次对话,师生对话频率基本持平;有生生对话,如当刘天驰同学说"'整个世界'就是一种责任。这种责任对于'我们'来说,就是对老人的孝顺和对自己孩子的教育、关心,这两个人加在一起就相当于'我'的一切。这是一种责任,更是一种使命"时,蔡晓海同学立刻接过其话题,提出了"责任是一方面,并不是全部"的看法,思维碰出了火花,对话走向了深层。二是走进文本的方法多。走进文本的方式固然以学生跳读为主,但其间自然插入了老师对第3段的深情朗读,全体同学对第8段的齐声朗读;手段变化,课堂不会因形式单一而沉闷。

引领感悟颇具涵泳味。

涵泳即沉潜作品中,反复玩索或玩味,以求获得其中的奥妙或"味外之旨"。为了引导学生体悟文章的美点,这位老师是非常重视让学生"涵泳"的。如针对第7节"但是母亲摸摸孙儿的小脑瓜,变了主意:'还是走小路吧'"一句,倪润博同学体悟出:"母亲还是很爱'我'的儿子的……她虽然身体不好,但是为了满足自己的孙子,还是要求走小路了……这里用'摸'这个小动作,表现出母亲对孙子的爱。所以,美在奶奶对孙子的爱。"再如当老师深情读完第3段后,问学生"一个'又'、一个'熬',有什么意味?"焦烨泠同学自然领悟:"母亲年纪很大了,身体又很不好,她又熬过了一个严冬,和其他老人有个对比。还有一点,作者很庆幸自己又能和母亲在一起过一年了。"浸润到语言文字中涵泳感悟,虽然是传统的教学方法,但它指向了语文的本真,值得每一个语文老师坚守,这位老师为我们做出了榜样。

两个遗憾

遗憾之一,师生对散文"美点"的理解没有统一,导致大家对"美"的理解处于不同一层面,给对话带来困难。

一般的散文的美主要体现在三个方面:景致、情感和意境。鉴赏散文时,可以单独鉴赏"景致"。这种鉴赏往往包含两个方面,一是"景"美在何处,二是作者通过哪些表达技巧写得这么美的。前者往往指景物的特点,后者往往指修辞手法和描写这一表达方式派生出的各种写作方法。这种情况在阅读写景散文时颇为多见,如朱自清先生的散文《春》《荷塘月色》等。也可以单独鉴赏情感。如刘亮程先生《今生今世的证据》中有这样一段话:"我真的沐浴过那样恒久明亮的月光？它一夜一夜地已经照透墙、树木和道路，把银白的月辉渗浸到事物的背面。在那时候，那些东西不转身便正面背面都领受到月光，我不回头就看见了以往。"这一段最后一句话表达了作者什么情感？这是一个难点。但如果我们明白了该句以"月光"来喻"故乡的以往"，那就豁然开朗了：这句表达了作者与故乡以往的一切水乳交融、亲密无间的情感。如果当情感和写景句相互融合、催生，合二为一，那就生成了意境（境界），鉴赏往往从三个层面进行，如写了什么样的景，融入了什么样的情，生成了什么样的画面，这里的画面就是意境。

有鉴于此，我们来审视这堂课。一开始，老师说："一篇小小的《散步》，有很多的美点值得我们欣赏。下面我们就来寻找《散步》美在哪里。"这个"美"到底指什么？老师没说，学生没问，直接导致了下面学生的阐述的多层面。梳理一下，学生们关于"美点"的说法有这样一些："美在奶奶对孙子的爱""美在'我'知道'我'的责任大""美在母亲和一家人对自然风光的向往""美在动态""美在生命""美在生命的延续和顽强""美在这份敬爱和孝顺之心""美在他有这种最重要的幸福""美在信任""美在依赖""美在童趣"；而老师在对话中也有一些阐述："美在句子漂亮""美在心态""美在动静结合""美在欢快""美在和和美美""美在理解"等等。把师生的说法放在一起观察，很显然，这些说法不在同一层面。就学生的知识与能力的建构而言，会因为维度的不同，建构难度加大；就听课者而言，会感到凌乱。

遗憾之二，对教学流程中学生的生成，点拨、引导不够，无形之中浪费了时间。

在同学们寻找、赏析"美点"时，刘天驰、蔡晓海两个同学的发言，似乎与教学目标产生了距离，他们两个探讨的是"整个世界"的内涵，而且蔡晓海同学还在发言的末尾提出"背"的读音。在这种情况下，老师有一段评述，"做第一声的背来看，背起来的就不只是妈妈和儿子了，而是背负起了更多的责任：对老人敬养的责任，对孩子抚养的责任，我们共同承担起来的就是整个世界。一起齐读体会"。对这一个环节，窃以为有些突兀，与整个教学过程不是很协调。类似的环节还有后面两个同学的发言。罗雨昕的"最后一句话中，我和妻子代表的是现在的时代，老人代表的是过去的时代、逝去的时代，而孩子代表的是新生的时代和即将到来的时代。我和妻子这样的中年人，背负的是承前启后的使命，这句话体现了作者的使命感，又深化了文章的主题。所以，我觉得读背（bēi）比背（bèi）好"。吴索拉的"我要讲的是第八段的第一句。前面已经写了'她的眼随小路望去'，写出了生机，这里可以说是一语双关，不光是指散步时向那里走去，也代表一家人向着希望、向着

第三部曲

课堂演绎

未来走去"。她们的发言与教学目标基本无关,对这些发言的调控,老师还显得有些被动。

一个建议

以散文为载体,培养学生的审美能力,再将能力化为语文素养,这是语文教学必须坚守的方向,但要警惕审美过程中的"泛化"现象。

前文,我们对师生关于"美点"的阐述已做了梳理。有一些说法很有道理,如"美在奶奶对孙子的爱""美在'我'知道'我'的责任大"等,这些都属于情感类,前者是"美在亲情",后者是"美在责任感";再如"美在生命",属于景致类,是富有生命力的景物产生的美感;又如"美在童趣""美在和和美美",属于意境类,是语言、散步情景和周围景物相互创生的。可有一些,就不是很准确,如"美在句子漂亮""美在动静结合"等,固然"句子"本身也有美感,但它们和"动静结合"等,更多的时候应该是"美的原因"!

(戴继华,南通天星湖中学校长办公室主任,江苏省语文特级教师,全国优秀科研教师,江苏省"333 工程"培养对象,获南通市政府园丁奖等三十多项荣誉。)

这个星球有你

——《倾听与复述》研究课实录

时间:2012年5月14日。

地点:南京外国语学校。(南京市首届初中语文优青培训班示范课,王荣生教授评课)

(课前要求,第一、三排的学生用印发的记录提纲记录,第二、四排的学生不看记录提纲,在提纲纸的背面记录。)

师:上课。同学们好!

生:老师好!

师:请端详一下你身边的同学(生相互端详)。再端详另一边的同学(生相互端详)。你说,他身上有故事吗?

生(七嘴八舌):有,当然有啦。

师:有个广告说得好,"我们都是有故事的人"。不同的人有不同的故事,不同的故事反映不同的人生。这节课,就让我们通过分享他人的人生故事,来学会更好地倾听与复述(屏显:倾听与复述),同时谱写我们自己语文学习的精彩故事。我们的第一个活动是:专注倾听,捕捉信息。

(屏显)

训练活动一:专注倾听,捕捉信息。

师:老师读一个故事,只读一遍。请大家在听的时候注意记录你认为很重要的信息,一会儿要用这些信息复述故事给同学听。拿到记录提纲的同学要把提纲填满,当然也可以记录提纲上没有的内容。其他的同学自己决定记录的内容。我可以读故事了吗?

生:可以了。

(师读故事《这个星球有你》,生边听边记录。约6分钟。)

师:同桌先交流一下。

(生交流。)

师:第一排和第三排的同学转过身来,把你们的记录提纲给后面的同学看一下,看看老师给你们什么任务了。

133

第三部曲 课堂演绎

（生互相了解记录情况。）

师：下面来检测一下同学们的记录情况，重点检测没有用记录提纲的同学。我们通过回答记录提纲上的问题来检测。好，下面开始。第一位同学，请听题：故事的标题是——

生1：这个星球有你。

师：第二位同学，"我"被彭先生邀去做的事情是——

生2：讲座。

师：讲座，给谁讲座呀？

生2：给学生讲座。

师：是给学生讲座吗？这位同学你觉得呢？

生3：是去西部偏远地区给那些贫困的学生讲座。

师：有同学认为他说的讲座对象有问题的吗？

生4：好像是给西部教师啊。是西部教师培训会上的讲座。

师：很清楚，是给西部教师培训会做讲座。刚刚说成给学生做讲座的同学，赶快调整一下啊。第三题，"我"搜彭先生的背景资料是为了——

生5：寻找推辞会议的理由。

师：是推掉会议吗？

生5：哦，不，是讲座。寻找推掉讲座的理由。

师：好的。下一个题目，彭先生原来的工作是——

生6：天津的一家公司做软件设计的。

师：很好。是天津的——

生（齐答）：一家软件公司做软件企划的。

师：请你旁边的同学回答下一题，彭先生评价补车母女的生活用的词是——

生7：苦难。

师：很好。旁边的同学回答：看到这一切，彭先生的心——

生8：被揪疼了。

师：很好。下一位同学请回答：烤土豆的女孩辍学的时间和原因分别是——

生9：四年级，贫困。

师：不错。请里面的一位女同学回答：彭先生为黄羊川中学带来的两个改变是——

生10：第一个是，每周学生都能吃上一次肉。第二个是，连上了互联网并有了自己的网页。

师：很好。下一位同学请回答：彭先生在西部所做的一切都是因为他看到了这样的事实——

生11：有一天，彭先生发现自行车车胎没气了，就推去修，修车的是一个妇女。他发现一个女孩对母亲说自己很口渴……（此处学生复述了两分钟，不是答案。其他学生表现出不认可，老师耐心倾听。）这件事成了导火线，把事情提前了。

师：你刚才说的是他去西部的导火线，并且把这个导火线详细地复述了。我的题目是，请再听一遍：彭先生在西部所做的一切都是因为他看到了这样的事实——（其他学生已纷纷扬扬说出答案）好的。大家一起说。

生（齐答）：越穷越不重视教育，越不重视教育越穷。

师：同学们的回答和你的回答不一样，问题在哪里呢？坐下来思考思考吧。下一个问题，有个广告说——

生（齐答）：我们都是有故事的人。

师：最后一个问题，"我"发给彭先生的短信内容是什么？齐说。

生（齐说）：这个星球有你，我多了一个微笑的理由。

师：很好。这11个问题我们都做了解答。再来交流一下，我们在听故事的时候，尤其是没有看到提纲的同学，你刚才记录的是什么方面的信息啊？

生12：关于人物的基本信息。

生13：故事的主要情节，彭先生的心情。

生14：人物的对话，主要事情，作者对事情的观点，还有一些特别的词语。

师：故事梗概；别致的词，比如说，"彭先生的心被揪疼了"，这个"揪"字，表现人物心情，抒发作者感慨。好的，谢谢！通过听故事、记录信息，我们知道，听故事时要注意把握故事的主要内容、关键信息，尤其是在复杂的故事中，表示故事推进的节点、新出场的人物，我们都要捕捉下来。怎样才能捕捉下来，最重要的是倾听，要集中注意力地听，在此过程中培养自己快速、准确的记忆力。下面我们来做第二件事情。

师：在生活中，我们听了一个故事后，常常会说给身边的人听，或者分享故事的美好或者感慨故事的伤悲。如果我们把这个故事分享给他人，我们会怎么说呢？我们来做一个说话训练。

（屏显）

训练活动二：改编故事，情境复述。

师：改编故事，情境复述。通常我们复述故事，是需要一定的角度的。就这篇故事来说，我们可以从人物的角度，也可以从时间的角度。人物的角度,如从黄羊川的学生的角度复述他们生活的改变;这个故事里,有插叙的手法,我们可以按照时间的角度,按照先后的时间顺序,从彭先生大学一毕业开始说故事。

（屏显）

复述角度

1.人物的角度:

"我"、彭先生、那对母女、黄羊川的学生、辞职的朋友……

2.时间的角度:

顺叙、插叙、倒叙……

师:今天我们不从这两个角度复述。老师给了情境,我们根据这几个情境来复述。想一想,在这种情境下,你需要把《这个星球有你》的故事说给别人听,你会怎样说呢?

（屏显）

1.修车妇女当天晚餐时跟家人说;

2.小女孩第二天跟邻居小伙伴说;

3.黄羊川的学生打电话给南京的亲戚;

4.彭先生后来接受记者采访;

5.辞职的朋友跟他现在的学生们说;

6."我"讲座前对培训教师说。

师:下面我们根据情境来准备,想想,在那种情境下该怎样说话。我们来做前四个活动吧。同学们配合着完成。

（生自由配合准备,师巡视点拨。约3分钟。）

师:下面我们来用对话展示故事。

（一对男女生演示第一个情境:修车妇女当天晚餐时跟家人说。）

生15:你今天出了什么事啊? 你修车时来了一个人啊?（众笑）

生16:是的,有个人在我下午修车时来了。

生15:这个人有什么特别的啊?（众笑）

生16:这个人的车胎突然出问题了,就推过来修车。那时候,我女儿不太听话,我又忙着修车,就没去管她。她后来要去喝那个脏水盆的水,我还没来得及处理,那个好心人就去超市买了两瓶牛奶。当时我就很感谢他,我觉得他能这样体谅我们真是很不容易的事情。

生15:哦,看来现在社会上还是好心人比较多。像我们黄羊川这样穷的地方（众生喧哗,指出发言同学的错误）,来了这样的好心人,能够体谅同情我们,我们应该好好感谢他们。你当时是怎么做的?

语文教学三部曲——解读、设计、演绎

生16：我当时很感谢他。女儿当时不太懂事，我带着她一起谢谢那个人。我要给他钱,他说不用。他说他生活的条件比较好,也应该帮助我们。

生15：看来我们的社会还是很美好的,还是好人比坏人多啊！（众笑）

师：谢谢二位同学的合作。我们来评价他们两个人复述的故事,哪些做得好,哪些做得不好,好吗？刚刚我听到有同学在下面说:"好假。"（众生笑）这个"假"首先可能是指复述的内容和原故事的内容有不符的地方。听出来了吗？好,请你说说。

生17：他说"我们黄羊川",不是在黄羊川。

师：一定不是啊！到底在哪里呀？（生齐答:天津）

生17：第二,这个情境是晚餐聊天,不应该会扯到很多的社会问题的,还有那么多的感慨。

师：这个我倒不大赞同你。在家聊天也可以聊天下大事啊！但是他开头就那么一句。（众笑）

生17：他一开始就是聊聊天,可到最后就成了这个社会上是好人多还是坏人多的讨论了。

师：话题变成了评论社会了。好的,请坐。这位同学复述时,有些细节与故事有出入,修车的不是在黄羊川,而是在天津。在复述时,有一定的想象,如"我带着女儿感谢他",这就有了情境,同时,人物的身份进行了转化。但是,晚餐时突然来一句:"你下午遇到了一个人啊?"（众笑）这不像吧？你可以说:"你今天是不是很累啊,很辛苦啊?"聊一聊,再进入复述。

（此时学生表现得有点亢奋。老师做如下的巧妙提示。）

师：同学们,刚才有没有注意到老师听他们复述时的姿态表情啊？

生：没有。

师：是的。你们在听他们的复述会有什么问题,边听还边议论。我是侧过来听,细心地听,我的眼睛也一直望着他们。这就是"倾听"的意思。老师给大家补充一个知识吧。外国人最崇拜的一个汉字的繁体字是怎么写的,知道吗？听的繁体字会写吗？（生七嘴八舌:不会）所以,大家听得不到位啊！每一个同学都在记录纸上跟我一起写一遍。汉字是音形意三位一体的、世界上最美的也是最会说话的文字。这个"听"字,外国人是这样解释（边板书"聽"边解释）:耳朵拉得长长的,把说话的人当作宝玉,斜王旁都和宝玉有关的哦,打起十足的精神,眼睛专注地望着对方,记住这里不是扁"四"啊,一心一意地做这样的事情,这个行为叫作"聽"。倾听,更加专注地听,侧过身来听。希望后面同学发言的时候,大家更加专注地听。明白吧？下面请第二组同学。

（两个男生演示第四个情境：彭先生后来接受记者采访。）

生18：彭先生啊，我想问一下，请问你去黄羊川支教前是做什么工作的呢？

生19：去支教前，我是在天津的一个软件公司做软件设计工作的。

生18：哦，这个工作很有前途啊！那是什么促使你去黄羊川的呢？

生19：确实，这个工作比黄羊川支教工作有更多的报酬和更好的前景，但是……有一次我去修车，看到一对苦难的母女。那个母亲帮我修车，她女儿口很渴要想喝水，但是她妈妈实在太忙，没有办法顾及她。她居然走到脏水盆边问妈妈可不可以喝那水，妈妈还没回答，小女孩就把头伸过去要喝水了。这个场景给我很深的感触。尽管我在一个很好的公司，但是距离公司不到五百米远的地方就有一个这样苦难的家庭，这件事情给了我巨大的冲击。这使我产生了想去黄羊川支教的想法。

生18：也就是说，这件事是你产生了去黄羊川支教的想法的关键。请问，有朋友或者其他人和你一起去黄羊川吗？

生19：起初是我一个人去的。后来一些朋友，他们了解了我的情况，认为这是一个很不错的选择，就加入这个行动当中。我有一个在气象局工作的朋友，他也辞掉了原来的工作，到黄羊川来教书了。

生18：请问你在黄羊川看到一些怎样的情况呢？比如那边的生活情况，一些家长对教育的态度等。

生19：黄羊川确实是一个贫穷的地方，很多人家很穷。我见到一个四年级就辍学的女生，她辍学的原因就是贫困，我去她家时她专门为我烤了土豆，这确实让我落泪了。

生18：也就是说，你在黄羊川支教的时候，落了很多的泪，是吗？（众笑）

生19：确实。工作时间长了，你就会有这样的心境和感受的。

生18：现在我们了解到，黄羊川的情况比原来好了很多。比如说，每个学生一个星期可以吃到一次肉了，这是以前办不到的；学校还连上了互联网并有了自己的主页。请问，帮助他们做了这么多，你是为了希望得到报酬呢，还是为了什么呢？是为了帮助他人，还是，怎么说呢，还是为了炒作？（众笑）

生19：现在黄羊川的情况真的好了很多。不是为了炒作、为了出名，就是为了帮助这些人。我从社会上的一些报道中看到了很多，所以我才决定到这边来支教，帮助这里的人。

生18：那你后悔吗？

生19：其实，这没什么后悔不后悔的。在这里工作比在软件园里当一个普通的设计师更有挑战性，这一点使我更快乐、更充实。

生18：谢谢！

师：好的。谢谢二位同学！（持续的掌声）

师：这一次他们对话后我听到的第一个评价不是"好假哦"，而是"好"。刚才叫"好"的同学来评价一下。

生20：我觉得他们问话的方式非常好，前后的两个问题连接得非常紧密，而且回答问题也很忠实于文章内容，没有自己的空穴来风。所以我觉得非常好。

师：我可以打断一下，提出我的一个疑惑吗？

生20：可以。

师：你刚才说，"前后的两个问题连接得非常紧密"，我不大清楚你所说的"前后的两个问题"是什么。

生20：就是彭先生回答以后，记者的提问是基于他的回答的。后一个问题跟前面的回答连接得比较好。

师：我明白了。他的第一个问题问完以后，根据被采访者回答的内容进行了第二个问题的追问，连接得很自然。好的。谢谢你！请这位同学评价一下。

生15：我觉得他们这一次的对话讲得很自然，并没有刻意。比我做得好很多。（众生笑）我一开始就很不自然。他们做得很好，就真的像一个记者采访另一个人。彭先生的这次讲话就是真情的流露，所以答得流畅自然，而记者也抓住了彭先生话语中的重点进行追问。我觉得这一次采访是很成功的。

师：是的，他们俩进入情境比较快，比较自然。你刚才可能只是想怎么把故事像背一样地说出来而已。得向他们学习。但是，采访完了以后，你们知道这个记者是哪个单位的吗？（学生议论纷纷）他是哪个单位的我们都不知道，也许他真的是抱着炒作的心理。首先，你要告诉被采访者你的单位和身份吧。然后对方才可以愉快地接受并配合你的采访。还有，通过他们的采访，我们明确记者此次采访的目的了吗？请问，记者同志，你是哪个单位的？（众笑）

生18（笑答）：刚刚忘讲了。

师：下回要注意了。你们的采访完了。我刚才一边听一边记录，有近10个问题。请问，提了这些问题，你要实现什么样的采访目的呢？

生18：写一篇文章，报道一下他的事迹，赞扬一下他的精神品质。让社会上更多的人参与到这种帮助他人的行列中来。

师：是的。如果你开头就说这段话，或者采访结束后说完你的目的，那

第三部曲

课堂演绎

就更好了。是不是？请坐。采访的目的是,希望越来越多的人能够关注西部教育,希望越来越多的人能够像彭先生这样尽自己所能帮助西部教育。这样的目的,不妨先说,"我听说您怎样怎样,今天特地来采访您"。记得,一定要报上你是谁。彭先生的表现非常自然,很好。其他情境呢？第二排的同学你们推荐的是谁？(众人推荐其中两人)好的。就你们俩。

(学生哄闹起来。师提醒:注意听啊,现在的发言者是宝贝。有学生叫道:"宝贝。")

(一对男女生演示第二个情境:小女孩第二天跟邻居小伙伴说。)

生21:现在你有空吗？我们出去玩啊？(众笑)

生22:我这会儿有事,不能跟你一块出去玩儿了。

生21:你昨天就有事,怎么今天还有事啊？(众笑)

生22:昨天和妈妈一起去她的车铺,做了很多事。

生21:那你还有什么事情呀？

生22:妈妈太忙了。昨天在车铺的时候,我觉得很口渴,她没有时间理我。我想找水喝,她都顾不上我。我想那我就自己找吧。当时,正好有一个大哥哥路过,我看到旁边有盆水,想喝,我想那个水喝了也应该没问题。那个大哥哥看到之后去旁边的商店给我买了一瓶牛奶。

生21:那个水是什么样子的？

生22:有点脏吧。

生21:给我描述一下那水。

师:这里可以不用"描述"了。五岁的孩子不懂什么叫"描述"的。

生22:那个大哥哥好像是旁边的一个公司的企划吧。(其他学生质疑)

生21:那个大哥哥是个好心人啊。

师:好的,谢谢！我们来评价这一对小朋友之间的对话。小女孩的朋友来约她,开头很自然地就引出了这件事情。好,我们请同学发言评点,这一对小朋友的对话,哪些合适,哪些需要改改呢？

生23:我觉得演小伙伴的,总体蛮好的,就是有没话找话的感觉。(众生笑)

师:举个例子说。

生23:他让她描述昨天的那个水。

师:是啊,五岁的孩子知道"描述"这个词吗？

生23:我就觉得平时小伙伴之间不会这样说话。

师:如果,他真的想知道那盆水的情况,他会怎么问？用五岁左右的孩子的口吻来说。

生23：那水到底能不能喝？是什么水？

师：是啊，可以问，那水脏不脏啊？刚才的那位女同学，可能把文中的女孩就当作她自己现在这样的年纪了。对一个已经工作好几年的先生，她喊他叫大哥哥。我总觉得不太合适。称呼这样年纪的人，一般来说，我们称（生齐答）叔叔比较合适。就这一点看，在人物称呼上不够到位。另外，细节上与故事也有不太符合的，如他只给小女孩买了一瓶牛奶吗？

生（齐）：两瓶。

师：两瓶吗？

生（齐）：三瓶。

师（笑）：不是啊，是几瓶？（众笑）这个同学总想把故事复述出来，开头不错。"你昨天就有事，怎么今天还有事啊"，故事一下子就切入，"昨天和妈妈一起去她的车辅，做了很多事"，生活中我们常常就这样带出故事来。这三组故事复述时都是边听边问，很好。

师：我们来总结一下，复述故事，要对故事进行改造，有时要转换人称，有时要对文章的内容进行筛选，甚至于大调整。关键还是表达要清楚，内容与原文比较符合。这节课，我们通过倾听故事、复述故事，其实是通过故事来学会在生活当中如何更好地倾听与口头表达。我们听的是故事，学的是人生。刚才"彭先生"的回答就很让我暖心。生活处处有语文，语文点滴是人生。

师：记得故事中有这么一句话吗？作者说："要把新出版的书赠予那些与我今生有约的同行。"

如果讲座后，作者签名赠书，文章里的哪句话最能代表作者的心思，最适合写在扉页上作赠言呢？

（屏显）

"要把新出版的书赠予那些与我今生有约的同行。"

扉页赠言：_____

生（齐答）：这个星球有你，我多了一个微笑的理由。

（屏显图片）

这个星球有你

我多了一个微笑的理由

师：希望大家一起努力，让我们自己成为别人微笑的理由！下课。谢谢同学们！

生：老师再见！

第三部曲 课堂演绎

附：

这个星球有你

张丽钧

　　彭先生打来电话,邀我去西部教师培训会上讲座。尽管与他仅有一面之交,但我还是愉快地应允了。

　　挂了电话,翻一下工作安排,发现居然与一个会议"撞车"了。连忙打电话向操持会议的人请假。对方沉吟了片刻,半开玩笑地扔过来一句:"去走穴?"问得人火往头上拱,又不便发作,赔着笑说:"跟商业不沾边。组织者提供交通、食宿费用,不安排旅游。我的讲座是零报酬。"对方听了,用洞悉一切的口吻说:"零报酬? 那——不是他们太不仗义就是你太仗义了吧? ——来这个会还是去那个会,你自己决定吧。"

　　我好难决定!

　　我跟自己说:"何苦来? 背着一口黑锅去搞什么鬼讲座!"可是,答应了的事又怎好反悔? 我需要寻觅一个推掉讲座的充分理由。

　　我上网搜索了彭先生的背景材料。

　　彭先生本是名牌大学的高才生,毕业后到天津市某家知名软件公司做软件企划。朝阳的年纪,做着一份朝阳的工作,惹来许多人美慕。但是,突然有一天,他毅然辞去工作,做了一名自愿"流放"西部的IT人。

　　促使彭先生下决心去西部的,是一对苦难的母女。

　　冬季的傍晚,彭先生从公司下班回家,发现车胎没气了,便把车推到一个修车摊去修理。三九天气,风像刀子一样刮得人脸生疼。为他补胎的是一个进城打工的女人。女人身边,是她五六岁的女儿。小女孩渴了,一直缠着妈妈要水喝。但妈妈忙着补胎,腾不出手来给女儿弄水。小女孩见妈妈实在顾不上自己,便趴在试漏的水盆前,小声地问妈妈:"妈妈,这盆里的水能喝吗?"没等妈妈回答,渴极了的小女孩居然把头伸向了已有浮冰的脏水盆……这一切发生得那么突然,彭先生的心被揪疼了。他赶忙跑到最近的一家商店,买了几瓶牛奶,以最快的速度跑回来交到小女孩手中……

　　第二天上班后,整个上午,彭先生全身都在发抖。他事后说:"在离我们公司不到五百米远的地方,竟有如此苦难的事情发生! 而我却坐在有空调、有暖气的办公室里……这件事是一个导火索,它把我几年来想好的事情一下子提前了;或者说,好比是一个朋友打来电话,让我赶紧去做更应该做的事。我再不能等下去了!"

　　他于是去了那个叫黄羊川的地方。义务支教,分文不取。

当他坐在一户姓王人家的炕头,吃着读到四年级就因贫困而辍学的女孩烤的土豆时,他哭了。

当他在另一户人家,听到一个做了母亲的人说因为没念完书而一直后悔着、怨恨着时,他哭了。

通过努力,他让黄羊川的中学生每周吃上了一次肉。

通过努力,他让黄羊川连上了互联网并拥有了自己的网页。

因为看到了这样一个事实:越穷越不重视教育,越不重视教育越穷。他决心用教育拯救这片土地……

在他的影响下,他的一位在中央气象局工作的同学毅然辞职,来到黄羊川,做了一名长期固定教师。

……

我原本寻觅疏离缘由的心,此刻却被亲近的热望塞得满满。在这些故事面前,一口"黑锅"显得多么微不足道!被误解的痛,幻化成一条细到可以忽略不计的蛛丝,随手抹掉或者交付风儿,都可以微笑着接受。

孙红雷有个广告说:"我们都是有故事的人。"这句话多么适合彭先生!这年头,有故事的人很多;但是,彭先生的故事却堪称高品位。有故事的人没有亲口讲述自己的故事,幸运地分享了这故事的人一直在心中说着孔子那句话:"虽不能至,心向往之。"

——我决意充当那个可有可无的会议的叛逃者。

——我决意把多年淘得的教育真金悉数献给西部。

——我决意将新出版的书赠予那些与我今生有约的同行。

我发给彭先生的短信是:"这个星球有你,我多了一个微笑的理由。"

教学后记

关键词:高强度综合训练

在课堂上听故事、记故事、评说故事,是我日常语文教学中一项常规的训练内容。从我2001年进入初中语文课堂开始,"听记故事"训练就成为一道深受历届学生热爱的精神大餐。具体的操作是:每天,由值日的同学提供一篇文章,语文课前,把自己的姓名、学号以及文章的题目、作者、文中人物姓名等重要信息抄写在黑板上。其他同学把这些信息抄写在专门的听记本上。值日的同学背诵文章,其他同学一边听,一边记录文章梗概;待背诵结束时,学生的本子上差不多已经记下了文章的大部分内容了。给学生两三分钟时间,让学生写完故事梗概并写上自己的想法。师生交流听后感时,学

第三部曲 课堂演绎

生还可以把老师和其他同学的不同观点记在本子上。日积月累,一个学期下来每个学生就可以积累数十篇的故事。往届的学生回校来看我,都会问我听记故事的活动是否还在开展。

不少语文教师的课堂上也都有几分钟的训练活动,如三分钟演讲、读书交流、成语故事等,形式可谓丰富,但是,效果就很难说了。因为,在绝大部分有课前训练的课堂上,绝大部分的学生仅仅是听听而已,至多再发表几句评点。一天天的课前活动并没有成为很好的素材积累和能力训练的重要资源。可以说,是浪费了课前宝贵的几分钟了。

我的听记故事的训练活动,充分利用课前的时间,训练所有的学生,听说读写几种方式共同进行。对每一个学生来说,都是在接受高强度、高密度的训练。学生需要边听故事边记录故事梗概,要有一定的速度还要有较快的文字转换和组织能力;交流时训练的是口头表达能力、倾听能力和即时应对能力。对教师而言,这也是一种训练,要有与不同学生即时对话的能力。有时,我会根据文章的具体情况,从写作的角度对文章提出修改意见,或者即兴编考试题,让学生更充分地感受一篇文章的各种价值。

这节课,是我参加南京市优青培训班学习期间开的一节公开课。当时,我的学生在学校分部的初三校区,所以,借用了初二年级的学生上课。上课前师生没有见过面,但这并不影响课堂上交流对话的顺畅,这一点也许是和本节课的内容有关。

这节课的教学形式是学生以前从没有经历过的,又是听故事,所以,学生表现得比较兴奋。从课堂效果看,学生的参与热情高,气氛热烈。但是,与我自己的班级相比,还是能够看出一些问题的,如学生的倾听习惯不好,不够专注;边听边记故事内容完成得不太好,绝大部分学生只能跳记一些关键词,不能如我的学生那样一边听一边就能根据故事内容写出通顺的语句,听完后就能成篇。从两组学生记录的对比看,有记录提纲的学生基本能够完成相关题目的信息记录,没有记录提纲的学生则不知该记些什么。总的看来,这节课上,学生能够在老师的提示下用心地倾听、正确地表达,基本实现了课堂的预设目标。

生活中,我们常常需要一边倾听一边记住重要信息,还要即时发表想法,听记故事这样的训练对学生的口语交际素养的提高无疑是帮助很大的。另一方面,因为记录下了这么多的故事,而每一个故事都可以带给我们不同的思考,听记本上的故事和感想就成了非常鲜活的素材库。我以前的学生到了高中以后,经常会翻阅这个听记本,找寻合适的写作素材。

上海师范大学的王荣生教授听课并做了评课。王教授说,他在全国各地听过无数的课,可是还没有听过一节口语交际教学的课。王教授对我开这种课型的勇气给予了褒扬,肯定了我的教学探索。

后来,我又读了《口语交际教例剖析与教案研制》一书,对口语交际活动及教学有了新的认识,日常生活中的口语交际活动和组织中的口语交际活动是有不同的,在教学中要想处理得更科学还真是要再下一番功夫的。

评点

在言语现场中完成"倾听"与"复述"
——评柳咏梅老师《倾听与复述》研究课

王益民

2012年的那次活动我是现场"倾听"了咏梅老师的这节课的,再次学习文字实录,感触还是蛮多的。还是让我先来"复述"一下这节课的流程。柳老师先是读了张丽钧老师的一篇散文《这个星球有你》,要求学生"专注倾听,捕捉信息",听完后,回答关于这篇文章的几个问题,然后"改编故事,情境复述"。学生选择了三个话题,进行故事改编。

这节成功的口语交际的课例至少给了我这样的几点启示。

一、教学内容选择上,柳老师将"倾听"与"复述"两个动作相关联,完整地展示了两者之间的因果关系,也丰富了教学内容。《义务教育语文课程标准(2011年版)》中指出,"口语交际"的课程目标是培养学生"具有日常口语交际的基本能力,学会倾听、表达与交流,初步学会运用口头语言文明地进行人际沟通和社会交往"。口语交际中的倾听是指,凭助听觉器官接受言语信息,进而通过思维活动达到认知、理解的全过程。而复述是以言语重复刚识记的材料,以巩固记忆的心理操作过程。两者分开训练可不可以,自然也行,但放在一起,能让学生体会到准确的复述是来自于认真的倾听。

这里有两个细节特别具有匠心,一是,柳老师课前要求第一、三排的学生用印发的记录提纲记录,第二、四排的学生不看记录提纲,在提纲纸的背面记录。然后前后交流倾听后所记录的信息。二是,让第二、四排(自主记录的两排)回答问题。尤其是第二个细节,学生通过回答问题明白了"倾听"是需要掌握要领的。从整节课来看,回答问题又是一次"倾听"的补充训练。

二、在言语的实践中达成口语交际的目标,让口语交际有了现场感。课程标准说,"口语交际是听与说双方的互动过程。教学活动主要应在具体的交际情境中进行,不宜采用大量讲授口语交际原则、要领的方式。应努力选

第三部曲 课堂演绎

择贴近生活的话题,采用灵活的形式组织教学"。柳老师这节课从大的板块上看,有两次语文实践活动,第一次以倾听为主,第二次以复述为主,我们说"为主",是因为你中有我,我中有你。第一次活动中,回答问题就是一次复述的训练,关于复述的准确性的训练。

师:第二位同学,"我"被彭先生邀去做的事情是——

生2:讲座。

师:讲座,给谁讲座呀?

生2:给学生讲座。

师:是给学生讲座吗? 这位同学你觉得呢?

生3:是去西部偏远地区给那些贫困的学生讲座。

师:有同学认为他说的讲座对象有问题的吗?

生4:好像是给西部教师啊。是西部教师培训会上的讲座。

师:很清楚,是给西部教师培训会做讲座。刚刚说成给学生做讲座的同学,赶快调整一下啊。

第二次实践活动更具有情境性,下面还会讲到。口语交际是一种教学策略和方式,是听话、说话能力在实际交往中的应用。听话、说话是口语交际的重要组成部分,但我们不能把口语交际简单地等同于听话、说话。听话、说话不包括交际过程中分析、综合、判断、推理、概括、归纳等思维能力,也不包括分析问题和解决问题、实际操作、创造等能力。在口语交际训练中只有让学生多种感官都参与到活动中来,才能切实提高学生的口语表达能力。

三、创造性的复述训练,让复述演变成更为高级的思维训练。复述可以分成保持性复述和整合性复述两种形式。前者亦称简单复述或机械复述,是对短时记忆中的信息只进行重复性的、简单的心理操作,使记忆痕迹得到加强,但不一定能进入长时记忆。后者亦称精细复述,是通过复述使短时记忆中的信息得到进一步的加工和组织,使之与预存信息建立联系,从而有助于向长时记忆的转移。精细复述的加工水平较高,具有主动性。柳老师给了学生六个话题,最后学生选择了其中三个话题进行精细复述:修车妇女当天晚餐时跟家人说;小女孩第二天跟邻居小伙伴说;彭先生后来接受记者采访。我们来看一下其中的细节。

师:我可以打断一下,提出我的一个疑惑吗?

生20:可以。

师:你刚才说,"前后的两个问题连接得非常紧密",我不大清楚你所说的"前后的两个问题"是什么。

生20：就是彭先生回答以后，记者的提问是基于他的回答的。后一个问题跟前面的回答连接得比较好。

师：我明白了。他的第一个问题问完以后，根据被采访者回答的内容进行了第二个问题的追问，连接得很自然。好的。谢谢你！请这位同学评价一下。

生15：我觉得他们这一次的对话讲得很自然，并没有刻意。比我做得好很多。（众生笑）我一开始就很不自然。他们做得很好，就真的像一个记者采访另一个人。彭先生的这次讲话就是真情的流露，所以答得流畅自然，而记者也抓住了彭先生话语中的重点进行追问。我觉得这一次采访是很成功的。

那天，学生在"交际"的时候，柳老师是捧着一个笔记本在认真记录的，这是"学会倾听"的一个示范。她向学生提出"一个疑惑"，说明她不仅认真倾听了，还能提出"疑惑"，包括柳老师的言语方式，都是"表述"的典范。在"典范"下，"生15"的"评价"十分精准，成为那节课至今难忘的亮点。

当然，口语交际这样的课大家都在探索中，"倾听"与"复述"是两项基本功，相关的知识不是一节课所能传授的，但，如果能将"如何倾听""如何复述"略加知识化，或许能够体现"授之以渔"的教学原则。还有在创造性复述的环节中，又涉及如如何采访等内容，这样就容易遮蔽"复述"的本来面目。

（王益民，镇江外国语学校高级教师，全国中语会特聘专家，镇江市语文学科带头人，著有《论语 说文 评课》《语文好课真相》等六部专著。）

第三部曲

课堂演绎

言语无法形容

——《就英法联军远征中国给巴特勒上尉的信》课堂纪实

"今天的语文课好精彩！"我笑着道。孩子们笑着点头,掌声四起！

"啊,真精彩！不可预设的精彩！"到了办公室,我还是兴奋地重复着。

是的,这一节课,只能用"精彩"二字来形容,不,也许如这篇课文中所说的,是"言语无法形容"！

读题目,解题意,图片呈现,在这个过程中,让学生对这篇文章的写作背景有个基本的了解。

雨果的介绍,我扣住学生提问中的"什么是人道主义"稍做展开,强调他的"以爱制恶"的主张。

课文不长,有必要通读一遍。

读课文前,我提示学生思考,这封书信是否让巴特勒上尉满意,是否达成了雨果的目的。

学生们齐读课文。

第三段写圆明园的那一部分文字读得比较陌生。从第四段之后,也许是和文字的风格有关,也许是被作者的态度感染,学生们读得情绪饱满,铿锵有力。我相信,不需过多讲解,他们已经能够解答我之前的提问了。

我出示课件:"文中有一个词可以用来评价圆明园、英法联军的行为、作者。请找出并证明之。"

然后,学生静静地默读文章思考。我提示学生,把文中能作证明的内容勾画出来。

学生们各自认真地阅读、圈点、批画着。

五分钟后,我让学生们前后左右地交流讨论。

教室里一下子就热闹起来了。在如此沸腾的氛围中走动,是一种独特的享受。

后排的男生居然争吵起来,似乎谁也说服不了谁。我提示他们用课文中的内容来证明自己的观点并说服对方。

几分钟后,全班交流。

好几只手高高地举起。

我请最后一排的一个男生发言。

他找的词是"奇迹"（这个和我预设的答案是完全一致的。）他用数学证明题的思路证明用这个词是合适的：已知条件是什么，推理过程具体展开，所以，得出这个结论。他说出"已证""等量代换"这些数学专业词汇时，全班笑作一团。我一边听他的发言，一边想：怎么这么巧呢，第一个答案就和我预设的答案一样？我可是希望有其他的答案的，这样就可以碰撞起来了。

我对他的回答做了补充和提升。

他回答后，还有很多只手高高地举着。

一个孩子说："我觉得用'文明'来证明是合适的。""文明"这个词是超出我的预设的，我很想听听他是如何证明的。

"第三段的最后一句说这是'亚洲文明的剪影'，圆明园是幻想的艺术，文明的杰作。第六段中，作者用反语来说英法联军劫掠圆明园'就是文明对野蛮所干的事情'，这是'文明'的行为，这里用的是反语，实际上是相当的不文明。""是啊，他们这是典型的伪文明。"我推进了一句，他接着说："作者是真正的文明人。他从人道主义（用上了我前面的作者介绍）的高度来评价这场行为。""从人类文明的高度来表达他的立场。"我补充道。

下一个学生对第一个学生的回答进行了补充：圆明园是"奇迹"；而英法联军的行为使圆明园没有了。列算式就是"英法联军的行为减去圆明园等于零"，所以，英法联军的行为就等于"奇迹"，当然，这是反语的手法。

有点起哄的性质，但是似乎也没有不妥。

"把被称作世界奇迹的圆明园给毁了，真的是人类历史的一大奇迹。只是这样的奇迹也实在太恶劣了。英法联军的行为可以说是一个非常龌龊的奇迹。"

下一个学生答的是"杰作"。理由是：圆明园是东方艺术的杰作，英法联军的行为毁坏了这个"杰作"，当我们批判他们的行为时可以用反语来说"圆明园惨遭破坏是你们的杰作"。作者写出了这封信，全世界很多人都知道这封脍炙人口的信，这封信是"杰作"，写出这封信的作者更是人类历史上的一个"杰作"。

有学生认为还是"奇迹"最合适。他补充阐释到：有很多的东西都可以称为"杰作"，然而像巴特农神庙和圆明园这两个"奇迹"是由众多个"杰作"构造成的，"奇迹"要比"杰作"更有分量。而且，这两个"奇迹"在世界上是鲜有的，而"杰作"不一定是少有的。

另一个学生认为"幻想"很合适。

听了他的发言，我以为这个词不太能够肩负起评价三方的作用，给他做

第三部曲 课堂演绎

了补充和修正。

前面都是男生在"证明"。

这时候,一个女生举手。

"我觉得用'惊骇'这个词很合适。"她的这个"惊骇"倒是出乎我和许多学生的意料。她继续阐述到:"第三段中说这是'一座言语无法形容的建筑',圆明园是令人惊骇的作品。而英法联军所干的事情也是令世人惊骇的,已经超越了道德底线。而作者作为法国人,不像一般人会用赞美的口气而是以讽刺的语言对英法联军的行为做了批评,他的这个行为是令人惊骇的。"

"这个角度很特别,不是用名词而是用形容词,从人们的心理角度、从效果的角度来评价三方。"

后面的交流中,还出现过"出色""震撼""典范""独一无二""了不起""结晶"等词语。

每一个词、每一个理由都是如此恰当。

学生的发言一个接着一个,每一个证明都是非常有理、有力的,几乎不用我穿插、补充、提升。其他学生听得很专注。我偶尔补充一两句:

"有人说,雨果是圣人。在他心目中,这座建筑物是为了各国人民而建的,因为,岁月创造的一切都是属于人类的。这是他的人道主义情怀、圣人情怀。"

下课的铃声在此刻不合时宜地响起。居然下课了?我和学生们都觉得很惊诧。

广播操的音乐也响起来了。

几只手依然高举着。

"难道我们要拖堂吗?"拖堂从不是我的作风,我问学生。

"要!"学生们异口同声叫道。

窗户边的一只手高举着。没有等我点他的名字,他几乎是跳起来就喊:"老师,我可以用六个字反驳所有的观点!"

"哪六个字?"

"言语无法形容。"

时间似乎停止了一两秒钟,接着是如雷般的掌声,久久地荡漾着,伴着外面的广播操的音乐。这是我教这个班以来,学生在课堂上爆发的最长久的一次掌声。

"这个答案真漂亮!"我接着说,"抱歉啊,看来我们不得不拖堂了。拖堂的时间我会还给你们的! 一定的!"

他有板有眼地阐述着、"证明着"。其他学生一边听一边频频点头。

我做了小结后，情不自禁地感叹了一声："今天这节课真精彩！"学生纷纷喊道："也是言语无法形容！"掌声又一次响起！

我即兴布置作业："用随笔的方式记录这节课，既可以写你的证明，也可以从任何一个角度来记述、呈现这节课。就这个证明话题，你可以继续解读这篇文章、这节课。要记得给文章起一个合适的题目。"

录音笔上显示：整个课用时39∶30。我们在这节课上收获了太多太多的精彩。这些精彩是学生创造的，是扣住文本、深入解读、积极思考、踊跃发言、相互推动创造出来的。

第二天，学生上交来的随笔也像这节课一样有滋有味，精彩纷呈。

教学后记

关键词：证明法

雨果先生的《就英法联军远征中国给巴特勒上尉的信》是一篇独特的文章。这是学生第一次在教材上接触雨果先生的文字。雨果在这封应邀而写的书信里，对圆明园的赞美、对英法联军的谴责表达得淋漓尽致。与课文相关的历史背景学生已经在历史课中学过。如何从活动充分、训练有力的角度设计这篇课文的教学还是颇有难度的。

文章由前后完全不同的两个大段落组成，书写内容、语言风格、寄寓情感等都完全不同，虽然在教学中可以根据文章的特点设计为"欣赏圆明园之美"与"谴责英法联军之恶"两大板块，但是这样硬生生的两块内容并不能表现出教师对文本的深入解读与巧妙整合。备课中，我从文末的"赞誉"入手解读文本，发现这是一个可以串起全篇内容的关键词：作者对圆明园之美充满赞誉并高度评价了它在历史、艺术上的地位；作者以反语的手法强烈谴责了英法联军这"两个强盗"的恶劣行径；对站在人道主义高度来评价历史的雨果先生，我们是心怀崇敬的，他值得所有人赞誉。但是，这样的解读，需要学生自己去完成。

再读课文，我发现除了"赞誉"，还有"奇迹"一词也可以用来评价圆明园、英法联军和雨果。当然，如"赞誉"一样，"奇迹"用于评价英法联军也是用的反语手法。"找一个词（短语）评价三方，并且结合具体内容来证明这个词是合适的"，这个念头在我脑中出现。于是教学铺垫之后，我直接呈现了这个"证明题"。

真可谓"一石激起千层浪"，这个主话题一出，全班便哗然了。

第
三
部
曲

课
堂
演
绎

从课堂现场看,学生能够紧紧扣住内容,观照文本,深入分析。证明法,在这节课的教学中得到了充分的体现,取得了意想不到的优良效果。这给我们一个新的启迪:教学有法而无定法;法在心中,法在学生中,法在研究中,法在创意中。

我的教学预设仅仅准备了两个词语,而学生们的答案却是丰富多彩的。除了一两个词有点牵强,其他的都能在文中找到依据进行证明。这倒是让我大开眼界了。学生们的智慧推动着我的课堂,鞭策着我要更加深入地研读教材。

如今说起一年前的这节课,学生和我依然觉得热血沸腾! 这是一节被学生们称为"言语无法形容"的好课!

在课下的随笔里,又有学生提出"言语无法形容"固然合适,但是文章里本就有"不可名状"这个词,简洁凝练,比六个字的短语更好。她的证明也非常到位。这个发现也是非常有角度和力度的。

再一次解读这篇文章,更加认识到:我原来的预设真是太狭窄了。不得不佩服学生们的发现。我的课堂因为学生而更精彩! 所以,对学生,我要永怀感恩之心!

评点

精彩可预约,妙手偶得之
——评点《就英法联军远征中国给巴特勒上尉的信》课堂纪实

梁增红

这一节课的特点是,让学生在找词并证明的过程中,感受圆明园以前的辉煌、英法联军的罪恶、雨果伟大的人道主义精神。或者说,这一个活动,实现了把握文意、理解作者、分析历史、培育情感等多种功能。从课堂实录来看,学生所表现出来的言语生命,更加令人动容。

柳老师认为这节课是"言语无法形容"的,我更倾向于另一种形式的表述:不曾预约的精彩!

精彩来自教者的"语文本体"意识。柳老师本节课,似乎只是做了一件事:"文中有一个词可以用来评价圆明园、英法联军的行为。请找出并证明之。"以一个主问题提挈全课,牵一发而动全身,师生的活动,有了明确指向,并能循之"向青草更青处漫溯"。学生和柳老师在互动之中,始终围绕那一块"田地"深耕细读,否则,学生的认知就会是一盘散沙,收获的只是一堆七零八碎的东西。借鉴于理科思维的"证明",不过是一种抵达教学目标的路径。谁说语文只有轻浮的情感泛滥呢？课堂上，柳老师和学生一起徜徉于语言文字之间，审问、慎思、明辨，言之有理、言之有据、言之有力，无不闪现着理性思考的光芒。学语文，有时就是一种言说。海德格尔说："语言是存在之家。"潘新和先生认为，语文就是一种表现与存在。且不说"听说读写"是语文学习的基本素养，从言语生命的角度而言，语文学习的一个重要意义就是让学生在获得语言的过程中，提升人生境界，具有更完美的人生。学生在阅读文本后，所获得的体验中，表述的词语就有"奇迹""杰作""幻想""文明""惊骇""出色""震撼""典范""独一无二""了不起""结晶"等十多个。当然，最精彩的还是最后一个孩子的"言语无法形容"。形式上是在品读文字，潜移默化中，学生的精神已经获得滋养。从这个意义上说，没有建立在语言文字基础上的语文课，是无"根"的浮萍，是断线的风筝，是迷失航向的小船。

精彩来自教者的"牧羊意识"。在柳老师的课上，我们欣赏这样的细节：在学生热烈讨论时，"其他学生听得很专注，我偶尔补充一两句"；一个学生认为"幻想"很合适时，"我"以为这个词不太能够肩负起评价三方的作用，给他做了"补充和修正"；当一个学生说出"惊骇"一词，出乎老师和许多学生的意料时，柳老师在倾听学生的表达后，肯定了学生的思维方式，"这个角度很特别，不是用名词而是用形容词，从人们的心理角度、从效果的角度来评价三方"，而不是一味地表扬、肤浅地应和、廉价地赞叹。语文课上，尽管要给学生更多的言说，但是教师的"专业引领"作用不可忽视，也就是说要像《麦田里的守望者》中所描述的那样，"做一个高明的牧羊人"。切不可从一个极端走向另一个极端，由过去"教师牵着学生的鼻子走"，转而为"教师被学生牵着鼻子走"。自由不是放任，把课堂还给学生，不是教师不作为不负责任的自我托词。令人欣喜的是，我们可以随时看到柳老师作为学生学习的合作者、指导者、帮助者、促进者的姿态。当一个学生说用"文明"这个词来证明是合适的时候，柳老师觉得"是超出我的预设的"，是"很想听听他是如何证明的"。倾听，构成了对话的前提；在学生自主学习活动之前适当地"提示他们用课文中的内容来证明自己的观点并说服对方"。在这里，教者的提示非常及时，以免学生过分"旁逸斜出"，抛开文本而自说自话。思维具有发散性，也有聚合性。在学生"你说，我说，他说"后，教师该有何作为？柳老师给出的答案是，穿针引线、引导守护。

精彩来自教者营造的言说氛围。"他回答后，还很多只手高高地举着"；课堂快要结束时，柳老师情不自禁地感叹了一声"今天这节课真精彩"，

第三部曲 课堂演绎

给予学生莫大的鼓舞……整节课上,我们时时处处可以感受到师生之间的那种和谐、民主、彼此不设防的氛围。可以想见,柳老师的课堂上,属于学生的时间和空间是真实而自然存在的,学生愿说、乐说、会说。否则,学生在获悉老师的标准答案后戛然而止、思维停滞,陷入"老师讲学生听,老师说学生记"的状态中,那对于语文学习真是万劫不复的灾难。那样的课堂,是为老师表演而准备的舞台,而不是为学生学习语文而准备的课堂。"教室里一下子就热闹起来了。在如此沸腾的氛围中走动,是一种独特的享受。"这是一种多么令人艳羡的美好境界啊!

这难道不是许多陷入生命困局中的语文老师梦寐以求的理想语文课堂吗?

行文至此,忽然觉得"不曾预约的精彩"多有不妥。观柳老师的课,可谓"精彩可预约,妙手偶得之"。

(梁增红,常州市第二十四中学高级教师,常州市"骨干教师",常州市初中语文兼职教研员,出版个人专著《简洁语文》《追寻教育的本真》。)

品美文　学写作

——初中作文指导课堂实录

时间:2013 年 7 月 12 日。

地点:黑龙江鸡西市树梁中学。[全国中语会2013"走基层"(黑龙江)活动 示范课]

师:这是我第一次到东北的黑土地上,也是第一次到鸡西,到树梁中学。从南京到这里一路上真是不容易呀。因为北京大雨,航班取消,于是被迫改由上海直接飞到齐齐哈尔,然后又破纪录地坐了 15 个小时的火车,到达了这里。因为心中充满着向往,因为我是去做我热爱的语文事情,去向语文的前辈们学习,与语文的同行们交流,与学语文的孩子们相会,所以觉得有种梦在推着自己往前走。这是我第一次一个人在三天之内经历了这么长的旅途,来到一个这么遥远又可爱的地方。这样的第一次在我生命当中一定是意义非凡的。我想,每个人的生命中都有很多的第一次,或者是快乐的,或者是伤感的,但正是这些第一次组成了我们的生命。

下面,请大家也说说你的第一次,说说令你难忘的第一次的经历。

(屏显)

说一说。

说说你印象深刻的第一次经历。

(生思考)

师:请与大家分享一下,你印象深刻的第一次经历。

生 1:我记得第一次踏进小学校园时,我很激动。我在想会发生什么有趣的事情,我的老师和同学会是什么样子呢? 我很期待。我坐到了自己的座位上,听老师的自我介绍,听老师讲的每一个要求、对我们的约束,都令我记忆犹新。

师:当小学生了,再也不像幼儿园小朋友那样懵懵懂懂了。为自己成长中的这个第一次而开心。

生 2 :大约是在 2006 年吧。那是我第一次到动植物园滑雪。但到了那儿,家里突然有点事,就没有时间多滑一次了。当时,我好像就是反(犯)二,凭着一股劲就跑到了山顶上。之前没有任何滑雪经历,我就直接滑下来了。

摔了几次,脸上也是积雪,但当时就感觉:雪在脸上化了也是一种温暖,很高兴。

师:满足的那种感觉。请教一下,刚才你说了一个词"反二"。

生2:犯二。(众笑)

师:我猜一下,"犯二",这大概是东北的一个方言词,就是当时的一股倔劲上来了?

生2:就是一股奔劲。就是当时不明白为什么要那样做,但是要做。

师:好的,谢谢! 我大概明白了。"犯二",就是我不能理解,但我偏要把这件事情给做了。是吗? 回去我要学着用用。这当然是要用在做积极方面的事情上。(众笑)好的,其他同学继续说。

生3:我第一次做阑尾炎手术。我爸爸是一名医生,我妈妈是一名护士,他们告诉我,这个手术非做不可。我做了很久很久的思想斗争,最后我才答应。其实打了麻药之后,一点都不疼。反正,那次经历特别难忘。

师:难忘的是身上开了一刀,还是爸爸妈妈都陪着你,让你顺利地度过了这次手术呢?

生3:我难忘的是特别有勇气克服了这种紧张。

师:为第一次自己克服了这样的紧张心理而高兴,这也是一种成长,而且是有爸爸妈妈相伴的成长。

生4:我印象最深刻的是一次演讲,是小学三年级的一次英语演讲。之前从来没有上过这么大的场合,就感觉非常非常紧张。老师帮我选好了一篇课文,我在家一直练习。上台之后,腿一直不停地哆嗦。好在我有勇气把那篇小课文给讲完了。最后我得了三等奖,这是我第一次得奖。我非常非常开心。

师:真不简单,而且还是用英语演讲。当然难忘!

师:刚才你在说你腿哆嗦的时候,你后面的那位女老师就刻意看我腿是不是在哆嗦。(众笑)我想,对一个孩子来说,演讲是他的成长经历;对于我来说,上课也是一种成长经历。也许,我以前开课腿哆嗦过,现在一般来说不会哆嗦了。谢谢那位老师的关心!(众笑)

生5:我记得2007年的时候,第一次踏上火车去了北京,亲眼看到了雄伟的长城。那一次,我和我姥姥坚持走到了结束——长城最高峰。给我的第一个感受是:我们的先辈真的很伟大,建造出这么雄伟的长城。还有一个收获就是,坚持总会胜利的。

师:为我们中华民族的这种伟大精神震撼了,长城就是标志。登上长城,是好汉了,为自己得到的这份鼓舞感到高兴。

生6:有一次我去大连的动物园,参加了一项体验活动。有一条蟒蛇,虽然牙齿被拔了,但还是蛮吓人的。体验是要把蟒蛇放到肩膀上,持续一分钟的时间。那条蟒蛇有碗口那么粗,浑身非常凉,当时我虽然很害怕,可心里还是想试试。试的时候真是心惊胆战,下了平台后我还心有余悸。后来我总结了,以后遇到困难,还是要多试几下。这个第一次让我真是受益匪浅。

师:你的发言很精彩,事情说得很完整,让我们有身临其境的感觉;你的成语用得丰富又恰切;最后还有对这件事情的评论。你刚才其实就完成了一篇优雅的小作文。你知道吗?

生6:谢谢!

师:不用谢谢我。你得谢谢那条蟒蛇,给你这样独特的经历和感受。(众笑)

师:其实我们很多同学都有很多丰富的体验,第一次的体验。如果我们把它写出来,怎么写得雅致、优美呢? 我们来借助学过的课文《第一次真好》里面的手法来帮助我们提高作文水平。请大家看材料的第一页,《第一次真好》这篇文章。

(屏显)

读一读

师:这篇文章重点写了两个第一次。请两位同学分别概述一下。

生7:第一次看到果实如此丰硕的柚子树。

师:很好,语言简洁。第一次看到了果实累累的柚子树。

生8:第一次看到了一只鸟宝宝,刚孵化出来的。

师:这样概述恰切吗?

生8:我自认为是恰切的,但是同学们如果有不同意见的话,可以来反驳我。(众笑)

师:不用"反驳"这么硬锵锵的词,我们一起来讨论交流。这样概述第四节中的事情恰切吗?

生9:应该是家中第一次养了一笼十姊妹。

师(对生8):你觉得他的回答和你的回答的区别在哪儿?

生8:如果没有一笼十姊妹的话,就没有鸟宝宝。

师:他刚刚说的那一句话能概括你说的那件事情吗?

生8(略思考):能。

师:当然除了这只鸟宝宝,还写了其他内容,如写了"我"和孩子们,还写到鸟长大了,等等。所以,他的概括比你的更全面、更恰切。是不是? 这不叫反驳,这叫讨论。

第三部曲

课堂演绎

157

师:我们来读课文。看第一、二段。这两段写了一件事情,作者主要运用了两种表达方式,一种是叙述,叙述一件事情;一种是议论,表达一下感受。文段中,有这样的句子。请大家看,哪些是叙述,哪些是议论,然后我们来读一读。

(生默读课文,思考。)

师:准备好没有? 我们来请男生读叙述的部分,女生读议论的部分。看看我们同学配合得怎么样。男生哪儿该停,女生在哪儿该接,看好了。"路过人家的墙下"开始——

(男生读课文第一段。)

(男生后来声音渐低,不齐整。)

生(七嘴八舌):读过了。

师:读过了。我观察到一个细节,这位同学在读"这景色"时,他的同桌用胳膊捅了他一下。我也感觉到了男生的声音越来越小,但是女生却也没有接上去。你们说"读过了",那么哪儿该停下由女同学接着读呀? 女同学,开始——

女生(齐读):这景色不见得很美,却是一幅秋日风情画。

师:请一位女生说,为什么这句是这个段落的一个小议论。

生10:"这景色"就是对前文景色的概括。"却是一幅秋日风情画",这是对这景色的感觉,用比喻的手法来议论。

师:这可以说是一种感觉、一种判断、一种评价,就是一种议论。

师:第二段也有叙述和议论。我相信,读第二段大家会配合得很默契。一起读。

(男生读第二段前两句。女生读第二段末句。)

师:非常好。默契就是这样练出来的。为什么呀? 我们的心思进入文本了。"今天"这一句是对这一次事件的议论。大家不要抱着膀子,适当地用笔记一下。从第一次看到柚子树这个事件来看,最能够表达对这件事议论的是哪一句呢? 我们来齐读这个句子。

生(齐读):今天第一次看到这棵果实如此丰硕的柚子树,霎时间,心头充满了喜悦与新奇。

师:好的。纠正一下,"果实累累"的"累累"读第二声,"沉甸甸"的"甸甸"读第一声。请标注。我们来概括一下,第一件事,路过人家墙下见到了一棵柚子树。写了这件事之后,再写我的感觉。这是用典型的叙述加议论的方式来写一件事情。叙议结合,先叙后议。我看到了同学们的变化,都在动笔记录了,这才叫好的学习状态。表扬!

师:文中的第二个详写的第一次,还是用叙议结合的方式吗? 我们来看第四段。这一段里有两个层次,请你找出来,说一说你判断的依据。

(生思考,划分层次。约2分钟。师巡视。)

师:有同学从段落平衡的角度去切分,有同学从小鸟的角度去切分。还可以从什么角度呢? 从叙述故事的角度来讲,这个故事有两层。

生11:我觉得第一层到"我和孩子们都眼巴巴地等候小鸟孵出来"。因为这之前写母鸟生下了玲珑剔透的鸟蛋,而后面是小鸟孵出来之后的情景。

师:第一层鸟蛋,第二层小鸟孵出来了。后面不还有小鸟长大了吗?

生12:第一层到"吃不下饭",这是不喜欢鸟;后面是第二层,喜欢小鸟。从厌烦到喜欢的过程。

师:你的依据是,"我"对鸟的情感态度的变化。

生13:第一层到"两只黑黑的眼睛却奇大"。这是写鸟孵出来,鸟的外貌。第二层是写作者看到鸟的情况和总结,说出看到雏鸟的感受。

师:看到雏鸟,包括雏鸟渐渐长大,其实都是他们家的一件事情啊。不论是写小鸟也好,还是写"我们"的心理也好,都是详写了。其实作者已经告诉我们这件事情了。你们的眼神也黑黑亮亮的了。这位同学的眼睛在向我说话呢。

生14:这件事情就是几年前家中养了十笼十姊妹。

师:十笼啊? (众笑)

生14:是"一笼十姊妹"。这是对这一段的总说,后面具体写孵卵、长大的情况。

师:这些都是围绕第一句话的什么来写?

生14:养。

师:你刚才的表情很让我感动,你急切地希望老师别把答案说出来。好,我们在这里切分一下,看能否接受这个观点。第一层概述了这件事情,大家齐读。(生读:几年前,家中第一次养了一笼十姊妹。)第二层次,具体展开,详细写了这件事情。这一段的表达,给我们的借鉴是:先概写一笔,再细写几笔。(学生笔记)我把段落这样编排,看起来就更清楚了。

(屏显分成两段排列的第四段内容。)

师:这两个段落,是这篇文章重点写的第一次。段落呈现方式不一样。第一个,先叙后议,叙议结合。第二个,概写一笔,细写几笔。都是写第一次,但方式发生了变化。下面请大家选择其中的一种方式,写一篇微型美文。题目是"第一次真……",后面的内容自己补写。第一次真难忘、真快乐、真激动……都可以。可以在你们带来的作文稿纸上写,也可以在我发的

第三部曲 课堂演绎

材料的空白处写。

（生写作,师巡视。约12分钟。）

（屏显）

微型美文写作:《第一次真……》

(1)先叙后议,叙议结合。

(2)概写一笔,细写几笔。

师:很多同学写的是"真难忘"。是的,因为难忘,你才会选它做素材。我们来请这位女同学与大家分享。

生15:第一次真伤心。和往常一样,那是一个和煦的下午,我和伙伴们一起上公园玩耍,突然间狂风大作,天下起了暴雨。我和伙伴们正要找个地方避一避,这时,我口袋里的手机响了,妈妈告诉我,太爷爷因脑溢血正送往医院,要我马上赶过去。我顾不得什么天气,冒着大雨奔向医院。雨水和泪水混合在一起,泥溅在我的衣服上。然而,我顾不得那么多,心中只有一个想法:太爷爷你不能有事。然而,当我到达医院时,已经晚了。这是我第一次失去亲人,第一次经历了生离死别。也许,只有经历过才会懂得坚强,我会一直一直走下去。

师:谢谢! 让我们分享了这篇文章,这篇让你再一次回忆起伤心的故事的文章。从文章来看,直接写一件事情,然后写这件事的意义和自己在这件事中的成长。这篇文章的格式属于——

生(齐答):先叙后议,叙议结合。

师:在这篇微型文章里,有景物描写,有心情描写,都很好。文中有一句话,非常朴实,却很抓人心,"太爷爷你不能有事"。这就是一个曾孙女对太爷爷的牵挂和祝福:你不能有事! 对不起,让你想起伤心的事情了。

生16:第一次真美好。记得几年前,我与父亲去兴凯湖旅游。也许那儿的景色并不算美,但那是我第一次旅游所看到的景色。那天,我们不远万里乘车来到兴凯湖,马上就要到目的地了,我笑得合不拢嘴。我急切地想到湖边玩耍。走进沙滩,细细的沙石被阳光照得格外温暖,湖水也反射出粼粼波光。此刻的兴凯湖在我眼中变得十分美好,我不禁陶醉在这美景中。第一次旅游的感觉真美好。

师:真好! 你的这篇文章也很美好。开头概述:那一次和父亲去兴凯湖旅游。接着是细写几笔,展开来写。如何才能细写呢? 生动地描写。最后,还加上了一小段收束,是一篇完整的文章了。好的,谢谢你的分享!

生17:第一次真惬意。往事如风,云游在我梦中。悉数令我感到惬意的事,便是种种第一次。最难忘的是第一次看海。几年前,第一次见到了澎湃的海。映入我眼帘的是墨蓝色的海水和几只正在远处捕鱼的船只。几块裸露的礁石上面生长着苔藓,海浪不断涌起,拍打着沉静的沙滩。浪大时,会卷走不少细沙。海风腥咸,湿润地轻抚我的鼻尖。低头看下,是经海水雕琢的几块精美的鹅卵石。抬头望向天空,都是深沉。海的朝气,在一次次沉浮中令我百般惬意。第一次,真惬意。

师:真惬意!听你的文章,也很惬意。美好的文字,给我们带来了海的凉风。谢谢!细致的描写、精美的语言,要感谢你的语文老师对你的栽培,感谢你自己的练笔,写得那么好!

生18:第一次真惊险。还记得几年前的一个秋日,我们举家出游,想一览兴凯湖的风貌。秋叶在天上飘荡,候鸟成群高飞,一时间,天似湖,湖似天,天湖共成一面。我们都沉浸在这般秋景画中,被这宁和的景色冲荡出阵阵向往。于是,不懂水性的我也不顾家人的劝告,趁着他们忙于欣赏此刻的美景,便偷偷溜进了湖水中,乘着微波往里走,刚走上没几步,脚不小心踩上了一颗光滑的石头,一下子倒进了水中,连呛了几口湖水。扑通扑通拍了好几下水,之后才被赶来的家人救起。第一次未必都是美好,但总给人难忘与……后面还没写好。(众笑)

师:我们正沉浸在你给我们带来的美好刺激与惊险当中。你突然觉得这结尾和你的题目以及前面的内容不太和谐,是不是?抓紧改一下吧。我们来请同桌评一下。这篇文章用的是什么写作方式呢?

生19:这篇文章是概写一笔,细写几笔。

师:是的。但从整篇文章看,也是一种叙议结合,只是议论部分还没写完。再请一位同学。

生20:我认为,山路虽说崎岖,总要比门前的林荫、马路好得多。游人们的双脚亲自开拓,总要多一分神秘和刺激。特别是第一次在不平的山路上向山顶前进,更多了一份平时少有的感受。白雪掩着的弯曲小径上,仅有我们孤单的行踪。偶尔闪现的几个脚印,也是我们唯一的伴侣。向着山顶挺进,这是一种独特的感受。我想,爬山的美不仅仅在爬山,而是在于作为开拓者的快感。

师:谢谢!很深刻,语言也很优美。我一开始听的时候,有点吃力。因为把议论放前面了,后面也没有像我们一般的写作那样,先做什么,后做什么。但是,我们听得出来,后面写了一件怎样的事情?

生(齐答):爬山。

师:爬山这件事与我们对人生这座山的感悟交融到一起了。这是非常成熟的一种手法。谢谢你!还有吗?请分享!

第三部曲

课堂演绎

生21:第一次真难忘。今天,一位远道而来的老师给我们上了一节令我难忘的语文课。老师大概有30岁吧。她给我的第一印象是:这位老师气度非凡。老师问了一个问题,当她把话筒拿到我面前时,我愣住了。从没有见过这么大的场面,说错了可丢脸了,接过了话筒,说了几句,自以为良好却笑料百出,那一刹那,我觉得我是一个"坏人"。第一次好,第一次或许令你伤心,也可能使你痛苦,但只要你尝试了,你便是"最佳"。细细想来,那个问题并不难,为何要贬低自己呢?我比别的同学更大胆些,我有勇气站起来,并回答了这个问题,我就是最棒的!难忘的第一次,你令我永远难忘,令我回味无穷。生命中的第一次越多,生命就越精彩。人人都应该有理由珍重第一次,难忘第一次。我爱你!

师:我爱你!好让我感动。我一边听,一边想到,教育的伤害随时都可能发生啊。(众笑)真的!当然,对一个孩子来说,对一个老师来说,只要相逢在一起,彼此都是在成长。我只想真诚地对你说:刚才这样的交流,没有伤害你吧?(生:没有)因为我听到,你在作文里流露出来的是对自己的一种鼓舞。没有什么,答错了又能怎么样呢?是不是?如果错了,后来在与老师和同学的交流中觉得这样的答案更好,那我就成长了呀。可是,你如果不举手的话,你就没有把自己的错误亮出来的机会和修正的机会,印象当然不深刻。还有,你前面对我的评价,让我有点发慌。(众笑)我最欣赏这位同学这么一点:选材。当我们提到"第一次难忘"的时候,我们的视线和思绪飘到了过去,而这位同学就抓住了当下。写作素材随时都有,写作活动时常发生。谢谢你带给我的启示!

师:还有同学愿意交流吗?时间问题,挺遗憾的,我们只能再交流一位了。

生22:第一次真美好。从生下来开始,就有第一次的发生。第一次呼吸,第一次哭泣,第一次爬行,第一次走路……虽然它们在如今的我看来,有些微不足道。但它们都会成为在我短暂的生命长河中划过的闪闪发光的星辰,照亮并影响着我今后的生活。幼儿园时,我接到了一个园长奶奶的通知:在两天后的联欢会上用英语做主持。本来主持节目对我来说,没有太大的困难,但是"用英语"这三个字瞬间难倒了我。在那两天之内,我做了我现在都不敢想象的事情:背完了满满五页的演讲稿。并且在联欢会的当天,在各级领导的注视下,完成了我的第一次英语主持。当我背完最后一个句子,嘴里发完最后一个字音,看到台下黑压压的人群发出热烈的掌声时,我知道,我成功了。那第一次至今还深深地印在我的脑海里,化作一颗小小的星辰,在我记忆的长河里闪着光,告诉我那个第一次真的非常非常美好。

师:真的真的,永远闪亮。谢谢你!这是一篇完整的文章。议论开始,

语文教学三部曲——解读、设计、演绎

叙述展开,再议论结束。这是一个圆环形的结构完美的文章。时间问题,非常遗憾,不能在课上分享其他同学的作品了。还有愿意的吗? 我实在不忍心停止你们的分享。

师:《第一次真好》这篇文章,除了两件事情叙述故事的表达方式有所不同以外,我们还可以学习它的巧妙的过渡。我看到一些同学很机智地在材料上做笔记了,真好! "巧妙的过渡"在第几段? (生齐答:第三段)它还不是一般的陈述句过渡,而是运用了问句的方式,把读者不知不觉地带去作者家看一笼十姊妹鸟了。文中的"第一次"一共有八个。另外的六个"第一次"怎么办呢?

生(齐答):略写。

师:对,略写。第五段和前四段的关系现在看出来了吧? 详略处理。还有最后一段的功能是什么呀?

生(齐答):总结全文。

师:升华主旨。用的是卒章显旨的手法。这些手法我们在这节课上都无法再练习了。但我给大家的材料都可以用来练习第三段、第五段、第六段的作用。好,我们来总结一下这节课。

(屏显)

生活中有无数的素材。

利用课文,学写作文。

写好作文,真的不难!

师:很多很多的第一次,过去的、当下的,告诉我们一个真理:第一,生活中有不竭的素材;第二,有好素材了我们怎么把作文写得好看呢? 最好的参考资料和范文就是课文;第三,写好作文,真的不难。这节课就到这里,下课。

生:老师再见!

师:同学们再见!

附:

第一次真好
周素珊

路过人家墙下,偶一抬头,看见一棵结实累累的柚子树。一颗颗硕大的黄绿色的柚子,沉甸甸垂吊在枝头。这景色不见得很美,却是一幅秋日风情画。

我是个生长在都市,从来不曾享受过田园生活的俗子。除了木瓜树以

第三部曲
课堂演绎

163

外,所有结实累累的果树,都只能够在图画、照片、电视和电影中看到。今天第一次看到这棵果实如此丰硕的柚子树,霎时间,心头充满了喜悦与新奇。

第一次真好,第一次的感觉真奇妙。细细回想:在你的生命中,有多少"第一次"值得你低头品位?有多少"第一次"给你留下不可磨灭的印象?

几年前,家中第一次养了一笼十姊妹。当母鸟第一次生下了几颗玲珑别透,比小指头还小的鸟蛋以后,我和孩子们便眼巴巴地等候小鸟孵出来。有一天,我们正在吃午饭,孩子忽然大叫:"小鸟孵出来了。"我惊喜地走到鸟笼边一看,在鸟巢里面的所谓小鸟,只是两团小小的粉红色肉球,仅仅具有鸟的雏形,身上只有稀疏的几根毛,两只黑黑的眼睛却奇大。第一次看到刚孵出来的雏鸟,但觉它们的样子很难看,竟因此而吃不下饭。可是,等到它们渐渐长大,羽毛渐丰,一切都具体而微以后,我喜爱它们又甚于那些老鸟。

第一次的感觉真奇妙。第一次去露营,第一次动手做饭,第一次坐火车,第一次坐飞机,第一次看见雪,第一次看到自己的作品用铅字印出来……第一次的经验不一定愉快,但新鲜而刺激,使人回味无穷。

生命中的第一次愈多,生命也就愈益多姿多彩。愿你珍重第一次。

教学后记

关键词:我爱你!

这是一节上得很舒展的课。

利用教材中的美文,指导学生作文,实现真正的读写结合。充分挖掘教材文本的价值,利用文本,提升写作能力,只要方法得当,学生很快就会有看得见的收获。这是我在研究多篇课文的写作价值与进行读写共生训练后获得的真切感受。

课一结束,恩师余映潮老师就走上来连声夸赞"太好了,太好了"。

分析文本,提取写法,写作操练,一步步地推进。学生由阅读而写作,课堂氛围由热闹到沉静到再热闹,课堂节奏也由快到慢到再快,课堂呈现出起伏的线条美。最重要的是,所有学生都当堂完成了一篇微文,实现了集体训练当堂见效。

对于这节课,我比较满意的是教学评点语。学生发言后,我的评点不是简单重复,而是有所提炼、有所提升、有所超越的,是在对话的基础上进行引导。可以说,这是我对自己教学上的一个新要求,我努力地训练自己课堂上对话语言的面貌,在这节课上进步还是比较明显的。

在鸡西的这一节课上,我听到了一声"我爱你",这么多天的辛劳一下子烟消云散。为了这样的相遇,为了这声"我爱你",我要更加用心用情教语文,陪孩子们学语文。

课堂上,在分析完例文《第一次真好》的写作方法后,我让学生也写一篇《第一次真……》。

孩子们动起笔来,沉浸在写作的世界里,似乎那些文字都急迫地要从他们的脑海里蹦跳出来。我巡视着。我看到第二排的一个男孩子的作文纸上,刚刚写了两行。"远道而来"这个词跃入我的眼睛。难道他要写我?这是一个多么别致的选材啊!他见我在旁边停留,便不自在地用手捂住了。我低低地说:"放开来写吧。我不看了。"

孩子们的发言很积极,我认真聆听,即兴评点。

我请了那个男孩分享他的作文。(见课堂实录的生21的发言及我的评点)

他的一句"我爱你"让我心底里涌出一阵暖意。

我现在还想说的话:孩子,你知道你们对老师的帮助有多大吗?没有成长中的你们,哪有我的成长?所以,我一直以感恩之心对待我的学生们,我的孩子们。每一次相遇都是缘分,都是幸福,更何况我们是因为语文这美好的事业而相遇呢?和你,和你们这些可爱、优秀的孩子共同享有的这节课,这个特殊的第一次也是令我终生难忘的。知道吗,你读作文的时候,我的心随着你的语调,你的文字忽而紧张,忽而释然。然而,我心里始终放不下的是,我有没有因为追问你以及让另一个同学来发表与你不同的说法而对你有伤害,哪怕是一点点的伤害呢?如果有,请原谅这个还不够细腻的老师!如果没有,拥抱一下!我想,也只有更加真正地用心,更细致地爱孩子,才可能避免伤害事故的发生了。无论如何,我都很感谢你,让我更加深切又真切地感受到:一个教师对学生的成长影响太大了!

因为一句"我爱你",让我总是回味这节课,让我总是感受到身上的责任。

评点

美课:用美文催生美作
—— 评点柳咏梅老师的《品美文　学写作》课堂

刘恩樵

《品美文　学写作》是一节比较成功的作文指导课例。认真地研读课例,我觉得,这是一节"三美"融合的课例,用美文催生美作,从而成就了一节美课。

 第三部曲

课堂演绎

165

模仿是一种策略

学生如何学习写作文呢？自古以来，学写作文的方法林林总总，确实很多。但是，只要我们用心地做些甄别与筛选，就不难发现，模仿就是一种最基本、最有效的方法，更是写作指导的一种策略。

模仿是有心理学基础的。模仿就是个体自觉或不自觉地重复他人的行为的过程。模仿是一种普遍存在的公众心理。在达尔文看来，模仿是人的本能之一，也是人的社会化的主要手段。尤其是儿童，儿童的动作、语言、技能以及行为习惯、品质等的形成和发展都离不开模仿。作文最基础的能级是一种技能，作为技能就有模仿的可能。

学书法需要先临帖，学绘画需要先写生。学习作文也是可以从"模仿"入手。美学大师朱光潜在其《谈作文》（《给青年的十二封信·八》）中写道："许多第一流作者起初都经过模仿的阶段。莎士比亚起初模仿英国旧戏剧作者；布朗宁起初模仿雪莱；陀思妥耶夫斯基和许多俄国小说家都模仿雨果。"

作文指导课例《品美文　学写作》，正是以模仿作为基本的教学心理基础，以作家周素珊的《第一次真好》作为模仿蓝本，以《第一次真_____》为题，以"先叙后议、叙议结合"与"概写一笔，细写几笔"作为模仿的内容而展开。从学生的课堂表现来看，这样的模仿是有成效的。这样的模仿属于有意模仿，是在教师指导下的、有丰富实践的模仿。

证实模仿在写作指导中的意义与作用，这是作文指导课例《品美文　学写作》给我们的主要启迪。

活动是一种保障

模仿作为一种策略，那么，如何让模仿获得更大的成效呢？作文指导课例《品美文　学写作》也给了我们一些启迪。不必说柳老师对课堂情境的创设，也不必说模仿文本的恰当选择，单是柳老师在本节课上所设置的练习活动（课堂模仿实践），就足以保证模仿写作的效果。

作文指导课例《品美文　学写作》的模仿策略，是按照"写什么"与"怎么写"来构思的。在"写什么"的环节，柳老师巧妙地以自己第一次踏上东北黑土地，第一次走进鸡西树梁中学的感受导入，给学生提供了一个"模仿"的情景。这是第一个模仿实践活动。在这个活动中，有六位同学的关于"第一次"的情景模仿都是很成功的。可以猜想，即使其他学生没有站起来讲述，但是，在他们的心里，还是有了"东西"的，对"写什么"还是有了一些新的认识的。这个课堂模拟实践活动，本身就给了学生一个写作层面的启迪：原来，这些都是可以写出来的。

第二个模仿实践活动是本节课的主体,就是"怎么写"。如何指导学生将"第一次"很好地写出来呢?柳老师选择了周素珊的《第一次真好》作为模仿的对象。这个活动可以拆分成如下几个主要环节。首先,柳老师引导学生概括事件:"第一次看到果实如此丰硕的柚子树";"第一次养了一笼十姊妹"。然后,又引导学生分析《第一次真好》的写法:"先叙后议,叙议结合"与"概写一笔,细写几笔"。这样的模仿指导很有针对性与目的性。最后,就是学生的模仿实践。有八位同学在短短的时间里写作了"微作文",而且都能"模仿"到位、"模仿"出神。

　　模仿的重要特征就是实践性。柳老师的作文指导课切切实实地将模仿落实在学生的学习活动中,因而是有效的。

点评是一种智慧

　　作为课堂教学,如何发挥教师的主导作用,这是教师驾驭课堂能力的重要体现。柳老师在课堂的主导作用,不仅表现在确定模仿的写作教学策略,以及将模仿落实在学生的学习实践中,还表现在她面对学生的表达能够做到及时、精当、幽默的点评上,让我们感受了课堂的语言艺术。

　　我们不妨列举几个典型的例子,且做简要的评析。

　　点评生1:为自己的成长中的这个第一次而开心。

　　【简评:概述学生表达的核心内容。】

　　点评生2:请教一下,刚才你说了一个词"反二"。

　　【简评:与学生平等交流。】

　　点评生3:难忘的是身上开了一刀,还是爸爸妈妈都陪着你,让你顺利地度过了这次手术呢?

　　【简评:引导学生表达清楚。】

　　点评生4:刚才你在说你腿哆嗦的时候,你后面的那位女老师就刻意看我腿是不是在哆嗦。(众笑)我想,对一个孩子来说,演讲是他的成长经历;对于我来说,上课也是一种成长经历。也许,我以前开课腿哆嗦过,现在一般来说不会哆嗦了。谢谢那位老师的关心!(众笑)

　　【简评:表现出教学现场的机智与幽默。】

　　点评生6:你的发言很精彩,事情说得很完整,让我们有身临其境的感觉;你的成语用得丰富又恰切;最后还有对这件事情的评论。你刚才其实就完成了一篇优雅的小作文。你知道吗?

　　【简评:赞扬学生的表达。】

　　点评生8:这不叫反驳,这叫讨论。

　　【简评:帮助学生提升认识。】

第三部曲

课堂演绎

点评生11:第一层鸟蛋,第二层小鸟孵出来了。后面不还有小鸟长大了吗?

【简评:通过追问,启迪学生思考。】

点评生15:从文章来看,直接写一件事情,然后写这件事的意义和自己在这件事中的成长。这篇文章的格式属于——生(齐答):先叙后议,叙议结合。

【简评:帮助学生强化学习要点。】

不用再列举了,柳老师在课堂上的游刃有余、机智灵活、互动自然可见一斑。

当然,阅读这个课例,我也有一个想法:同样是读《第一次真好》来模仿作文,我还会有怎样处理呢? 首先,我会删去让学生"说说你印象深刻的第一次经历"这个环节,直接进入"品美文,学写作"的环节。因为,这样做的目的在于突出本课训练的重点,节约教学时间用于下面这个环节。其次,我会将整体模仿《第一次真好》的写作作为重点,因为,《第一次真好》一文简短,而且构思的方法突出明显,适宜整体模仿,而不仅仅是"先叙后议,叙议结合"与"概写一笔,细写几笔"。事实上,本课例也涉及《第一次真好》的其他手法,比如巧妙过渡、详略得当、结尾升华的写法,而这些,其实都是可以在一节课上、一篇文章里完美体现的。总之,我会扣住《第一次真好》的构思特点,让学生理清《第一次真好》在构思上有哪些方法,然后让学生发现与领会,最后再让学生去模仿并评析,是完全可以达到良好效果的。况且,训练的文题,也不一定是《第一次真_____》这样的与模仿文一致的题目,还可以是《我喜欢吃的菜》《我的爱好》《我为什么不选他》等等。总之,我会将模仿《第一次真好》的构思作为本节课的重点。再说,依我看,"先叙后议,叙议结合"与"概写一笔,细写几笔"在《第一次真好》一文中并不能说是典型的。

(刘恩樵,苏州市昆山国际学校高级教师,江苏省语文特级教师,江苏省中小学优秀德育工作者,出版《一个人的教育史》《新语文叙论》等多部专著。)

人物"像他"更"是他"

——写人作文评讲课堂实录

时间:2005 年 5 月 19 日。
地点:南京外国语学校。(南京市级公共课)

教学目标

1.学习运用外貌描写手法来描写人物。
2.学会选择和运用典型事例来刻画人物性格品质的特征。

教学过程

师生问好。

师:在我们平常的作文中,经常会写到人物。如何才能让笔下的人物"活"起来呢? 今天,我们就通过评讲期中考试的作文,来探讨这个问题。

(PPT 呈现标题:让笔下的人物"活"起来)

师:大家还记得这次期中考试的作文要求吗?

生(七嘴八舌):写一个人。

师:写一个人? 写一个人的哪些方面呢?

我们来回顾一下试卷上的要求(PPT 呈现):

> 题目:我们班数他最_____
> 1.在横线上添上适当的词或短语,将题目补充完整。
> 2.要有具体的人物描写。
> 3.不少于 500 字。
> 4.字迹清楚工整。

师:面对这样的作文要求,我们应该怎样去把握呢?

生 1:首先要选一个最能表现这个人的词。

生 2:我觉得首先要找准一个特点鲜明的人,然后把他的特点写出来。

生 3:我觉得第二点要求很重要,有具体描写。

第三部曲
课堂演绎

169

师:同学们说的都很有道理。面对这样的作文要求,我们首先要确定写哪一个自己所熟悉的人。然后明确要写他的哪一个特点,认真选词,所填充的词或短语一定要能揭示人物典型的性格特征,如天真、调皮、认真、勤奋、宽容、善良等。这是前提。最后,在文中要有具体的人物描写。抓住了这两点,我们就能把这篇写人的文章写好了。

师:作文的要求中,有一条"要有具体的人物描写"。那么,怎样才算有具体的人物描写呢?人物描写有哪些方法呢?

(学生按座位顺序回答人物描写的具体方法。)

生4:有外貌描写、心理描写。

生5:语言描写、动作描写。

生6:正面描写、侧面描写。

生7:还有侧面衬托法。

师:同学们从不同角度概括了写人的手法。我们可以归纳如下:人物描写手法有正面描写、侧面描写。正面描写包括外貌、语言、动作、心理等描写;侧面描写,如环境、景物、影响等。(PPT 呈现)

> 人物描写的方法
>   正面描写
>   外貌描写   心理描写   语言描写   动作描写
>   侧面描写
>   环境   景物   影响

师:在这些描写中,哪一种描写方法能让我们最直观地感觉到你写的像他呢?

生齐答:外貌描写。

(板书:外貌描写。)

师:下面请同学们看两个例子。(PPT 呈现外貌描写示例 1)

师:请一位同学读一下示例。

生8:读示例1。

> 他个子不高,不戴眼镜。眼睛虽然小了一点儿,但留心观察,不难发现那是一双炯炯有神的眼睛。
>
> 他个子不高,胖乎乎的,圆圆的脸,眼睛比较大,戴着一副眼镜,他的嘴角右边有一颗黑痣。

师:这两段中哪一段更好?好在哪?为什么好?

生9:我觉得第二段好。因为根据第一段一下子猜不出写的是谁,而第二段这个人的特征很明显。

师:正如这位同学所说,第二段简明
扼要地勾出了人物的外貌上的突出特
征:嘴角右边有一颗黑痣。因此,即便只
是几笔勾勒也要突出人物的外形特点。

(PPT 呈现鲁迅肖像)

师:看这一幅鲁迅的肖像图,他的面部给你印象最深的是什么? 试着把
它用最简洁的语言表达出来。

(学生边看图边试着写出鲁迅的面部特点。二分钟。)

(学生交流,略。)

师:下面看一下别人对他的描绘。(PPT 呈现)

> 头发约莫一寸长,显然好久没剪了,却一根根精神抖擞地直竖着。
> 胡须很打眼,好像浓墨写的隶体"一"字。

简单的语句勾勒出了鲁迅先生作为革命战士的精神气质。

师:我们再来看两个语段。(PPT 呈现)

> 他,脸上一道深深的疤痕,看上去好像历经沧桑,一脸智者的模
> 样。那凌乱的头发,让他看起来好像一个潜心钻研的学者。那经常紧
> 缩的眉头,好像总在思考着一个多深奥的问题,其实,他在想:钥匙怎
> 么会不见了呢? 作业没带怎么办?
>
> 她,淡淡的眉毛下有一双水灵灵的大眼睛,一个大小适中的鼻子
> 下有一张经常合不拢的嘴,这些零碎的五官拼在一张小小的鹅蛋脸
> 上,尽显机灵与活泼,自信与外向。

请两位同学分别读示例。

猜猜看,第一段写的是谁? 为什么能猜得出来?

(全班学生几乎一边看一边就大笑起来,此起彼伏地喊着"汤祺舜""汤
祺舜"。)

师:大家很开心啊! 真是英雄所见啊。第一段写的确实是汤祺舜同学。
看来,群众的眼睛是雪亮的。(学生笑)说说你们判断的依据是什么?

生 10:第一段写的是汤祺舜,因为写出了他最具个性的外在特点:脸上
一道深深的疤痕,凌乱的头发,经常紧缩的眉头。还写出了他有丢三落四的
毛病。他确实就是这么一个人。

师:说得很有道理。第二段写的是本班哪一位同学呢?

生(众学生边看边摇头):猜不出来。

师:我根据文章的后半段猜出是谁了,可是单单根据这个外貌描写我也没猜出来是谁。为什么猜不出来呢?

生11:这一段对她的五官都进行了描绘,从这个介绍可以看出她长得满标准的(学生笑),但是没有个性。所以猜不出来了。

师:正如刚刚这位同学所说,第二段的人物描写是具体的,然而,尽管有外在特征,但是外形特点不明显。

可见,不管是简笔勾勒,还是细致描摹,如果没有抓住人物典型的外在特征,人物的描写也是不成功的。这里的特征,就是区别于其他人的、个人独有的地方。因此,要抓住人物的外在特征来描写。

(板书:抓特征。)

师:下面的语段请大家仔细读两遍。(PPT呈现)

> 他,小小的个子,大大的眼睛,鼻梁上架着一副银边眼镜,高高的额头,笑起来会露出两颗引人注目的大门牙。

师:你觉得这个语段对人物的外貌描写具体吗?写出了人物的外在特点了吗?有没有需要改动的地方?

生12:我觉得这一段写得挺好的。特征很明显,写的是陈哲夫同学。他的外号就叫"大牙"。(学生笑)

生13:写的确实是"大牙"。但我读起来总觉得有一点别扭。

师:别扭在哪儿呢?同学们慢慢地再读一遍。你们一边读我一边根据内容用手势表示所写内容。

(学生齐声慢速读。老师做手势。)

(学生笑。不少学生做恍然大悟状。)

生14:我读出来了,作者介绍得有点乱。先说个子没错。问题出在眼睛——眼镜——额头——门牙的顺序上。应该先写额头,再写眼睛,然后聚焦在门牙上。

师:你的思路很清晰,得借给作者用一用。(学生笑)

从这个例子可以看出,人物的外貌描写除了要做到抓住特征以外,还要按照一定的顺序来进行,逻辑要清晰,不要杂乱,要符合人物的日常习惯。

(板书:应有序。)

师:根据同学们这次作文的实际情况看,在对人物进行外貌描写时,要努力做到抓住人物外貌特征、按照一定的顺序来写,这样就能使你文章里的人物像现实中的人了。

(板书:像他。)

师:外貌描写成功,外形上像他了,这篇文章就成功一半了。那么,你写的是不是他,是否写出了他的特点,文章是否能表现出题目里补充的那个词或短语,还需要注意做到什么呢?

生15:要注意通过事情写人。

师:让人物的特点通过事情表现出来,不错。什么样的事情才有表现力呢?

生16:我觉得事情应该有代表性,应该典型。

师:非常好,说到了点上。要用典型事例表现人物。

(板书:典型事例。)

师:怎样才能算是典型事例呢? 我们来看两个例子。(PPT 呈现)

“安静! 三,二,一,开始记违纪!”每次在班级里人声鼎沸的时候,都会听到她的这一声“河东狮吼”。

唉,宝宝到底是宝宝,自理能力真是差到了极点。来,瞧瞧他的校服。啧啧……这儿一小块油渍,那儿一大块污点,还有数不清的黑笔印子。天哪,这哪是他的衣服啊! 打开他的书包,真是要多乱有多乱,笔、书、本子显得乱七八糟,书包就跟垃圾箱一样,感觉跟贝多芬那杂乱无章的房间差不多。

通过这两段文字,你能猜出写的分别是谁吗? 这两段分别反映出了人物的什么特点?

(学生边看边喊出了有关的两位同学的名字,气氛热烈。)

生17:第一段写的是我们班的石悦同学,一看就知道。她是我们班的纪检委。用她提醒我们安静的典型事例写出她工作的泼辣作风。

生18:第二段写的是汤祺舜同学。这一段太真实了,他的乱在我们班是出了名的。

师:我们说事例要典型,首先要做到它能很好地揭示出人物的性格特点、内在品质。

(板书:表现性格。)

师:下面请大家阅读所发资料的材料1。(PPT 呈现)

1.试根据材料1概括出人物的性格特点。

2.猜猜原文的题目。

材料1

的确,她是个极其外向的人,在她的人生字典里应该找不到自卑、内敛

第二部曲 课堂演绎

这样的词语吧！她是个敢作敢为的人,她勇于接受自己所犯下的错误的相应的惩罚。这一点,也是我最佩服的。她和我一样,都是多愁善感之人,曾经我们俩还经常一起哭呢!

她不是完人,当然也会有缺点。机灵的她也有很迷糊的时候,按她的原话来说,她是个什么都丢过的人。她的条理很乱,有时会急躁。她最大的缺点就是粗心,其实前面的缺点都是粗心的附属项,她的粗心常出现在考试、作业和平时的生活中,这也成了她的特点之一。

在我看来,她是一个很容易相处的人,虽然有点自负,但是她从来不会毫无理由不理别人。也许,在你看来,她可能有些刁蛮,甚至有些任性,但当你真正了解她的时候,你会发现,她是一个相当可爱的女生。

师:请大家根据这三段概括出人物的性格特点。

猜猜看,原文的题目可能是什么? 你为什么会做出这样的推测呢?

生19:这三段介绍了她的不少性格特点,有外向、多愁善感、粗心、任性、自负、刁蛮、可爱。不知道作者要写她的哪一方面。

生20:有对人物性格的介绍,但是性格特点罗列太多,也没有典型事例。只是浮于表面的概括、介绍,没有具体事例。我猜不出他的题目会是什么。

师:(故作玄虚状)我告诉大家吧,这篇文章的题目叫"我们班数她最外向"。(语音强调"外向")

("啊——"学生惊呼,"不会吧!""不可能吧!""怎么这样写啊?")

师:正如大家所说,根据材料,概括不出文章题目里的"外向"这一特点。因为这里所反映的人物的性格太多,没有典型性格。更主要的是,文章没有扣紧题目里的"外向"两个字来写,没有典型的事例支撑。因此,通过这则材料我们可以归纳出,事例必须要符合题意,紧扣中心。对于那些不能表现文章中心的,即使事件本身再大、再有影响力,也要舍得去掉。

(板书:紧扣中心。)

师:只有能揭示中心的,并能很好地表现人物性格特点、思想品质的事例才是典型事例。没有典型事例来支撑,一般很难写活人物形象。

师:下面我们再看两段文字。(PPT 呈现)

她之所以学习那么好,是因为她每节课都认真听讲、善于思考,作业做得认真。下课时,她喜欢与别人一起讨论语文书上的问题。

她不是完人,当然也会有缺点。机灵的她也有很迷糊的时候,按她的原话来说,她是个什么都丢过的人。她的条理很乱,有时会急躁。她最大的缺点就是粗心,她的粗心常出现在考试、作业和平时的生活中,这也成了她的特点之一。

师:这两个语段中的人物的性格特点是什么?

生21:我猜第一段应该是陈奕丰同学。因为她的最大特点是认真,确实喜欢讨论语文书上的问题。第二段这个人的特点是粗心。

师:两段文字介绍了人物的典型性格,但是写得都不够成功。请大家动笔改一改。围绕人物的品质"认真""粗心"的特点来写,使人物的形象生动起来。就在所发的材料的空白处改写。

(学生动笔在所发材料的空白处修改以上语段。时间五分钟左右。)

(教师巡视,提醒:"你能让别人相信你写的就是那位同学,你就成功了!")

师:先写好的,同桌互相欣赏一下,看看谁改得成功。

(90%差不多都写好了。)

师:下面我们请几位同学读一下修改后的作品。

(三位同学交流。每位读完都获得一片掌声。)

师:大家改得很成功。虽然老师没有告诉大家怎么才能改好,但是各位的作品都有这样的特点:事例写得详细具体,都运用了一些描写手法,如语言描写、动作描写等,这就可以使我们记述的事情典型,人物性格特点突出、形象丰满了。

下面我们来看两段从同学们的作文里挑选出来的语言描写、动作描写成功的例子。(PPT 呈现)

> 一次,某位爱惹事的女生去惹他。惹一次,惹不动;两次,还惹不动,就这样惹了四五次,牛儿依然不动。某女生大惊曰:"汝不过一头牛而已,玩什么矜持?"牛儿缓缓答曰:"谢您夸奖,牛儿受之不起!"真的,从开学到现在,还没见过他生气呢!

师:这一段语言描写揭示了人物的什么性格特点?

生22:写出了人物的老牛般的脾气温和的特点。里面的"他"是我们班盛况同学,他平时就是这样不急不慢、没性子的。(PPT 呈现)

> 记得一天下午,本班有两位同学扭打在一起。在这火烧眉毛的关头,只见石悦像离弦的箭一般,立刻以最快的速度冲上前去进行制止。她的两眼散发出怒光,给人以不可抗拒的力量,大喝一声:"嗨,住手!退一步海阔天空!"说完,只见那两人虽心存不甘但还是停止了战争。

第三部曲 课堂演绎

> 他最爱做的事,就是跳到讲台前用话筒高歌一曲。每次电教委员来赶他的时候,他总会和电教委员捉迷藏,等把电教委员弄得晕头转向以后,他又会扑向讲台,抄起话筒继续以他那足以震碎玻璃的高音演唱。他通常是被一个身强力壮的人"抛"出教室。

师:这两个语段哪些动词很好地写出了人物的特点? 分别写出了人物的什么性格特点?

(生齐声读出有关的动词。)

生23:我觉得第一段写出了石悦作为纪检委员的严厉、正直。第二段写出了小方同学的调皮的特点。

师:概括得非常准确。我们小结一下,通过典型事例来刻画人物,我们应该注意做到以下几点:事例要能表现人物的最突出的性格特点;符合题意,紧扣中心;写事要具体,适当运用生动的描写手法,这样你写的人物才"是他",人物形象才能给人立体的感觉,人物才能"活"起来。

(板书:是他,"活"。)

师:请大家看黑板,根据板书,把如何写好人物,自己大声说一遍。

师:在人物的外貌描写以及典型事例的表达上,有几位同学做得很好。下面就请赵乐顿同学读一下她的作文《我们班数他最可爱》。

(赵乐顿同学上台读自己的作文。学生们认真地听,时而发出笑声。)

师:请几位同学评议一下赵乐顿同学的作文。

生24:首先,她的外貌描写非常成功。几笔就把汤祺舜的外貌特点画出来了。其次,她所举的例子都能围绕"可爱"这个特点,而且写出了他的可爱。

生25:我觉得人物的动作和语言、神态描写都很逼真,听的时候感觉在看纪实电影似的,像得不得了。

生26:虽然是写实,但是不乏幽默,很生动。

师:大家的看法都很正确。这是一篇成功的写人文章。下面我们请赵乐顿自己谈谈她是如何写好这篇文章的。

赵乐顿:我一看到作文要求,我就想我们班最有特点的应该就是汤祺舜了,他的单纯、可爱甚至于自理能力差都堪称全班第一。联想到他的一些事情,我确定写他的"可爱"这个特点。几个例子,大家都是知道的,我处理时注意了详略,尽量用生动的语言写出来。因为汤祺舜本人确实太可爱了,所以写他还是容易写好的。

师:陈哲夫同学也写了汤祺舜,写得也比较成功。大家课下可以仔细阅读阅读,比较一下这两篇文章的异同点。

师:下面是本次作文的总体情况总结。

有不少同学写得也挺好,被大家推荐的有以下一些同学。(PPT 呈现)

(学生大声念名字,并伴以鼓掌。)

> 榜上有名
>
> 汪瑞雪　崔梦冉　梁梦琳　顾界仑　于松琪　李慧群　张君豪
> 陈齐越　陈奕丰　王亦辰　秦天凡　赵乐顿　游彧涵　孙晓卉

师:在我批改的过程中,发现还有几篇文章也很优秀。大家课下传阅传阅,互相学习学习。(PPT 呈现)

(学生大声念名字,并伴以鼓掌。)

> 优秀作品
>
> 陈哲夫　谢世豪　杨馥榕　王　菁　王　煜

师:今天的作业是修改原文,重点:是外貌描写、典型事例。在期中试卷上先改,然后抄写在作文本上。

教学后记

关键词:高效评讲

作文评讲课,要针对学生当次的作文情况确定评讲重点。既要有全班作文情况的总体反馈,也要有对突出问题的处理方法。作文评讲与指导在这种课型中应该是巧妙融合的。评讲的是写成的作文情况,但是也是对今后作文的指导。所以,确定评讲的重点,是决定这节课能否有效或者成功的重要因素。

想把人物写活,有很多办法,但是否所有办法都有效、都容易学,就很难说了。从我所改的两个班的学生作文的具体情况来看,有些学生写的人物没有一点个性,甚至从所描写的外貌和所举事例看,都没有表现出被描写对象的特点。对于初一的孩子来说,写人记事类的作文,目标不要过于宽泛,要贴近学生作文实际,定位要准,让学生容易掌握;一次作文,可以训练一两个重点。写人物,抓住"像他""是他"很重要。因此,我把教学目标定位在两点:"像他"——学习运用外貌描写手法来描写人物,"是他"——学会选择和运用典型事例来刻画人物性格品质的特征。开口小,台阶低,从教学效果看,这个定位是准确的。

第三部曲　课堂演绎

作文批改后进行评讲课的备课时,我重点设计总体思路和板块,至于学生的回答、教学板块的过渡语等,我都只是随课堂具体的教学情境而动态生成的,这反而让我上课的时候能轻松自如、机智生成。作文评讲课,不大可能像阅读课那样可以事先进行多次借班试教,但这反而便于课堂上的动态生成。没有试教,全凭课堂上教师的调控和应对能力。作文评讲课最重要的是,评讲材料的选择和运用。要根据教学目标,从学生的作文中选择相关的文章或片段,进行整合。充分利用和发挥学生作文的作用,这是作文评讲课的一个突出特点。

这节作文课,正如我所预料的那样,因为目标集中,选取的作文片段有代表性,在分析完材料后很自然地归纳出写法和技巧,因而自然流畅、水到渠成。

本次作文的题目是《我们班数他最_____》,要求写的对象就是当下的这个班级里的同学,所以,不论是写别人的还是被别人写的,学生们都心怀向往地期待着自己的作品能够被评点到。短短的四十分钟的课上,十几位学生的作文片段被选用,近二十位学生被表扬,这大大激发了学生的上课热情和作文热情。从这一点看,这样的评讲方式、评讲力度、评讲宽度使得作文评讲课更具有针对性,也更高效。

从实录上不难看出,我平时作文评讲的一些鲜明的特点,如"榜上有名""优秀作品"等栏目的设计,就是为了多表扬学生。其他的栏目还有"闪闪发光""批阅劳模""妙语佳言""语句门诊""优秀评论家""说长道短""洗耳恭听"等。有的学生作文的整体水平不佳,但是有一两个语句很精彩,那么"妙语佳言"栏目里就会列出他的精彩语句供全班评点欣赏;有的学生给别的学生的作文批语写得恰当,那么他就被评为"优秀评论家",他的批语也会进入"说长道短"栏目供全班学习。从一个句子、一次批语这些看起来很细微的地方,发现学生作文中的亮点,并放大其亮点,在作文评讲时进行表扬,会大大刺激学生对作文评讲的期待,进而培育学生对写作的好感。渐渐地,学生们整体上对作文的兴趣提升了,水平自然也会提高的。

另外,结合课上的教学目标,在评讲结束后,要求学生根据"像他"与"是他"两个要求修改原文,让学生即学即用、趁热打铁,可以很好地掌握这类作文的写法。同时,可以保证实现作文评讲的功能,使学生作文练写一篇就写好一篇,切实提高作文教学的效率。

评点

基于学情 注重过程 一课一得
——评点柳咏梅老师《人物"像他"更"是他"》作文评讲课

陈剑锋

细读柳老师的课堂实录,感觉到她的教学设计理念新,教学方法得当,课堂效果好。主要体现以下几点。

一、基于学情,以最近发展区为教学目标

认知心理学告诉我们:知识的掌握,不仅是保持而且是要经过认知结构的改组和重建,达到简约与减轻记忆负担的目的。为了防止知识的混淆和有用观念的遗忘,在教学中应采取的策略是:促进学生认知结构的纵向上不断分化和横向上综合贯通。

我们得到的启示是:写作教学必须结合学生的认知结构和认知特点,根据写作能力构成的内在逻辑顺序,分解为不同的训练阶段,采用集中而循环的训练策略,帮助学生在"一课一得、得得相联"的实践积累中,逐步培养基本的写作能力。因此,柳老师执教的本课的教学目标 1 和 2 的确定、教学重点的明晰符合初一学生的认知特征和认知水平。

二、重视活动过程,体现学生主体

写作教学过程应当是,一个在教师有效指导下的学生写作的实践过程。在教学的过程中,教师应从指导过程来设计写作教学,必须从构成作文知识和能力要素来入手,通过分项训练提高写作能力;这每一项的训练不只是提出要求,而是落实指导的过程。如本节课柳老师在指导学生进行人物描写训练时,不仅仅让学生知道"描写要具体、描写要生动"这些所谓的"知识点",而是帮助学生掌握如何做到具体生动地进行描写。这个"怎样"的训练需要教师进行一系列的过程指导,要充分体现学生为主体的教学原则,将写作训练设计为学生能够做的、愿意做的一系列活动,并让学生在这一系列的活动过程中获得写作得知识和技能。在本课中,柳老师很好地体现了这一点。

三、强调方法指导,做到"一课一得"

学生写作能力的形成也是一个线性的发展过程。所以,我们必须对整个学段的作文课堂教学有一个合理的整体规划、设计,具体到每一节课,小

第三部曲
课堂演绎

步达成。即要按照写作能力养成的内在逻辑,分成一个个训练点进行有重点的强化训练,使整个初中阶段的写作教学过程呈现出一种循序渐进、螺旋式上升的过程。同时,在教学过程中,要降低难度,将教学内容相对集中于一点或几点。因此,在探究出了写作方法(即"怎样写")之后,必须有一次针对性较强的强化训练,使之能及时转化成学生的写作能力。本节课从人物描写"像他"到更"是他",从指导学生"抓特征、按顺序"到"选取典型事例,表现人物性格",做到了一步一脚印,这样的教学,因为目标集中,要求适中,方法容易掌握,任务容易完成。

(陈剑峰,南通市第一初级中学高级教师,江苏省语文特级教师,江苏师范大学兼职硕导,南通大学兼职教授,著有《问题群教学模式研究》《语文美学散步》。)

巧用意外作凭借

——当窗外传来鞭炮声

初三下学期,开学第一天的语文课我准备跟学生大概地谈谈我的教学计划和这个学期的语文学习特点与要求,不准备上新课。

我对学生说:"面对中考复习,最重要的是一种心态,不能把最后的中考当作我们初中语文学习的最终的、唯一的目的。"刚说到这,教学楼外面突然传来了一阵响亮的鞭炮声。

不少同学不由自主地向外看。原来,是与教学楼仅隔十米的居民楼上的一户人家在阳台上放鞭炮。高度正好与教室差不多。我们能清晰地看到搁在阳台架子上的鞭炮。随着响亮的、刺耳的声音,还能看到明亮的火光。

我想,这可是一个谁也没有预料到的意外,此刻将课继续下去显然是不合适的。

于是,我干脆停下讲课。

有的学生很好奇,而有的学生则对这响亮的鞭炮声音的反应不是很大,他们好像和我一样只是被动地在等待。

脑子里突然冒出一个念头:让他们观察!

于是,我说:"请大家赶快看外面。"

学生中产生了一阵骚动。于是伸颈、侧目、欠身、下座位……

还没等大家都看清,鞭炮声却戛然而止了。

我说:"下面请大家做一个练习,请用自己的语言把刚才听到的声音描述出来。"我刻意强调"描述"二字。

学生七嘴八舌地说了"啪啪""噼里啪啦""嘭嘭"等几个象声词后,似乎就没有可以说的了。

我把思路引向教材。

"我们学过哪些有描摹声音的文章?"

学生边回忆边说出这样的一些课文:《口技》《安塞腰鼓》《吆喝》等。

这些课文里确实都有直接的描摹声音的内容。

问学生们还能想起其他文章吗? 他们有点木木的,似乎仅能说出这些课文了。我知道,他们只记得声音本身,忘了其他的内容尤其是写法了。

我于是启发他们回忆有写声音的课文。

第三部曲

课堂演绎

《童趣》，"夏蚊成雷"，用了夸张的手法，写出了蚊子声音的大，侧面写出蚊子的多。

《山中访友》，文章用拟人的手法，写出了自然界中的许多"友人"。里面有不少写山林中声音的句子。如：写雷阵雨"像有一千个侠客在天上吼叫，又像有一千个醉酒的诗人在云头吟咏"。那瀑布是"天生的金嗓子，雄浑的男高音多么有气势"。还有云雀，"叽叽喳喳的"，作者猜想它们"津津乐道的是飞行中看到的好风景"。后来"雨停了，幽谷里传出几声犬吠，云岭上掠过一群归鸟"。这一课正面写了多种声音，运用了多种修辞手法。

《云南的歌会》中山路漫歌这一段很有意思。如走在山路上能听到"各种山鸟呼朋唤侣"。戴胜鸟"好像对于唱歌也发生了兴趣""欢喜坐在人家屋脊上，'郭公郭公'反复叫个不停"。云雀"扶摇盘旋而上，一面不住唱歌"。而它的伙伴，那些"伏在草丛中的云雀群，却带点鼓励意思相互应和"。这里写声音的手法比较特别，"山鸟呼朋唤侣""不住唱歌""相互应和"，生动地写出了云雀的声音，让我们仿佛有在山林中聆听到小鸟的欢快叫声的身临其境之感。

学生们的思维已经被这些美妙的"声音"激活了。

于是，从云雀我们又很自然地联想到《从百草园到三味书屋》这篇文章。在百草园里，"轻捷的叫天子（云雀）忽然从草间直窜向云霄里去了""油蛉在这里低唱，蟋蟀们在这里弹琴"，还有后面写三味书屋里的读书情况的语句，也是描述声音的。"于是大家放开喉咙读一阵书，真是人声鼎沸。""后来，我们的声音便低下去，静下去，只有他还大声朗读着。"

按照教材的顺序，我们又想到了好几篇文章。

《大雁归来》里的大雁们低语、集会、讨论的声音我们可能还记得。用了许多的拟人手法写出大雁的鸣叫声。

上个学期我们学过的那篇小说《孤独之旅》里，有很多描写声音的语句。大家都能回忆起这样的内容：小船行进在水面上，"哗哗——哗哗——"的声音更加衬托了杜小康的孤独、寂寞。

学生们七嘴八舌地又说起了学过的课文里的许多描写声音的语句。

从现代文，学生的思路又行进到了文言文。

确实，在我们学过的不少文言文里，也有对声音的描摹。如一些写景文章，动静结合写景色，就有对声音的描摹，《与朱元思书》《答谢中书书》《三峡》等文章里都有写声音的语句。

学生几乎是同时背出"泉水激石，泠泠作响；好鸟相鸣，嘤嘤成韵。蝉则千转不穷，猿则百叫无绝"。

此时的课堂气氛热烈、快乐。学生们也没想到他们能在这么短的时间内筛出那么多与声音有关的语句来。

我归纳到,回忆了这些文章,我们可以有这样的认识:有的声音本身就是文章要写的主要内容,有的声音是为了起到衬托、渲染的作用,但不论它为何而存在,要把声音写好,都不能简单地、纯粹地用拟声词来写。我们可以用一些手法,如丰富的修辞手法、多种表现手法,多角度地展示声音。

然后,我让学生努力用语言或文字描述出刚才听到的鞭炮声音。

学生沉思。

发言交流。

下面这段文字是一位学生的发言:

最开始的那声"啪"仿佛在静悄悄的教室里形成了一股无形的巨大引力,把我们的目光和心硬生生地拽了过去,紧接着的"噼里啪啦"以每秒340响的速度迅速地震荡着我们的耳膜,超过了吴道一和周文杰吵架时的声响,达到了在这个教室里史无前例的分贝,仿佛在一个塞满跳跳糖的嘴巴前面放了一个超大的扩音喇叭。(赵书恒)

我带着学生对这一段话进行了手法分析。

用丰富、生动的比喻和对比修辞手法把鞭炮的声响以及给我们的听觉的效果恰如其分地表现出来。

"一股无形的巨大引力,把我们的目光和心硬生生地拽了过去",这句话贴切地表达出这一声突然的"啪"给正在进行中的课堂教学带来的震动。"硬生生"和"拽"两个词太有表现力了,生动地写出了那声音的强大的磁力。虽然不想去听这样的响声,但是此时已经是无可奈何、迫不得已了,不听也不行啊。把你"拽"去,还能不听?

跳跳糖在嘴巴里会边跳边发出"呲呲"的声音,如果嘴巴塞满了跳跳糖,那声音一定是不小的。把这样的声音通过面前的"超大的扩音喇叭"传出去,想象一下,就应该是耳边的这阵鞭炮声了。

另外,夸张、作比较手法的运用也使这一段描摹的声音变得让人更容易感觉到它的具体情况。

通过这一语言片段的分析,学生对描摹声音的手法有了一定的认识。

于是,趁热打铁,我要求学生用笔描述刚才的鞭炮声。

下面是学生的几则练笔。

一阵炸响打破了教室的庄重气氛。同学们开始骚动起来。经过楼房的反射,鞭炮声听起来略有些沉闷,就像是从深巷中传出来的一样,但丝毫不影响那喜庆的爆炸、翻腾、上升。噼里啪啦的声音刺激着我们的耳膜,隐隐生痛,让人情不自禁地捂起耳朵。爆炸声盘旋向上,飞向空中。(孙樾)

第三部曲 课堂演绎

一声巨响,像是冲破了我们的血管,让我们体内每一滴血液跳动着,心脏也难过地挣扎着。爆竹的声响漫天旋舞,跳跃着我们的神经,让我们听到那未散开的喜庆。一声一声,如掌声一般竭力,让我们嗅到那快乐的年味。红色的身体、彩色的声音,就这样和着风中土里的祥和喜庆沁入了每个人的心涧,化为永远奔流的红色血液。(张梦华)

"噼,啪,噼哩,啪啦……"一阵鞭炮声炸醒了我的神经。教室里一下子喧闹起来。坐在窗边的我向窗外望去,一串鞭炮正挂在对面阳台上。红色的爆竹纸上下翻飞。鞭炮周围烟雾缭绕……坐在教室里的我仿佛闻到了硫黄的味道。(甘中沁)

教学后记

关键词:教学凭借

一节课,因为突然而至的鞭炮声,把教学的方向转向了对已学课文的整合性的梳理,可以说这既是一节特殊形态、特殊内容的课内阅读复习课;同时,学生在归纳和总结写声音的方法后又进行了现场的说话、写话活动,因此也可以说这又是一节语言活动课、片段写作训练课。教师巧妙地利用教学中意外的突发"事故"——课上传来鞭炮声,把它作为一个非常好的"教学凭借",展开了一举两得的读写结合活动。这种应急状态下的教师行为是由教学智慧决定的。

黄厚江老师认为,"教学凭借,是支撑和推进教学过程和学习活动的教学环节。它可能是动态的,也可能是静态的"。从这个定义来看,教学凭借,是一种教学环节,似乎有点令人费解。教学凭借,实则是指课堂上起着媒介作用的诸多形式的资源。这些资源为着教学服务,推进教学的展开。

语文课堂教学中设计和运用"教学凭借"有着较为丰富的意义,一般说来,教学凭借能起到推动教学过程、激活学生思维、深化文本理解、搭建学习平台、突破教学难点、引发教学生成、丰富教学内涵、形成探究性学习等诸多作用。在现实的课堂中,有多种形式的教学凭借,可以是与文本有关的背景资料、音像资料、实物资料,也可以是教材不同版本的注释、名家的相关研究成果或者是学生即时的提问及语言活动等。绝大部分的教学凭借是可以预设的,如引用的各种资料等,有些是不能预设然而又是一般课堂上常见的具有普适性的现象,如学生的提问等。当然也有完全不能预设、事先也想不到的,然而也可以作为教学凭借的,如上面课堂上传来的鞭炮声等。

"教学是主体的、能动的、活跃的人的活动。"教学的确定性与不确定性往往能够造就出师生共同参与、共同创造的新的空间。课堂是一个真实的、始终处于运动过程中的特殊的场，与场相关的因素很多，且处于变化之中。影响课堂场效应的，有场内因素更有场外因素。如在这一节课中，师生原本都是在正常的教学情境中，教学场处于和谐的自然的运动状态，保持着一种场平衡，教学自然平稳地向前推进。然而，突然传来的鞭炮声，作为一个很大的场外因素，破坏了这样一种平衡，影响了正常的教学状态。这样的一场意外，突发的一个事故，也正是考验教师是否有教学机智和应变能力的最佳时机。教师不能束手无策，而要凭借自身的素质，及时把教学现场中人的、物的、精神的诸多因素有机地结合起来，巧妙而又灵活地调控并利用这些"意外""事故"，把它们作为新的教学凭借，参与到教学中并创造出新的价值。利用这场意外，教师很机智地将平时的阅读教学与写作训练紧密关联，顺势而为，对学生进行了一次以现场观察、感受为前提的写作训练。如果没有教学智慧，一定会浪费这一次极好的训练机会的。

"教学凭借"这一概念，提示我们：只要用心，我们可以事先预设好对教学有推进作用的"教学凭借"，也可以利用我们的教学智慧在课堂上巧用意外生成"教学凭借"，使课堂呈现出意外的精彩。

评点

把"事故"变成"故事"

——评点柳咏梅课堂实录《巧用意外作凭借》

谢　云

看柳咏梅老师这篇课堂实录，一直想着"预设"与"生成"。伴随课程改革而被凸显的这两个新词，其实并非新生事物，而只是对"备课"与"教学"两个传统环节的"重述"。但是，正如列奥·施皮泽所说"词的变化就是文化的变化和灵魂的变化"，以这组新词"重述"课堂，其实意味着新课程对教学设计和教学情境、事先规划和过程建构的双向关注。随着课程改革的推进和深入，"充分预设"与"动态生成"的互联、互动、互助关系，也日益被广大教师看重，并在教学实际中得到了充分体现和大力探索。

但是我们知道，计划没有变化快。事前的预测和构想再丰富、再充分，相对于过程中的生成和建构，都是非常有限的。真正的教学，总是一个动态生成的过程，不断发展、充满变化的过程。这里面，既有教师与学生的数量悬殊和思维差异，又涉及教学时空的流转与变迁，同时还包含着思想、观念交流碰撞时不断"裂变"所引发的种种"可能"。简单说，再周密的设计、再精确的流程，都可能因某些"突发事件"而被打乱、被中断。节外生枝，枝上开

第三部曲 课堂演绎

花——至于能否顺利结果,既要看教师的现场调度,也要看所生成的"枝节"的质地。

柳咏梅老师这堂课,就遇到了这样的"突发事件"——教学楼外"响亮的鞭炮声",打乱了她的计划,学生被突如其来的"事故"吸引和影响,既定的教学流程显然难以推进。在此情形下,一般有两种选择:一是强调纪律,一切"按既定方针办";二是暂停教学,待鞭炮放完再继续进度。效果如何,相信很多老师都有类似的经历和感受,不必多说。

柳老师的处理,充分体现出一个成熟教师的教育机智(按马克斯·范梅南的意思,它所指称的正是教师面对"突发事件"时随机应变的"临场智慧")。

柳老师不仅处乱不惊,而且灵机一动,因势利导,将干扰教学的"异响"作为难得的资源,引入动态的课堂里,使之成为"新生"的教学环节的核心要素——先是"观察",再是"描述",接着"温故",再接着"创新":在复习有关"声音"描写文段的基础上,以影响教学流程的"鞭炮声"为对象,现场表达,课后练笔。

看完实录,可以想象当时的课堂情形:无论是结构,还是效果,或者师生的交流与投入,不仅没有受到明显的影响和干扰,反倒有变"坏事"为"好事"、化"事故"为"故事"的机趣,温故与知新相结合,阅读与写作相结合,既切合"开学第一天"的特定场景,又体现出特色鲜明的"语文味",恍若古人说的"文章本天成,妙手偶得之"。这堂纯然"天成"的语文课,充分印证了科勒斯涅克所说的"语文学习的外延与生活的外延相等"。柳教师极富机智的艺术处理也告诉我们,只要教师真是"有心人",所有的生活资源,都可以成为语文的教学资源,为我们的课堂激趣生智,增光添彩。

一直觉得,教育不只是传授知识,也不只是培养能力。教育最重要的意义和价值,是师生的共同经历和体验,以及在经历和体验过程中形成的识见和智慧。这样的过程,有时,需要别具匠心的"预设";有时,也会面对突如其来的"生成",甚至是"变故"——如何应对这种"变故",把"事故"变成"故事",既需要教师的智慧,更需要教师的用心。因为,教育不是按部就班的机械操作,而是充满机趣的灵性创造。

(谢云,中学高级教师,四川省绵阳市涪城区教师进修校副校长,语文教研员,四川省优秀教师,出版《春天正被众手相传》《跟禅师学做教师》等多部著作。)

因为有了第四段

——巴金《短文两篇》课堂实录

时间:2011年3月31日。

地点:南京外国语学校报告厅。(市级公开课)

师:今天我们一起学习巴金先生的短文两篇《日》和《月》。请把书打开,让我们一起读课文前的导读语。

(屏显)巴金短文两篇《日》《月》

生(齐读):"无数人咏叹过太阳和月亮,留下了美好的诗篇。作者在特殊的年代里,对着这永恒的星球发出了自己的感叹。在《日》中,作者显然在飞蛾扑火、夸父逐日中寄托着深意;而寒夜里面对如镜的凉月,想起了嫦娥奔月,又是一种别样的心情。"

师:这一段文字中,你觉得有哪几个短语可以帮助我们更好地去理解这两篇短文?

生1:我觉得首先有"特殊的年代"。这应该是巴金先生写这两篇文字的时代背景。

生2:第二个是"别样的心情",告诉我们作者的情思是什么。

生3:还有第四行的"寄托着深意"。

师:"特殊的年代"里,作者在文字当中"寄托着"怎样的"深意",表达他的一份怎样的"心情"呢? 请把这三个短语画出来:"特殊的年代""寄托着深意""别样的心情"。记住啊,这三个短语是我们学习这两篇短文的钥匙。

师:面对同一个事物,不同的人有不同的想法。同样是月亮,巴金先生凭栏望月时,会想些什么,要表达什么呢? 我们先学习《月》。和巴金先生一起望月,去体会他那份"别样的心情"。

(屏显)

望月

　"别样的心情"

师:请同学们齐读《月》。

(生齐读《月》。)

师:语速快了一点,所以味道还差一些。再快速地看一下课文,结合有

第三部曲 课堂演绎

187

关的短语或句子,说一说这篇文章里的月给你怎样的印象。

生4:我从第三段的"面对凉月"中的"凉",看出月光的冷。正如后面所说的"月的光是死的光",是没有生气的光,让我觉得地上有厚厚的一层霜了。

师:"凉月"一词给人以冷的感觉。好的,简要地说。

生5:"圆月有如一面明镜"中的"明镜"给人的印象是月亮是明亮的。

师:月亮可能是明亮的,而不是朦胧不清的。

生6:"觉得自己衣服上也积了很厚的霜似的。"这样的月光是冷的,是让人心生寒意的。

师:霜一般冰冷的、令人心生寒意的月。

生7:"我望着明月,总感到寒光冷气侵入我的身子。"这一句可以看出:月的光是冷光。而且也看得出,巴金先生对月的评价不像古人对月亮评价的那样是赞美的。

师:不是赞美,也不讴歌。我们总体来看,这篇《月》给我们的总印象是——

生(七嘴八舌):冷、寒、凄、清。

师:面对这样一个月亮,巴金也有"这感觉"。第三段中说"我也有这感觉","这感觉"到底是怎样的,作者通过第四段呈现了出来。听老师读第四段,用心体会这一段月给你的感觉。

(师范读第四段:在海上,山间,园内,街中,有时在静夜里一个人立在都市的高高露台上,我望着明月,总感到寒光冷气侵入我的身子。冬季的深夜,立在小小庭院中望见落了霜的地上的月色,觉得自己衣服上也积了很厚的霜似的。)

师:因为有了第四段,文章就怎样了? 展开讨论。

(屏显)

话题研讨:"因为有了第四段,……"

(可从内容、结构、情感、语言等角度讨论。)

(学生讨论。教师巡视。)

师:我们来一起交流,"因为有了第四段……"

生8:我是从语言的角度来思考"因为有了第四段"的。这段话里"侵入"这个词用得很好,"侵入"生动形象地写出了寒气逼人的动态感,"侵入"也给人一种很有力度的感觉,更强化了月光给人的凄清寒冷的感觉。

师:杨紫玥同学选取的角度是语言,"侵"字写出一种动感,表现出一种力度。

生9:我觉得"因为有了第四段,就有了画面感"。最后一句话,"觉得自己衣服上也积了很厚的霜似的",这句话生动形象,将"月"与地上的霜巧妙地结合起来,所以更有画面感。

师:"觉得自己衣服上也积了很厚的霜似的"这句话重点是写画面吗?

生9:写的是心情。

师:是写心情。哪里是仅仅衣服上结霜啊,是心里都结霜了呀。那么,画面感在这一段有体现吗?

生9:有的。"有时在静夜里一个人立在都市的高高露台上。"

师:是啊,这就是一个独立的画面。

生10:我跟着蔡晓海的思路往下说。地上落了霜,心里便也落了霜。我觉得也许是巴金先生心里先落的霜,然后心里的霜就漫开去、漫开去,漫到衣服上,漫到地面上,漫得到处都是了吧。然后月上也结了霜似的,转朱阁,低绮户,照无眠。

师:很精彩!哪里是地上先结了霜呢?地上的月色是因为"我"心里结霜了,"我"才有这样的感受。一个无眠的夜晚。继续。

生11:因为有了第四段,我们就可以更好地理解作者别样的心情了。通过读第四段,我发现,作者似乎是渐渐地感到心凉,而仿佛觉得自己衣服上也积了很厚的霜。这让我们更可以理解作者不喜欢这个世界,作者的心好像在等待着什么,作者的心里有一丝无奈和绝望,但是作者的心终究是向着光和热的。裹在心外面的一层冰终会有融化的一天。但那结冰的心是无法跳动的,于是不得不静静地等待着,等待着光和热洒向世界的每一个角落,融化每一颗冰冻的心。

师:非常好!你是从情景交融的角度来理解作者那颗已经被冰冻的心。还有其他的角度吗?

生12:因为有了第四段,作者的情感得到了更好的表现。第四段的最后一句,"觉得自己衣服上也积了很厚的霜似的"。我们知道,霜是水蒸气经过凝华形成的(生笑),需要有很冷的温度,所以,这样就写出了月亮给作者的感觉是非常寒冷的;而且,人往往在心情很不好的时候,才会觉得更寒冷。这样更好地体现出作者的心情。

师:从科学的角度来分析霜是怎么形成的,可见多么寒冷!再来看看,我们所感受到的难道就只是像作者所说的"积霜"吗?

生13:我还从"静夜里一个人"中读出了作者的情感。因为这么多人的都市里,就作者"一个人在露台上",旁边都落满了霜,我想这一定是一个孤单的人,一个孤独的人,但他也渴望能有人陪伴着他。

第三部曲

课堂演绎

师:一个孤独者的形象,但是,是渴望有人陪伴的孤独者。

生14:我从"积满了霜"读出来,可能当时那个年代、那个世界也是很寒冷的,也是积满了霜的,所以才让巴金先生感到很寒冷。这就是导读语中所说的"特殊的年代"。

师:你是在做一种推测,不仅仅是作者,整个社会都是这样。从哪些地方可以看出整个社会都有霜了呢?

生15:第四段的第一句话,"海上,山间,园内,街中",这四个是地点,看得出月亮的清冷寒气遍布世界的每个角落。月光洒在地球上,作者通过这四个短语,表现出整个地球已经被寒冷的死光给覆盖了。

师:整个世界被死光给笼罩了。可能不是四个地方,还有一个地方吧?

众生:露台上。

师:海上,山间,园内,街中,露台上。

生16:因为有了第四段,我认为全文的结构就比较巧妙了。我们可以从第三段看,"面对凉月,我也有这感觉"。他到底有什么感觉,在第四段就展开了具体的描写。再看第五段的前面,"的确,月光冷得很"。回应了前面的第四段。所以,有了这第四段,全文就非常顺。题目虽然叫"月",但是这里的第四段,并没有直接讲月到底是什么样子,月又像什么,而是通过作者的感受,来反映月亮,从而更好地突出中心。

师:张钰博很有发现的眼光。他抓住了"我也有这感觉",到底有什么感觉呢,第四段说了;第五段说"的确,月光冷得很"。只有别人说的和你的一样的情况下,你才会说:"对。是这样的,这样的。"是怎样的呢? 就是第四段的内容了。

师:还有一个细节可能大家没有发现。这一段一共就两句话。第一句话写的大概是什么季节呢?

生(七嘴八舌):冬,秋,一年四季。

师:写作的时间是7月,可是却让人感觉是冬天。看得出来,不光是冬天,其他季节月亮给人的感觉可能也是这样的寒冷。好,我们来归纳一下第四段。齐读一下。

(屏显)

因为有了第四段,第三段中"我"的"这感觉"得以展开描述。

因为有了第四段,我们从"海上""山间""园内""街中""露台上"这五个地点的变化看到,地点的转移、视野的改变由大而小、由远而近,让我们感受到空间上寒气的无处不在。

因为有了第四段,我们看到明明是盛夏,却给"我"严冬的感觉,"我"想起"冬季的深夜",又体会到"衣服上也积了很厚的霜似的"寒冷,让我们感受到时间上寒气的无时不有。

因为有了第四段,我们感受到了"总"与"侵"二字传神地表现出这股"寒光冷气"的威力和不可抗拒。

因为有了第四段,使文章意境由空远转而贴近生活,由简单的望月转而感悟现实,立意厚重起来。

因为有了第四段,第五段中"的确,月光冷得很"的感慨便有了支撑。

师:是的,这一段情景交融,表现了作者在那样特定的年代、特殊的月夜里的一番感慨。我们也来写一段情景交融的文字,表现月下凄清、孤独、寂寞的这种情绪。这个作业作为预习我们布置了。下面和前后左右的同学传一下本子,欣赏其他同学是怎样来写情景交融的。

(生交换作业本,相互阅读、欣赏。)

师:我们来推荐一下。你觉得同学写得好的,你就推荐一下,读一读。夏苏璠,你推荐谁的?

生17:我推荐王亦功的。

生18:老师,我自己来读。月光是白的,煞白的。月,这颗已死的星球,似乎有一种神奇的力量,在夜晚便铺下它那天罗地网,所有的事物皆逃不出这魔障,大到参天古木,小到微虫细物,皆是惨白。返景入深林,复照青苔上,并不是这样的。不,月不是柔情的,不是。像那厚厚的霜一样,月是冰冷的。

师:月不是柔情的。

生19:我推荐冯子芯同学写的。她写的比较长,我就选其中的一个句子:"半圆形的月亮就像一张弓,丝丝云絮就是箭,那箭直直地射进她的心里,她忍不住就呜咽起来。"这里,她写的应该是一个望月思念的女孩,我觉得这一段很有意境的美,而且情景交融。

师:月光像箭一样,比喻奇特。这是一个新的解读。

生20:我推荐孙喻。但是她想自己读(众生笑)。

生21:孤身与冷月相伴,冷情,冷月,冷人。是的,月的光华无论多美,都只是死的光,不能给人温暖和勇气,带来的只能是痛彻骨髓的冰冷感觉。

师:冷情,冷月,冷人。如此冰凉啊,寒气彻骨。

生22:我推荐罗雨昕的作品,我觉得很好。

生23:我来自己读。月的光是冷的光,是死的光,月的光是柔软而又琐碎的。推开窗子,月光像是一攒珠子缀在窗棂上,有些温暖而轻细的声响。身上便像是穿了白绸似的,凉丝丝的,不冷,但是彻骨。我喜欢在夏夜,不拉窗帘,睡在飘窗上。石板很冷,月光很冷。头发是长、黑而且直的,极滑,像绸缎一样,我就把头发散下来,头发流在石板上。月光有了这样的视线承接,应该不会有碎了一地的伤了吧? 于是,月光流淌,无以言说。

师:无以言说的流淌着的月光。这是有人物在其中的一段内心独白了。谢谢!

生24:"小时不识月,呼作白玉盘。"关于月的观赏与幻想,好像总是在遥远的幼年。那时的天真填满了寂寥的月球上那一个个环形山,那时候的稚气包裹着月外的一圈皎洁的光。有时,我在宁静的黑夜望着明月,她也静静地望着身下的一切,雪白的光遮住了星星,洒进无边无际的黑暗中,这样宁静的对望让我快乐,仿佛自己的心飞翔在月光中,满足地享受着那"白玉盘"里飘来的清香。我会想象那香气是源于姮娥孤单的桂树,通过夜晚的月光与地上的人们问候。当我又抬起头时,那白玉盘一样的月却仍一片空白,让我去想象。哦!"小时不识月,呼作白玉盘。"

师:小时候的一种憧憬一种想象,非常美。你所想象的、感觉到的那股香气是从姮娥那儿飘过来的。但是,在姮娥的眼里,月有那么美吗?"月的光是死的光。"我们来齐读第六段,体会一下:姮娥啊姮娥,你为什么要奔月呢? 你到底看到了谁呢?

(生齐读第六段。)

师:是啊,巴金认为"月的光是死的光",是冷的,寂的。姮娥也这么认为吗? 姮娥到底在明镜中看见了什么人的影子呢? 做一番猜测吧。

(生七嘴八舌。)

师:看到了后羿? 还有呢? 结合文本来猜猜吧。

(学生思考、讨论。)

师:作者用了一个问句,难道姮娥的目的是这样吗? 是使已死的星球再生吗? 哦,看来不是啊。她看到了什么呢?

生25:我想,作者看到了姮娥,姮娥也可能看到了作者。

师:可能看到了作者,这是很真实的。我们看第一段啊,"每次对着长空的一轮皓月,我会想:在这时候某某人也在凭栏望月吗"? 首先呈现的就是作者凭栏望月,但当时作者想的是可能另外一个地方也有人在凭栏望月,他所想的还不是姮娥,当时作者想的可能是谁呢?

生26:我觉得这个地方的某某人也许作者也不知道他是谁,我们简称他为"某某人"吧。也许,作者生活在某某人生活的城市,作者坐在某某人曾经坐过的位置上喝着同一杯咖啡,可能在同一个餐馆里逗过前一天那个某某人逗过的某一个小孩子,可能在某某人刚刚路过的街角踟蹰一会儿。也许他就是活在这个某某人生活的城市,虽然不能够遇见,但是心灵是相通的。也许姮娥看到的面影是这个某某人,也许作者所看到的面影也是这个某某人。

师:这么一个某某人,总之,他们的心是相通的。罗雨昕的生活总是充满了浪漫气息。即便如此的死光照着,还是很浪漫。"我"看到的是和"我"的心灵相通的一个人。

生27:我觉得这里的"某某人的面影"可能就是姮娥自己。第二段中说,"圆月犹如一面明镜",而在这明镜中姮娥看到的不正是她自己吗?她自己正只身一人飞向那遥远的月亮,没有生机的月亮。而这姮娥更像巴金,他也是一个人孤单地生活在这世界上。

师:所以,姮娥看到的可能是自己,可能是巴金,还有和巴金有同样心思的人。这是怎样的一种心思?死的光,冷的光,给"我"的感觉是积霜的,"我"其实想改变这样的一种感觉。这是有怎样心思的人?

生28:我觉得巴金应该是一个人生活在这里,感觉非常孤独。

生29:第六段中说,"难道那个服了不死之药的美女便可以使这已死的星球再生吗"?我觉得并不是姮娥过去了使这个已死的星球再生的,而是想要使已死的星球再次复生的一些人。我觉得某某人指的就是这些人。

师:你补充了一下刚刚她所说的心相通的人。可能不光是心相通,更是道相同的人,是同道之人,想改变这个死的局面的一种人。那么,如何才能改变这个死的局面?月的光是死的光,它本身不会发出热力。也许它要照到能发出热力的东西才可能给我们以温暖感,所以,必须要去照亮……(有学生举手)季威廷,你还有补充吗?

生30:刚才哪位同学说的,姮娥在月亮里看到想改变月亮死的气息的人们,我想,巴金生活的年代是战争的年代,侵略者在疯狂地攻击我们,巴金也许在月亮里看见了那些致力于反抗侵略者的英烈们的面孔,才写下这篇文章,也寄托了作者希望战胜侵略者的决心。

师:好漂亮!你是回扣到了"特殊的年代"了。巴金也许是看到了一些英雄们。总之,这些英雄是为大家的未来、大家的幸福生活而奋力拼搏的人,他们想改变目前死的、冷的状况,那只有带来太阳般的温暖才可以。所以,这里的面影是想带来光和热的人。可能其中就有一个他吧?(学生低语:夸父)是啊,也许就有夸父啊。(学生恍然大悟)

师:好的,我们去和夸父一起逐日。体会一下作者在这篇短文里所"寄托着的深意"到底是什么。这篇文章的风格和《月》不一样,而且很不一样,所以在朗读的时候要注意语气基调。齐读一下。

第三部曲

课堂演绎

（屏显）

逐日

感悟"寄托着深意"

（生齐读《日》。）

师：结合具体句子来说一说作者寄托的深意。

（生思考。）

生31：我要说的是第二节，"我怀念上古的夸父，他追赶日影，渴死在旸谷"。我们来看一下书下的第一个注解，还有飞蛾的不自量力，以前是作为贬义来说的。这里，巴金先生赞美他们追求光和热，永不停息、勇往直前的精神。所以，以这两个"反面教材"作为正面教材来用，这是有深意的。

师：很好。从这两个例子来说，作者一反人们平时用的角度，反而来欣赏他们、赞美他们，这里面有深意：赞美他们不怕牺牲。

生32：我觉得虽然有人贬低夸父，说他很傻，但是也有人赞美夸父的。可是飞蛾扑火这个词却一直作为贬义词来用的。而飞蛾，这么小的一个昆虫，这么平凡的一个昆虫，作者居然让它和夸父并肩，一同得到作者的赞美，我想这是很不容易的，这是为什么呢？是因为作者觉得，飞蛾在最后一瞬间能扑向火，为了追求光和热，作者希望自己也能像飞蛾一样，即使在生的时候不能拥有光和热，在死的一瞬间也要得到光和热，而且他希望整个世界都是温暖的，整个世界都能被光明所覆盖，这样的一个美好的愿望寄托在了这样一只小小的昆虫身上。

师：好的，谢谢！你不光说了第一段，把第五段也都说了。其实，飞蛾扑火它也没想到巴金会赞美它，但是，巴金把它和夸父逐日一样地去评价，去赞美，可见在他们两者身上是有共同的精神值得巴金去赞美的：获得光和热。

生33：我很欣赏飞蛾，我喜欢许嵩的《飞蛾》。这首歌告诉我：不管你的坚持是对的还是错的，只要坚持，你就应该走下去。我觉得我就像一只飞蛾。飞蛾追求的其实是一种信念，作者的追求也是光和热，作者希望能在死的时候得到他所想要的。我觉得这就是一种贞洁的追求。就像李清照写的"生当作人杰，死亦为鬼雄"，只要他坚持自己的信念，即使他死了他也不在乎。

师：是的，这里讲的是一种坚持力。席静雅坚持相信飞蛾的坚持，也觉得巴金欣赏的是它的坚持力。是不是也有这么一份深意：我们要学会坚持。好，你还有补充。

生34：第三段说，"生命是可爱的。但寒冷的、寂寞的生，却不如轰轰烈烈的死"。我觉得巴金可能生活在寒冷的、寂寞的世界里,但他依然向往这样的光和热,所以,他希望改变这个世界,哪怕付出自己的生命也不在乎。

师:表达了这么一种情怀:虽然我生在黑暗当中,但我不愿寂寞地死去,我希望自己是轰轰烈烈的。正如刚才季威廷同学所说的"特殊的年代"。确确实实,是这样的一个年代,我们来齐读一下。

(屏显)

"特殊的年代"

这两篇短文写于四十年代初期,当时抗战正进入一个比较艰苦的阶段,中国大地正遭受日本帝国主义的蹂躏,这正是最黑暗的死寂的时期。为了中华民族的独立和生存,千千万万不甘做亡国奴的人们,拿起武器,走上战场,志士仁人们为了祖国光明的未来而不惜牺牲,全国人民都在企盼胜利的到来。

师:志士仁人们拿起武器走上战场。巴金先生也拿起武器走上战场,他的武器是——

众生:笔。

师:走上怎样的一个战场?

生:文学的战场。

师:是的,文学的战场!我们都知道,巴金,是现代文学史上著名的文学家之一,他更是一位反帝反封建的战士。他的追求不是在那两个晚上才有的,他曾经说过这么两句话。

(屏显)

"生的目标是什么? 是丰富满溢的生命。一个人的生命应该为他人放射,在必要的时候还应该为他人牺牲。"

"让我做一块木柴吧。我愿意把我从太阳那里受到的热放散出来,我愿意把自己烧得粉身碎骨给人间添一点点温暖。"

师:他说过,"生的目标是什么? 是丰富满溢的生命。一个人的生命应该为他人放射,在必要的时候还应该为他人牺牲"。我们来理解一下他的木柴情怀。

生(齐读):"让我做一块木柴吧。我愿意把我从太阳那里受到的热放散出来,我愿意把自己烧得粉身碎骨给人间添一点点温暖。"

师:是啊,所以他要学飞蛾,但是飞蛾扑的是灯火,巴金可不愿仅仅扑灯火,巴金要扑——

众生:太阳。

师:巴金要扑太阳,要扑日球。言为心声,文字是表达作者的心的。读

第三部曲 课堂演绎

195

文就是读心。所以,不管是《月》也好,还是这篇《日》也好,《日》《月》这两篇文章都表达了同一个心意。

(屏显)

日月同心

"忧郁而热情的青春气息"

师:有人这样评价巴金散文的特点,我们来齐读一下。

(屏显)

"对光和热的赞美,对生命力的赞美,对探索者和殉道者的赞美,对漫漫长夜和严冷寒夜的憎恶,这就是巴金散文中反复出现的四组意象系列,这构成了巴金散文忧郁而热情的青春气息。"

(《论巴金建国前的散文创作》)

师:这两篇文章颇能代表并传达出这样的"忧郁而热情的青春气息"。你们能不能结合相关语句说:我在这儿读到了一种忧郁的气息,我在这里读到了一份热情的气息。请结合句子来说一说。

生35:我找到的是最后一段中的"倘使有一双翅膀,我甘愿做人间的飞蛾"。从这一句话我可以看出,其实巴金并没有一双翅膀。他想为人间做点贡献,可是他并没有那种能力,所以我觉得这句话体现了巴金的忧郁。

师:哦,你读出的是忧郁——我为什么没有翅膀啊?好忧郁。这句话也许除了忧郁,更有一种热情。我们一起来齐读这句话。

生(齐读):倘使有一双翅膀,我甘愿做人间的飞蛾。

师:这种热情被大家读出来了,飞蛾要扑火呀。好,继续来说。

生36:第五段的最后一句话,"我要飞向火热的日球。让我在眼前一阵光、身内一阵热的当儿,失去知觉,而化作一阵烟,一撮灰"。

师:读慢一点。你都要化为烟,化为灰了,还要那么快啊?

生36:我觉得这一段写出了作者急于飞向火热的日球的一种……一种热情。即便化作了一阵烟,一撮灰,但他得到了眼前的一阵光,身内的一阵热,他已经很满足了。

师:好的。"化作一阵烟,一撮灰"不仅仅是热情,更有牺牲精神。

生37:我觉得第八课短文两篇把《日》和《月》放到一起,就正好体现出了巴金散文的"忧郁而热情的青春气息"。首先,在《日》里面,我觉得他又说夸父又说飞蛾,就体现了他的热情和执着,愿意为光和热而放弃自己的生命。而在《月》中,又体现出了那么一种忧郁和无奈,写出了他不愿死在这种寒冷寂静的环境中。所以,这样两篇文章放在一起就更体现出了他寄托的深意和别样的心情。

师:夏苏璠同学很聪明啊。他理解了教材的编者把这两篇文章编到一起的用意。既有忧郁的,也有热情的,但更是青春的,要报效祖国,要走上战场的气息。我们来小结一下。在《月》里,月给我们的感觉是——

生:凄凉的,寒冷的。

师:凄凉的、寒冷的(板书:寒、冷),作者的态度是改变它们。(板书:改变)《日》给我们的感觉是——

生:温暖的、火热的。

师:(板书:光、热)作者的态度是追求。(板书:追求)一冷一热,一个忧郁,一个热情,都表达出他的青春的梦,青春的追求。(将板书连为三角形)这个追求就是——

(学生看板书,迷惑。)

师(笑):(板书:明)

(学生恍然大悟。)

师:明亮的生活,明丽的人生。我们来读一读作者一辈子的追求。

(屏显)

感受情怀

"光明,这就是我许多年来在暗夜里所呼叫的目标,它带着一幅美丽的图画在前面引诱我。同时惨痛的受苦的图画,像一根鞭子在后面鞭打我。在任何时候我都只有向前走的一条路。"

"以文字为武器,在作品中生活,在作品中战斗。"

"以文字为武器,在作品中生活,在作品中战斗。"

师:我想我们能够理解作者的追求。把最后两行读得慷慨激昂一些。

(生齐读课件。)

师:像巴金一样生活,像巴金一样战斗! 下课。

教学后记

关键词:难点突破

我选定巴金的短文两篇《日》《月》作为市级公开课,主要因为这篇课文可参考的资料实在是少之又少,连人教社的《教师教学用书》上都没有对《月》的解读。我的目的只有一个:利用公开课磨砺自己的文本解读能力和独立的教学设计能力,于是在很多人的不理解中毅然决然地选择了这一课。

文本解读没有捷径,就是读,反反复复地读,读进去,再读出来。读出作者,再读到自己,最后在还原作者意图中超越自己的原初理解。我反复阅

第三部曲 课堂演绎

读,在教材上阅读、勾画、笔记;把它打印出来阅读,一有空就拿出来咀嚼、品读。不参考任何的资料,我写出四千多字的解读稿。在后来的备课中再不断地充实和丰富先前的理解。有了独立的解读做保证,设计就有了底气。

第一次的设计,我首先考虑的是两篇短文的教学如何以不同的方式呈现;其次,我还关注学生的活动形式和学习方法。我把整堂课设计为三个部分:以读促解学习《日》,以写促解学习《月》,联读赏析学《日》《月》。可是,按照这样的方案在自己班级上课的时候,问题就出来了。

《日》的演读环节,学生根据提示进行演读,因为要看着屏幕,还得一下子弄清角色安排,所以,读起来一点都不流畅,更别谈要把作者的丰富情感表现出来了。其次,研读环节,让学生找最能表达"寄托着深意"的语句,这个话题可能是有问题的。而我预设的文本解读都是围绕我认为的这个"之最"语句展开的。此教学环节的推进过程很艰涩,导致后面的内容全都受到了严重的影响。另外,两篇文章的难易情况不同,然而教学中我几乎是平均用力的,所以,出现了重点不突出的问题。

反思时,那节课后一个学生说的话重回耳畔:"老师,我经过讲台时看到你的教案上写的'日是理想,月是现实',我就突然懂了这两篇文章了。"

是啊,日是理想,月是现实,难点在《月》这一篇,为什么不从它开始突破呢? 一旦理解了《月》传达的是作者对寒冷死寂的现实的思考,就能很容易地明白作者愿意化作人间的飞蛾去扑向火热日球的那份情怀了。

于是,我推翻了原先的整个教案,从学生学习难点的突破、学习能力的提高的角度重新设计教学方案。

《月》的教学关键是要引领学生理解,作者在"凭栏望月"时的那份"别样的心情"。这到底是怎样的心情,文章在第四段有具体的呈现。其他语段更多的是直接说月给人的印象,诸如"凉月""明镜""死的光""冷得很"等,而第四段用情景交融的手法细腻地表现了"面对凉月"时"我"的"这感觉"。于是,我把挖掘第四段的作用作为一个独立的板块,设置了话题"因为有了第四段",带领学生从内容、结构、语言、情感等多角度来理解此段的作用。角度是多维的,答案是不唯一的,因此学生能够有话可说。

以写促解这个环节在试讲过程中没有用过,一来受时间影响,二来担心学生一时写不出来。但这是训练学生写情景交融的一个好的契机,弃之实在可惜。于是,课前作为预习作业布置下去。让学生根据对文意的理解,也写一段表现月下孤独、凄清、寂寥、悲伤的情绪的文字,要做到情景交融。这样,在教学中,既节省了时间,也可以让学生在当时进行修改。更重要的是,因为有了完成的文字,课堂上我突然就有了让学生互相欣赏的念头,让学生阅读周围同学写的文字,并推荐和朗读别人的文字。从课堂的效果看,这个环节可谓是一堂课的亮点。

课文学习导语中的"特殊的年代""寄托着深意""别样的心情"是我教学这一课时的钥匙。学生已经感受过我对课文学习导语的重视和运用,所以在分析文本时,学生很聪明地就联系到学习导语来加强理解。充分利用教材的好习惯在许多学生身上已经养成。

两篇文章是前后两天写成的,它们都表达了作者的那份情怀、心思。"日月同心"环节,我摒弃了原先设计的写作手法的总结而改作专门用来理解作者情怀。读文就是读人,就是读另一颗心,所以要走近巴金,理解他的那份"忧郁而热情的青春气息"。把巴金散文的"忧郁而热情的青春气息"作为理解这两篇短文的"同心"无疑是最合适的,可以让学生联系具体语句感受巴金的"忧郁""热情"和"青春"。这一环节的设计巧妙地将两篇文章关联起来,也更加深入到文本内部。

评点

从精彩走向有效
——评点柳咏梅老师《＜短文两篇＞教学实录》

丁卫军

柳咏梅老师执教的这一节巴金的《短文两篇》,很值得玩味。有很多课录,是读一遍就有话可说的,可是这一次我遇到了读王君的《老王》、读熊芳芳的《寒风吹彻》一样的状况,几次三番地研读、玩味,迟迟不敢下笔,真怕是辜负了这样的好课。与王君、熊芳芳一样,柳咏梅老师也是当下语文界中"有想法"的女教师,也是个性鲜明的"这一个"。

柳咏梅老师的课的鲜明个性在于,对文本拿捏的分寸尺度。柳咏梅老师喜欢琢磨教材,把这一篇课文放在初中三年的六册书中,放在这一年级的这一本书中、放在这一本书的这一单元中去琢磨,这似乎已经成为她的一种习惯,这也是她常常把课文解读得合乎课程、合乎教材、合乎作者、合乎这一课的法宝。她有着一般教师往往不太在意的课程意识。仅仅关注课堂教学,不在乎教材、不在乎课程的文本处理或课堂教学,常常给人琐碎、偏狭之感,就是出新了,就是出彩了,细细琢磨,总感觉多了那么一点牵强,少了那么一点自然。

你看柳咏梅老师的课堂导入,巧妙地抓住了"课文前的导读语""这一段

第三部曲 课堂演绎

文字中,你觉得有哪几个短语可以帮助我们更好地去理解这两篇短文"。看似无足轻重的一问,就一下子打开了学习本课的切入口。体悟作者在那个"特殊的年代"寄托的"深意"和"别样的心情",就构成了这一节课的主问题,提挈全课。在通览柳咏梅老师的其他课例时,我们会惊讶于她对教材的研究,就单说对"导语"(无论是单元导语,还是课前导语)的研究,像她这样如此精微、如此系统的,在全国怕是难找到第二人了。这也是她的课堂教学设计精巧、课堂生成精彩、课堂开掘精深的基础。现在的很多课,足见教者的文化底蕴,足见其文本解读的独到视角。但是,在其解读不能不说有高度,不能不说实现了多元之余,似乎游离了"这一篇""这一课",也似乎少了那么一点语文味。这在柳咏梅的课堂几乎是看不到的,这也正因了她对文本拿捏的分寸尺度。她始终坚持创新,但首先坚持守正,守语文之正,守文本之正。

柳咏梅老师的课的鲜明个性在于,善于选点启智、激发精彩生成。选好点的前提在于,教者善于发现文本教学的价值。就像一个老到的掘井人,拥有一双慧眼,找到适宜的开掘点,深挖下去,引来汩汩甘洌的清泉。作者到底在《月》中表现了怎样的"别样心情"呢? 这显然是学习本课的重点之一,也是难点之一。柳咏梅老师在文本的研读中,智慧地抓住了文本第四小节的教学价值,以体悟作者面对冷月时的感觉为抓手,开启学生的智慧,激发学生的思考。点选好了,如何用好,这更是对教者教学机智的考验。"因为有了第四段……"这一话题的设计,为学生走进文本深处打开了一扇窗,让学生有话说。这似乎还不够,那么说什么,怎样说得有条理,说得更集中?柳老师顺势教给了学生说话的角度:"可以从内容、结构、语言、情感等角度来讨论。"话题设计新颖精当,讨论话题多元开放,保证了学生有话说、会说话,依据文本说得有理有据有创意,用语文的方式教语文,师生互动,生生对读,在智慧的碰撞中,向文本理解的"青草更青处漫溯",让我们看到了课堂"对话"的摇曳多姿,课堂焕发出生命的活力。

文本价值的最大化,进一步彰显了教者的教学智慧。还是这个第四小节,可谓是情景交融的典范。柳老师引导学生又往前走了一步,试着把自己在月下的感受写出来。不仅是由读而写,读写结合的推进,更是由"读文"到"读我"的推进。

月光是白的,煞白的。月,这颗已死的星球,似乎有一种神奇的力量,在夜晚便铺下它那天罗地网,所有的事物皆逃不出这魔障,大到参天古木,小到微虫细物,皆是惨白。返景入深林,复照青苔上,并不是这样的。不,月不是柔情的,不是。像那厚厚的霜一样,月是冰冷的。

"小时不识月，呼作白玉盘。"关于月的观赏与幻想，好像总是在遥远的幼年。那时的天真填满了寂寥的月球上那一个个环形山，那时候的稚气包裹着月外的一圈皎洁的光。有时，我在宁静的黑夜望着明月，她也静静地望着身下的一切，雪白的光遮住了星星，洒进无边无际的黑暗中，这样宁静的对望让我快乐，仿佛自己的心飞翔在月光中，满足地享受着那"白玉盘"里飘来的清香。我会想象那香气是源于姮娥孤单的桂树，通过夜晚的月光与地上的人们问候。当我又抬起头时，那白玉盘一样的月却仍一片空白，让我去想象。哦！"小时不识月，呼作白玉盘。"

孤立地读这样的文字，你也许不会想到是出自初二的学生之手吧。因为有了巴金的文字示范、情感渲染，学生笔下的月也似乎多了一种"别样"的意境、"别样"的情绪了。学生在"读我"中更加深切地感受到作者在那个"特殊年代"的"别样心情"。

柳咏梅老师的课的鲜明个性在于，让学生的学习看得见。柳老师始终坚持这样的理念：让学习看得见，看得见的不仅是学习的结果，更是学习的过程。只有学生真正地投入到"学"之中了，才会有如此精彩多元的理解和体悟。

师：……从这两个例子（夸父逐日、飞蛾扑火）来说，作者一反人们平时用的角度，反而来欣赏他们、赞美他们，这里面有深意：赞美他们不怕牺牲。

生32（潘悦嘉）：我觉得虽然有人贬低夸父，说他很傻，但是也有人赞美夸父的。可是飞蛾扑火这个词却一直作为贬义词来用的。而飞蛾，这么小的一个昆虫，这么平凡的一个昆虫，作者居然让它和夸父并肩，一同得到作者的赞美，我想这是很不容易的，这是为什么呢？是因为作者觉得，飞蛾在最后一瞬间能扑向火，为了追求光和热，作者希望自己也能像飞蛾一样，即使在生的时候不能拥有光和热，在死的一瞬间也要得到光和热，而且他希望整个世界都是温暖的，整个世界都能被光明所覆盖，这样的一个美好的愿望寄托在了这样一只小小的昆虫身上。

师：好的，谢谢！你不光说了第一段，把第五段也都说了。其实，飞蛾扑火它也没想到巴金会赞美它，但是，巴金把它和夸父逐日一样地去评价，去赞美，可见他们两者身上有共同的精神值得巴金去赞美的：获得光和热。（环视）席静雅的手是举还是不举的？（生举手）

生33（席静雅）：我很欣赏飞蛾，我喜欢许嵩的《飞蛾》。这首歌告诉我：不管你的坚持是对的还是错的，只要坚持，你就应该走下去。我觉得我就像一只飞蛾。飞蛾追求的其实是一种信念，作者的追求也是光和热，作者希望能在死的时候得到他所想要的。我觉得这就是一种贞洁的追求。就像李清

第三部曲

课堂演绎

201

照写的"生当作人杰,死亦为鬼雄",只要他坚持自己的信念,即使他死了他也不在乎。

柳老师的话并不多,但始终注意从文本中来,贴近学生的思维,为学生的思维走向深入做铺垫。这一组师生对话中,我们可以清晰地看到学生在老师的点拨下生发出的精彩。学生的发言,跟我们常见的公开课最大的区别至少有两点:一是学生出口成句成段,不是一个词一个词地蹦出;二是学生发言角度多样,有自己独到的见解,丝毫没有人云亦云的教参味。这正是得益于柳咏梅老师日常教学的有效训练:一是言语表达的形式训练,二是言语表达的内容、角度的训练。

教师的课堂言语行为就是学生言语行为的最佳示范。柳咏梅老师深谙这一点。有人质疑说,柳老师的 PPT 呈现出的"因为有了第四小节……"的小结文字有蛇足之嫌。君不知,正是这样的小结,在课堂张弛有序中让学生的精彩走向了有效。在教师的规范表达的引领下,培养了学生规范表达的能力。我们在课堂上看到的也许只是学生学习结果的呈现。有效的结果,我们可以清晰地看到学生的学习过程,看到学生日常的学习习惯。

柳老师的课堂实现学生真实有效的学习的另一个有力的武器,就是及时地帮助学生搭建支架,精心选择助读资料,相继铺垫。本节课中,柳老师适时交代了作者的写作背景,及时地告诉学生作者生的目标和木柴情怀。学生借助这些教学凭借,对夸父逐日、飞蛾扑火的意蕴有了更加深刻的理解,更好地达成了学生的阅读视野与教师的阅读视野以及作者的写作意图的大融合。

我们在惊艳一节课的精彩的时候,需要我们去思考,是教师教的精彩,还是学生学的精彩,是教师预设的精彩,还是学生生成的精彩;更重要的是,我们还要去思考,如何让精彩的教学更好地走向有效的教学。

柳咏梅老师这一节巴金《短文两篇》的教学给了我们很好的启发。

(丁卫军,南通市通州区育才中学高级教师,江苏省语文特级教师,南京师范大学、江苏师范大学特聘硕导,出版《小丁教语文》,主编《二十位中学语文名师经典课例实证研究》。)

以读带析　感受诗意

——《金色花》课堂实录

时间:2010 年 12 月 23 日。

地点:无锡梅里中学。(无锡新区金军华名师工作室教研活动展示课)

师:生活中人们经常给花赋予一些含义,牡丹象征富贵、玫瑰代表爱情。这叫花语。这是雪中的红梅,你有怎样的印象?

(PPT 呈现一组图片)

生:坚韧不拔。

师:这是什么花? 象征什么?

生:康乃馨,象征幸福,献给母亲。

师:这是百合,和和美美。

师:最后是菊花,有什么含义?

生:坚强不屈。

师:其实这就是花语,花是会说话的。金色花,它有怎样的花语呢? 今天这节课我们就来听听金色花的花语。我们先认识一下金色花,它是菩提树上的花朵。

(PPT 呈现金色花的图片)

(PPT 呈现)

金色花,印度圣树,即菩提树上的花朵。菩提树是印度的国树,被称为幸福树。金色花在印度受到大人、小孩的喜爱和敬重。

(生齐读。)

(PPT 呈现菩提树的图片)

师:金色花是菩提树上的。菩提树是什么样子的? 它生长在印度、斯里兰卡等热带地方,它和榕树是一个科类的。有同学见过菩提树,以为它是榕树,巨大的树形,这是根,这是枝干,这是它星形的叶子,确实很像榕树。这就是金色花。我们先了解一下作者泰戈尔。

(PPT 呈现)

泰戈尔,印度诗人,作家、社会活动家,被誉为印度"诗圣",是印度国歌的作者,他的创作对印度文学的影响很大。1913 年获得诺贝尔文学奖。代表作有《飞鸟集》《新月集》《吉檀迦利》《园丁集》。

（生齐读。）

师：《金色花》选自《新月集》。郑振铎先生翻译的《新月集》第一版本的序言中有这么一段话。

（PPT呈现）

远望《新月》

《新月集》把我们"带到秀嫩天真的儿童的新月之国里去。我们只要一翻开它来，便立刻如得到两只有魔术的翅膀，可以使自己飞翔到美好天真的儿童国里去。而这个儿童的天国便是作者的一个理想国"。

（生齐读。）

师：从这段话里，你读到新月与儿童的关系了吗？为什么把这个诗集命名为《新月集》？

生：儿童就像新的月亮，很有朝气，它的特点是秀嫩天真。

师：在作者的眼里，儿童就像天上新的月亮，美净、天真、秀嫩，儿童的世界就是理想的世界。儿童的世界到底是一个怎样的世界呢？通过《金色花》以及其他作品，我们也许可以感受到泰戈尔心目中的儿童世界的特点。其实，在写《新月集》的时候，作者正处于人生最悲苦的时候：1902年泰戈尔的妻子病逝，第二年他的一对子女夭亡，这对一位41岁的中年男子来说真是非常沉痛的打击。但是，泰戈尔就是泰戈尔，他没有让自己沉沦、抑郁下去，而是写诗，写儿童的诗歌，写生活的诗歌，把爱播撒出去。所以，他的诗歌里面充满了对生命的爱，对儿童的爱，对自然的爱，对一切的爱。我们一起来欣赏《金色花》。先齐读全文。

（PPT呈现）

赏金色花

　　朗读

　　　读出画面

　　　读出形象

　　　读出情感

（生齐读全文。）

师：评价一下，刚刚我们读得怎样？

生：我觉得还算是比较好，读出了一点感情，读出了孩子的天真。

生：感情有点到位，读出了母子之间的真情。

师：在哪里？你再读一下，这是一种怎样的真情？

生：第9段"你到哪里去了？你这坏孩子。我不告诉你，妈妈"。读出了母亲孩子之间的依恋,母亲的着急。

生:我觉得我们缺少一点天真调皮的语气。这篇课文写孩子天真、调皮、捣蛋,他故意变成金色花,让他母亲找不到。

师:这是对同学们高的要求了。大家读得这么顺溜,咬字这么清晰,真的很棒了!要想读得更好,文章解读完了就会读得更棒的。下面,同学们选读一段你最喜欢的,待会儿交流,说说你为什么选这一段?为什么这样读?

(生自由读最喜欢的一段。)

师:你最喜欢的一段话是?

生:“孩子,你在哪里呀……我在那里一声不响。”因为这一段中,有孩子的焦急,有母亲对孩子的爱。

师:请你读出这种焦急。

(生再读。)

师:听出了他的焦急吗?(范读“孩子,你在哪里呀!”)读得焦急一些。

师:这一段重点写焦急呢还是写“我”呢?再读,读出“我”的偷笑。

(生再读。)

师:怎么可以处理得更轻快一点,让我们能够想象出一个孩子躲在树叶里匿笑?怎么样的笑叫匿笑?同学们笑一下。(学生笑)一边笑一边捂嘴,几个同学都是这样。这样吧!我去找你,你试着偷笑。每个同学读一读这句话。我读“孩子,你在哪里呀”,你们齐读“我暗暗地在那里匿笑,却一声儿不响”。

(师生配合读。)

生:我读的是第一段。(读)这一段写了小孩天真活泼。

师:再活泼一点,读出天真。

(生再读。)

师:“你会认识我吗?”这里面有得意,要读出活泼感。

生:“当你黄昏时拿了灯到牛棚里去,我便要突然地再落到地上来,又成了你的孩子,求你讲故事给我听。”读出孩子的天真,浓浓的真情。

师:这段的孩子是一个怎样的孩子?

生:天真、可爱,跟母亲有着浓浓的真情。

师:怎么看得出来?整篇文章我们都可以看出天真可爱,在这里的特点呢?

(生再读。)

师:那应该怎样求妈妈才会答应呢?“便要突然地再落到地上来,又成了你的孩子”,小机灵鬼又回来了。“求你讲故事给我听”,怎么读呢?我的

第三部曲

课堂演绎

年龄可以做你的妈妈了。这样吧,我们俩试着演读一下。

(生再读。)

师:这一句表现的不是简单的天真活泼,而是撒娇。不改变原文,请你再撒娇一次。

(另一生再读。)

师:啊呀! 我不得不讲故事了! 女同学把撒娇读出来了。把"又成了你的孩子"再读读看。

(生读。)

师:这下孩子的撒娇味就完全出来了。此时此刻,他和妈妈要达到怎样的情感共鸣呢? 我们在读的时候要读出味道,还可以读出画面,读出形象,读出其中的情感。好,我们继续读书。

生:我喜欢读第三段"我要悄悄地开放花瓣看着你工作"。"悄悄"体现了孩子的调皮,故意看着妈妈工作,不让妈妈找到他。

师:请你把"悄悄地"读得再悄悄一点。

(生再读。)

师:再慢一点,读出悄悄的、静静的感觉。

(生再读。)

师:"悄悄地"读轻一点。像这样,"悄悄地开放",虽然"我"藏起来了,但离"你"不远,陪着"你"一起工作,这里面要读出孩子的体贴。继续,还有其他段落吗?

生:我读第八段"你到哪里去了,你这坏孩子"。读出妈妈的着急,找不到孩子。

师:你读得再着急一点。

(生再读。)

师:有点着急了。"你到哪里去了,你这坏孩子。"仅仅是着急吗? 还有其他味道吗?

生:还有妈妈的一种惊喜。因为妈妈一天找不到孩子,现在突然出现了,所以有种惊喜。

师:请你读出惊喜的感觉。

(生再读。)

师:这两位同学读出了妈妈的两种感觉:一种着急,一种惊喜。其实,还不止这两种。待会儿我们再探讨。我们读出了这么活泼可爱的孩子。第四、五段,谁来读一读?

(生读第五段。)

师:纠正你的字音,膝盖的膝应读"xī",不读"qī"。接着说。

生:这句话表现了小孩子变成金色花,想让母亲知道又不想让母亲知道的矛盾心理。

师:又想让你知道又不想让你知道,还要帮帮你遮光的这种矛盾感,要读出来。我们读出了画面,读出了情感。真正的情感在哪里呢?我们通过这样的问题来思考:孩子为什么要变成金色花,而不变成其他的花朵呢?结合我们刚才读到的母子之间的深厚情感,结合我们对金色花的了解,同桌相互说说"他变成金色花,是因为……"

生:首先,金色花是印度的圣花,又是印度人景仰的一种花,他变成金色花,很有乐趣。

师:一是它是圣洁的,二是金色花是小碎花,隐藏在树叶当中,不容易被母亲发现,便于小孩子调皮地和妈妈捉迷藏。

生:我觉得,因为金色花是印度的圣花,在他的眼中,母亲也是圣洁的,所以就想变成金色花。

师:能送给母亲的唯有金色花这样圣洁的花,也只有这样的花才配得上圣洁的母亲。

生:因为作者的母亲每天要坐在小庭院祷告,在窗前读书,变成金色花,可以时刻陪伴在母亲的身边。

师:与母亲相伴。这是一首散文诗,诗歌中的"我"一定是作者吗?文中的"我"不是作者,指的是孩子。

生:因为金色花是圣洁、幸福的象征,孩子变成金色花,是想让母亲幸福。

师:多好的孩子,要让母亲幸福,这是孩子美好的祝福。

生:首先是因为圣洁;其次金色花是金色的,金色代表珍贵,他觉得他和母亲的时光是珍贵的,所以,要变成金色花。

师:珍贵的回忆。泰戈尔作为丈夫、父亲有这样的遭遇;作为儿子,他也有这样的遭遇,在他很小的时候,母亲去世了,所以,这里面也折射出作者的心理,在追怀母亲。

生:金色花,是印度的圣花,是大人、小孩喜欢的花,作者说孩子变成金色花,躲起来捉弄母亲,说明母亲对孩子的爱。

师:爱是相互的,大人喜欢金色花,小孩也喜欢,我变成金色花,你当然也喜欢我。同学们的解读都很漂亮,把观点集中起来,就是金色花在这里的含义。变成了金色花,为什么不告诉妈妈呢?齐读最后两段。

(生齐读。)

第三部曲 课堂演绎

师:下面请女生扮妈妈,男生扮演孩子,我当旁白,分角色朗读。

(PPT呈现)

"你到哪里去了,你这坏孩子?"

"我不告诉你,妈妈!"

这就是你同我那时所要说的话了。

(师生配合朗读。)

师:为什么又不告诉了?"这"指代什么?请同桌讨论交流。

生:"这"指代我与母亲说的话,"你到哪里去了,你这坏孩子","我不告诉你,妈妈"。

师:"这"指代的是一问一答,这一问一答就是当时所说的。还有什么呢?还可能指代其他吗?

生:"这"指代的是,以前孩子让母亲告诉他在哪儿,母亲曾经说过不告诉你。

师:此时此刻有可能?

生:有可能是孩子不告诉,妈妈问孩子的时候,孩子也会说不告诉你。

师:倒是很有趣的理解。会不会是母子两人同时说这句话的情景呢?我们一起来试试看。请一个男同学试一下。

师:你到哪里去了,你这坏孩子?

师生:我不告诉你,妈妈。

师:你到哪里去了,你这坏孩子?

生:我不告诉你,妈妈。

师:两种方式,两种感觉,能体会出来吗?当我俩说"我不告诉你,妈妈"的时候,你所认识的妈妈是一个怎样的妈妈?

生:了解孩子。

师:是啊,我太了解你了呢,咱们是默契的。如果我用追问的语气说"你到哪里去了,你这坏孩子"。那种焦急、抱怨就全出来了。其实,妈妈这一天根本没找孩子,我们从文章里看"找了吗"?看到你回来,突然蹦到我面前,"你这小东西,又到哪儿玩了一天,又出来逗我""你到哪里去了,你这坏孩子",我就知道你要说"我不告诉你,妈妈"。所以,我也脱口而出:"我不告诉你,妈妈。"这就叫默契。我和我儿子经常这样,站在镜子面前时,他会说:"小矮子!"因为他现在比我高了。后来,只要我俩在镜子面前,我俩就会脱口而出:"小矮子!"为什么?这就是我们母子之间的了解、理解、默契。如果我很认真地说"干吗,你干吗骂我小矮子",(生笑)那就不好玩了。所以,我们可以理解"我不告诉你,妈妈"是同时说的。何以见得呢?我们看英文原版。

（PPT 呈现）

"Where have you been, you naughty child?"

"你到哪里去了,你这坏孩子?"

"I won't tell you, mother." that's what you and I would say then.

"我不告诉你,妈妈!"这就是你同我那时所要说的话了。

师:"you and I",你和我,同时。你对我用"to me"。两人同时说,这样更有情趣一点。

师:我这次备课的时候,发现我用的书和你们用的书版本不同。这篇《金色花》文字上也有不同之处。怎么回事呢?下面我们进行比较阅读。我读我的课本,你看你的课本。把你听到的和你书上不一样的地方迅速标志出来。比较一下,哪儿好,哪儿不好?

（PPT 呈现）

听一听,圈出两个版本文字上的不同之处。

比一比,说一说,两个版本效果有何不同。

（师范读全文。）

生:第一段有"变了"和"变成了"的不同。我觉得"变了"好一些。

师:我"变了"一朵金色花,我就像魔术师,可以"变了"一个,又"变了"两个。我却还是我。"变成了"是指我成了金色花。所以,"变了"是有歧义的吧? 还有哪些不一样的地方?

生:"笑哈哈地在空中摇摆",我听到的是"笑嘻嘻地"。我认为,"笑嘻嘻"好一些,"哈哈"表示大笑,"嘻嘻"可以指偷笑。如果是"哈哈"笑就会被发现。

生:下面段落中有"匿笑"这个词。"笑嘻嘻"是甜美的,匿笑。这里用"笑哈哈"是有问题的。笑哈哈是大笑,虽然妈妈不知道哪朵花是孩子,但也一定知道有动静呢。"笑哈哈"没有"笑嘻嘻"有味道。

生:我的书上是"母亲,你会认识我吗",老师读的是"妈妈,你会认识我吗"。我觉得用"母亲"好。

师:"妈妈"不亲切,"母亲"更亲切吗?

生:"妈妈"是日常生活的口语,"母亲"是书面语。

师:生活中一个孩子当然用口语来称呼妈妈,在生活中一般不会用"母亲"。虽然两个词所指的是一个人,但是,翻译成"妈妈""母亲",感觉是不一样的。

生:我书上的是"在新生的树叶上跳舞",我听到的是"在新叶上跳舞"。我觉得"新生的树叶"好一些。

师:"新叶"和"新生的树叶"的区别是什么呢?

第三部曲

课堂演绎

生:"新生的树叶"是指刚长出来的树叶。

师:那"新叶"呢?是很早就长出来的?

生:没有"新生的树叶"新。

师:没有新生的那么新?"新生的树叶""新叶"语义上有区别吗?"新叶"比"新生的树叶"更简洁,这是诗歌用词的特点。至于你说"新生的树叶"是正在长的小芽,和"新叶"有很大的区别,我觉得不是很重要。关键是从诗歌的角度来讲,语言应更精练更优美。

生:我听到了"小小影子",我书上的是"小影子"。

师:叠词,更符合儿童语言的特点。叠词在文中很多,如笑嘻嘻、悄悄、暗暗、小小,都是儿童语言。"小小"更可爱,更活泼一点;"小影子"只是强调大小。我们不是一定要比出哪个版本更好,而是要学会辨析、体会词语的细微区别。比方说"母亲"与"妈妈",两个词情感的亲近程度是不一样的。第一段还有,"长在树的高枝上,笑嘻嘻的在空中摇摆,又在新叶上跳舞"。你们说在哪儿跳舞啊?对啊,"在风中""在空中"摇摆,其实是在半空中,但感觉不一样,为什么?"在空中摇摆"是自己摇摆,跳的是摇摆舞。"在风中摇摆"是被风吹的,有可能是风把人吹得摆动。空中摇摆,孩子的活泼可爱的味道就出来了。刚才我们用比较两个版本文字的不同来品析了散文诗的语言,很有意思。

师:泰戈尔的作品值得我们好好去品味,尤其是他的《新月集》。下面我们一起欣赏《新月集》里的一个小作品《花的学校》。

(PPT 呈现)

连读欣赏:《花的学校》

一起分享你最喜欢的诗句吧!

(生阅读材料。)

生:最后一句,"我自然能够猜得出他们是对谁扬起双臂来:他们也有他们的妈妈,就像我有我自己的妈妈一样"。侧面写出我和妈妈的爱。

生:"树枝在林中互相碰触着,绿叶在狂风里萧萧地响着,雷云拍着大手。这时花孩子们便穿了紫的、黄的、白的衣裳,冲了出来。"对颜色的描写,写出了花的色彩,生动形象。

师:用花们穿着衣服的颜色来表现花的缤纷。用"冲"字来表现什么呢?

生:表现急着找妈妈的情态。

生:"他们关了门做功课,如果他们想在散学以前出来游戏,他们的老师是要罚他们站壁角的。"这句话写得真实,特别有童真。

师:这句话是作者的想象,把花想象成做作业的孩子。

生:"于是一群一群的花从无人知道的地方突然跑出来,在绿草上狂欢

语文教学三部曲——解读、设计、演绎

地跳着舞。"用拟人手法,生动形象地写出了花的活泼,很有童趣。

师:回答得很规范,有手法、效果、特点。文中这样的句子还有很多。我们能不能通过这些文字感受到泰戈尔在作品中表达的爱的主题呢?

师:《金色花》,表达的是母子生活中的童趣、理解、快乐、默契、幸福。尤其是母子俩同时说"我不告诉你,妈妈",母亲也是很有童真之心的。这篇文章既是泰戈尔家里生活的再现,可能也是通过作品来怀念亲爱的妻子、儿女,祝福他们在天堂有更好的生活。我们用这样的板书,把金色花的花语表达出来。

(同时板书,完成花型的板书。)

师:这部作品通过金色花,通过塑造一个孩子为母亲遮阳光,为母亲祝福,像一个天使一样散发幽香陪母亲祷告来表达一个中年男子对亲爱的妻儿的怀念、祝福。我们生活中要多一点童心,孩子们要这样,大人也要这样,这样我们就会发现生活中的诗意。课下大家可以再读读《新月集》中的其他作品。

(PPT 呈现)

课外阅读:

《榕树》《告别》《小大人》

《恶邮差》《同情》《英雄》……

师:屏幕上的是一朵勿忘我,这是我送给大家的礼物。下课。

生:老师再见。

教学后记

关键词:选准角度

《金色花》不是表达母爱的,也不单纯是表达孩子对母亲的爱的。结合作者泰戈尔的生活经历,我所读到的是一个中年男子对亲爱的妻儿的深切怀念。文中表现的情境,也许是泰戈尔自己小时候和母亲之间的故事,也许是泰戈尔妻子和孩子之间曾经有过的,也许是泰戈尔希望天堂里的妻儿就是这样的相处,更是泰戈尔所希望的普天下的母子的温馨故事。正如每一种花都有它的花语一样,金色花也是有它的独特的花语的。花语?对,就以花语为切口进入课文教学,整堂课以花语为线索,在苦思冥想之后,我为自己的这个角度和发现而欣喜。

从课堂效果看,由四幅精美的图片导入到"花语"是行得通的,开课即给课堂创设了美好愉悦的氛围。

作者的个人经历作为背景资料,补充的时机比较合适、恰当。备课时只预

第三部曲

课堂演绎

设了第一个资料,在教学过程中,分析文末的那两句人物语言时我又临时补充了泰戈尔自己小时候的经历,感觉很有必要,对深入理解文本背后的意义很有帮助。这一个小生成提示我们:教师广泛的阅读就是教学的最好背景资料。

朗读要"读出画面,读出形象,读出情感",对这篇文章是合适的:不强调朗读技巧,而关注朗读要出效果。"为什么要变成金色花"这个主问题推进得比较好。严格地算来,全课的教学只有这一个提问,但是,这一个问题是关键的,对后面的话题的理解是起了铺垫作用的,对"花语"这个教学中心是起着扶衬作用的。

比较阅读环节,是我这一课教学设计的亮点和创意。第一个孩子分析"变了"和"变成了"的区别时,我见他说得不到位,又一眼看到了讲台上的塑料花,于是机智生成,拔了几枝花儿下来,通过动作让他区分出了"变了"与"变成了"的不同效果。虽然,最后我也表达了这个活动不是在强调哪一个版本好,而是让他们通过对比阅读来体会散文诗语言的特点,通过比较品析来培养他们的语感,但是,我对人教版的充分肯定,一定也流露出教师话语的强势倾向了。

末两段的教学,我觉得推进得还是有点艰难的。现在想来,与我关注的点过偏过窄很有关系。完全可以直接让学生"感受末两段表现出了家庭生活怎样的情趣",可是我却在"这"字的指代上追究得太深,以至于这一教学环节推进得相当生涩,耗时较多。也许,在合适的时候,我干脆点白了也不是坏事。这篇文章单独看,似乎并没有什么理解上的难度。理解的时候也许可以更简约些,只要呈现两种理解就可以了。反思设计这一环节根本的动机可能还是在这一点上:真正理解泰戈尔创造《金色花》、写作《新月集》的真实情感目的。这就是作者的意义吗? 文学就是人学,读文学作品就是读人的情感,读作者的那个内我,最终是读读者自己的情感。这一目标对初一的孩子来说也许深了吧。学生经验和学生体验是走近文本的前提、基础,他们不可能有泰戈尔的经历,情感同理也许很难。但是,他们的生活可能有泰戈尔笔下的情境,我希望他们真正用心去读懂作者笔下的生活内容,更去理解一个普通男子的朴实的、真挚的、细腻的情感,学会感受、学会理解、学会感动、学会情感,最终与作者同在。

教学设计时曾经想过及时板书的,可是在实际的教学中,当我感觉到第一个板书的最佳时机已经过去的时候,我改变了主意。所以,在最后的归纳和总结时,我扣住"花语"这个中心线索,把文章里流露出来的泰戈尔可能的情感都提炼出来,然后说:"读完这篇文章,我们也许可以用这样的一些词语来总结《金色花》的话语内涵了。"用红笔写字,用黄笔描图,于是,一朵饱含丰富爱意的花朵呈现在黑板上。孩子们看到我的这一幅别致的板书图时,那闪亮的眼神和微笑让我知道,他们会记住这节课。

最后,向孩子们和听课老师们表示感谢时,我的 PPT 上呈现的是勿忘我花的图片。这是我真实的心理感受。谢谢你们,所有的孩子和老师们!谢谢你们与我一起共享了这一节语文课,与我一起共度生命中的这一短暂而美好的时光。

评点

让语文课堂成为一首诗
——评点柳咏梅老师的《金色花》

金军华

泰戈尔的散文诗《金色花》,清新自然,想象丰富,语言秀丽,除了表现母爱,也表现了孩子对母亲的依恋之情。

《金色花》有着诗一样的结构、诗意的语言、诗一般的意境与内蕴。柳老师的课堂如行云流水,美不胜收,就像一首美妙的诗。

一、诗一样的结构

上课伊始,柳老师先以四幅精美的图片导入,引出"花语",同学们一起倾听"花语"……一开课即创设了温馨愉悦的课堂氛围。接着探讨金色花独特的"花语"含义,并以此为切入口进行课文教学,以"花语"为中心线索。

之后,柳老师让学生读课文,在一次次的引导点拨下,学生诵读的味儿有了,足了;这样再进行品读,便水到渠成。末了,柳老师引导学生探讨本文作者泰戈尔先生的命意,从"依恋""默契""童趣""快乐""幸福"等角度展示了那份如"金色花"般的爱,又用花的造型完成了板书,妙不可言。最后,柳老师推荐《新月集》中的其他篇目,让学生受了一次文学的滋养。

柳老师的课结构巧妙,"助读、铺垫""诵读、点拨""品读、研讨""比读、玩味""扩读、延伸",它们环环相扣,有效推进了课堂教学。大环节中还有层进的小环节,如在"诵读、点拨"环节中又分别提出"读出画面""读出形象""读出情感"的细致目标。这样,各环节间逻辑关系紧密、照应巧妙、丝丝入扣,让师生渐入佳境。

二、诗意的语言

《金色花》的教学中,柳老师用诗意的语言征服了学生,征服了与会的各位老师,无论是开场激发学生自信心的话语,还是引导点拨的话语,抑或启迪学生热爱生活、珍视诗意的总结语,都展示出她纯熟的语言魅力。在这样

第三部曲 课堂演绎

的课堂上,学生的语文素养定能潜滋暗长。

三、诗一般的意境

柳老师的课非常注重营造诗一般的意境。柳老师在让学生诵读时,特别关注他们的情意表达。如学生在读"笑嘻嘻地在空中摇摆,又在新叶上跳舞""我不告诉你,妈妈"等语句时,柳老师极力让学生揣摩诗中人物的心理与情感,鼓励学生一次次地尝试,从而领略涵咏之妙处。在充分的蕴蓄后,柳老师让学生齐读,短短的十几分钟指导,孩子们的诵读已颇具情味。

柳老师授课语音柔和、自然,犹如春风拂面。在她的调动下,课堂的学习氛围很快就渲染了出来。这是一篇充满爱的文字,这又是一个洋溢着爱的课堂,文字中的温情和柳老师与学生间的温情,在课堂的问答、阅读、思考、朗读中流淌、缠绕。

四、诗意的朗读

在柳老师的课堂上,朗读形式多样:"齐读""跳读""教师示范读""理解文意读"……通过深入地读、个性地悟、开放地谈,文章的优美与深刻慢慢浸入心底。可以说,学生在读书、感悟之后再各抒己见,就是个人情感在朗读过程中得到升华的极佳表现。

最富匠心的是她安排了"比读"环节。她通过对苏教版《金色花》与人教版的文本进行比较,让学生谈谈"两个版本有哪些不同,找出一处来,说说你更喜欢哪个版本的语言,为什么"。在比读中,学生各抒己见,将独特的见解展示出来。柳老师巧妙地将"应把握书面语与口语的区别,应追求语言的简洁,应注重语言的情态,应关注语言的照应关系"等语文常识寓于学生的研讨中,让他们自主发现,少了刻板与说教,添了几多乐趣。这一活动不在于比较两个版本的优劣,而是试图让学生通过比读进一步体会散文诗语言的特点,培养比较分析的能力,增强语感。

好的语文课,应该可感、可闻、可说。柳老师紧紧地扣住文本,多次让学生去品析、辨别、体验、感悟。在读文章时,她让学生去读出焦急、读出偷笑、读出撒娇……读出画面、读出形象、读出情感……一次又一次的朗读,让学生真正得以走进了文本,达到了教师、文本、学生三者的和谐交流,情感流淌。

让语文课堂成为一首诗,这也许是柳老师这堂课里所体现的最鲜明的教学追求。

(金军华,江苏省无锡市梅里中学高级教师、副校长,江苏省语文特级教师,出版专著《追寻诗意的教育》。)

语文教学三部曲——解读、设计、演绎

生成中尽显教学能力

——中考复习课上的精彩

教学过程及感受

快要中考了。下午的试卷练习课,我们仍然坚持课前的美文听记交流活动。

十一班的张同学语文课上背诵了一篇《父之殇》。文章写的是大地震中的一个父亲的故事,很多同学听记交流的时候都是含着泪的。我想把这篇文章也推荐给四班。除了作为美文积累以外,我发觉这篇文章还可以用来出许多典型的中考阅读题目。

我认真地将文章读完。

教室里很安静。

我看到了不少学生眼里已满含晶莹的泪花。

我说:"也许大家有很多想法。我们先根据文章出几个题目做做。"

我即兴出了以下几个题目。

1.第一段的含义和作用分别是什么?

2.体会文中细节的作用,如很温柔、始终微笑;抱着、坐着;一朵野花。

3.如何理解父亲的那一声大叫?

4.为何补充介绍武警战士说的那个情况?

5.如何理解文章末段的作用?

6.试体会文章短句语言风格的作用。

7.说说文章标题的含义。

(感受:课堂教学能力1,开发教学资源的能力。充分利用身边的教学资源,把学生提供的美文作为中考阅读材料即兴出题,这些题目涉及中考阅读测试的多个方面。)

然后,我们对以上问题做了交流。

刚开始学生发言有点拘谨,不主动。

"请猜谜:把你的手伸出来,再握一下。打一个词。"我看似随意地说道。

"掌握。"几个学生答道。

"是啊,掌握。机会就在你面前,就看你愿不愿意伸出手了。把你的解

第三部曲 课堂演绎

答说出来给大家评判,这是一次多好的机会啊。"

于是一只手举起来了。

(感受:课堂教学能力2,引导和铺垫能力。能够根据课堂教学现状,做灵活机动、活泼自然的引导。)

我们一个题目一个题目地交流。交流中,通过关注题目、强调答法、理清思路,努力引导孩子们学会答题,而且答满分。

几个题目交流后,我以为差不多了。

这时,角落里举起一只手。

这是一个平时上课不太听课的孩子。

他说:"父亲的那一声大叫,压抑了三天。也许他觉得儿子希望自己的父亲保持镇静。所以他后来才发泄。"

尽管他的回答从考试的阅读题角度看,不是很好。但是他能参与、主动举手表达自己对这一题的解读,至少他融入了我们的课堂,至少他走进了文章,走近了人物。课堂上,他态度的这一改变很让我感动。这或许是这篇文章的魅力,我更相信这是语文课的魅力。

(感受:课堂教学能力3,尊重学生的表达。给每一个孩子关注,相信每一个人都是一座富矿。)

另外一只手也举起来。

这个男孩以前的性情不好,这个学期有了不少改变。近来,他变得稳重、细腻、容易被感动了。他说:"父亲在最后把一朵野花放在儿子身上,这是父亲对儿子爱的表现。野花是坚韧的,尽管儿子已经不在人世,但是父亲希望儿子在另一个世界里也能有野花一样的品质。"

说到这儿,他哽咽了,眼睛红红的,坐下。他擦擦眼睛,望向窗外。

我说:"孩子,不要刻意掩饰自己的情感,有泪就让它流吧。我们能在一起交流,能被一篇文章感动,这是多么美好、幸福的事情。我喜欢你们被感动时的样子。此时你们是多么纯真、善良、可爱!"

我补充道:"野花也是美丽的,不论我们的生命如何,我们都要开出我们的生命之花。"

(感受:课堂教学能力4,理解学生的内心。要用心用情理解学生,用爱让自己与学生的心同一频率跳动。每一颗心灵都有最柔软的角落。)

后排两三个学生的手同时举起。

一个是常发言的女生。一个是难得认真听课,常常会破坏课堂的男生。

我请了那个男生。(为平时常常被忽略的孩子搭建平台,因为他在参与课堂。这一点对他是很不容易的! 我理解一个孩子有表达和被关注的愿望。)

他说:"野花是一个信物,父亲把野花放在儿子身边,是希望儿子知道父亲永远在他的身边,父亲的爱一直在追随着他。"一个平时不懂事又经常捣乱的孩子很认真地说出这些话时,带给我们全班的是震撼和感动。全班同学情不自禁地为他鼓掌。他羞红了脸,坐下。一直到下课,他都很认真地参与到课堂活动中。

(感受:课堂教学能力5,针对不同学生,创设不同平台。让学生尤其是平时常被忽略的学生有一种被关注、被肯定的快乐感、幸福感。)

旁边的女生补充道:"野花是不被人注意的,但是有坚定的追求、坚韧的信念,不管别人是否注意,都要开花。"

我说:"是的,即使没人注意我们,我们依然有我们生命的追求:开花。"

我们师生在交流中,越来越清晰地、深刻地理解了这位父亲。

压抑了三天,不说一句话。如果在儿子永远离开他以后,他还是能那么保持平静,我们真的不太能理解他了。前面几天不论怎样,挖出儿子之前是充满希望的;后来挖出的儿子尽管已经变形,搂着儿子那也还是相拥相依的;但是,这一次,是真正的生离死别了,再也见不到儿子也没有与儿子有关的希望与寄托了。我们完全能够理解他的这一声"穿云裂石的大叫"。这一声大叫,与前面三天的缄默形成强烈的对比,叫出了一个父亲内心强大的苦楚,叫出了一个父亲巨大的悲恸,使这个父亲的形象一下子就立体起来。这才是一个有血有肉的父亲,这才是一个有灵有性的父亲!

(感受:课堂教学能力6,文本解读能力。这是语文教师的基本能力,更是教师个人对生活的感悟能力。)

同学们的眼神、表情都告诉我,他们能够深深地理解这个"没有人知道他是谁"的父亲。他们的目光柔柔的、亮亮的。

我告诉学生:"语文,是要让我们通过读懂文字来理解人的。文学,即人学。我们去读懂故事、把握形象、理解作者,这一切的原点和终点都是为了我们自己。作为一个人,从这些作品中我们参悟人生道理,学得人生智慧,来走好自己的人生道路。"

我说:"我希望不论如何,我们心底里都应该留有我们本能的善良和悲悯情怀。善良与悲悯是我们之所以为人的一大特征。人只要能被打动、被感动,被美好的情感濡染,情商一定不低,今后一定能成就一番事业。"

下课铃响了。

学生还要发言。

征得同学们的意见后,大家表示要继续交流下去。于是,我们心甘情愿地甚至是快乐地延迟下课。

(感受:课堂教学能力7,利用学科特点对学生进行大教育的能力。除了

第三部曲 课堂演绎

学习本学科的知识以外,各学科都有对学生进行做人教育的义务和责任。说到底,就是人的教育。)

最后我说:"看得出来,这节课,我们上得很舒畅。我们没有做指导书上的任何一个题目,但我们通过这篇文章,借助即兴编的题目把散文、小说阅读的能力进行了综合训练。更重要的是,我感觉到我们这一节课师生们都非常和谐地处在一个特殊的情境中。这个情境就是我常说的一个字——"学生马上齐声接到"场"!"是的,在这个场里我们通过文字进行了一次那么有意义、那么和谐的交流。我们理解了父亲,更重要的是我们理解了人。这是一篇文章带给我们的收获,我们收获了语文课给我们的幸福。"

学生们也纷纷表示他们对这节课的热爱,还提醒我,还有两个题目没交流呢。是啊,还有两个题目没交流。明天继续吧,继续我们幸福的语文课!

(感受:课堂教学能力8,诗意地总结课堂的能力。让学生学到语文知识、获得语文能力,更收获人生的智慧。)

附录:学生听记故事的原文

父之殇

有一种痛,即使许他日月星辰,也照亮不了泣血的心。

这是来自地震现场人员的讲述。一个父亲从5月12日下午就开始挖,用手,一个人挖,什么话都不说。默默地挖,很快双手就流血了。他没有注意,只是不停地挖。后来武警战士来了,看他那么惨,双手指甲掉光了,让这个父亲别挖,他们帮他挖。他不说话,一个人继续挖。于是武警和他各挖各的。

挖了三天三夜,不吃东西,偶尔喝点水。从不说话,不哭也不叫。

第三天夜里挖出来了,他忽然笑了,很温柔的笑,但是他的儿子已经变形了。

他叫上武警一起,抬开预制板,把儿子挖出来,轻轻放在地上,找来水和纱布,给儿子擦身子和梳头。很轻,很温柔,他始终微笑,武警看到都要哭,又不敢劝他。

擦完,他就把儿子抱起来,坐着,两个人,父子。坐了一夜,也不和别人说话,偶尔亲亲儿子。

天亮了,运尸体的车来了。他拿了一个尸体袋,把儿子装进去。别人要帮忙,他都拒绝了。然后,抱起装儿子的袋子,把儿子抬上车。这时候,他突然大叫一声,那种穿云裂石的声音,在场的武警都以为他疯了。上去拉他,他很快平静了,说:"我没事。"

他把儿子放好后,跳下车,抓了一朵野花,放在装儿子的袋子上,说:"儿啊,爸爸再送你一程。"然后,关门,目送车子离去,一个人转身走了。

武警说,他两个食指的第一节骨头都没有了。

故事完了。

谁也不知道他是谁。

教学后记

关键词:教学能力

这一节课,我很是喜欢,因为它是灵动的,它创造了没有预设的精彩。中考复习期间,突破了一味地死做题的课,既有积累又有训练更有升华的课是难得的、更是有意义的。喜欢这节课,还在于,它磨炼和检测了我平素的教学能力。

课堂教学能力在教师的能力结构中处于核心地位,因为它是完成教学任务的直接工具,直接决定了课堂教学质量水平。它也是教师各种素质水平的集中表现,它更是教师的职业能力。

我刻意在教学实录中,对各个教学环节中表现出的教学能力做了提炼,是想让自己更加清楚教学能力的表现形态,以鞭策自己更加努力。

这一节特殊的课中,以下的教学能力也许值得重点关注。

1. 开发教学资源的能力

中考复习课,是师生都不喜欢的课。很多时候几乎所有学科的课堂都已经成了试卷的天下,做卷子讲卷子,再做卷子再讲卷子。如何在中考复习时还能让语文课散发出语文应有的味道,这离不开教师用心地思考和经营。本节课将学生提供的美文直接作为语文阅读复习的材料,把听记故事这个特色活动和中考复习很自然很巧妙地结合起来,开发了中考语文复习课上的新资源。课标要求,"让学生直接接触语文材料",只要是能对学生的语文学习、情感品质发展有帮助的材料都可以拿来使用。从课堂效果来看,这篇课外文章发挥了很大的作用。这也给我们带来一个新的思考和收获:我们尽可能创造条件让学生去直接占有广泛的语文材料,这既扩大学生的阅读面、增加阅读量,更让他们觉得出试卷不是多么神秘的事情,减轻对考试的畏惧感,让学生用积极的心态面对考试。

2. 利用学科特点进行大教育的能力

我的课堂教学追求一定的"情境场"。因为,只有在一个和谐的"场"里,所有的成员才可能敞开心扉真诚交流。而创设"场"需要教师有独特的观察力、敏感的捕捉能力与机智的调控能力的。

情感教育离不开素材。用怎样的素材,在何种情况下进行教育就有很

第三部曲

课堂演绎

219

大的讲究了。最重要的一个条件是,学生是否真正是这个教育活动的主体。语文对人的情感教育、思想品质的影响是潜移默化的,而又是永恒的,因为它用独特的材料——文本与独特的方式——渗透来影响人的精神和灵魂。

文章由学生选择,且文章先感动了学生自己,在一个特定的心灵交流的情境中文章自然也会感动其他人。当所有在场的人的心都被这篇文章激发,每一颗心都发出同样频率的波动时,强烈的共鸣便形成了,一个巨大的心灵磁场也就产生了。每一颗心都是友好地、真诚地向他人敞开的,愉悦地接受着他人发自内心的表达。这是语文课区别于或者说超越于其他学科课堂教学的优势所在。在这样的"场"里进行情感教育、思想教育、道德教育,便会取得显著的效果。所以,我们语文教师应该着力培养自己充分利用语文学科的特点对学生进行大教育的能力,发挥语文课堂的独特魅力,多创造、多利用、多享受语文课堂上的"情境场",实现语文的多重教育功能。

3.应对复习和考试的能力

中考是一次正规的选拔考试,但不能算一个学生初中生活的全部目的。为了这场考试,如何组织复习、积极备战,取决于教师对中考的认识。语文教师要有独立设计阅读题的能力和技巧。这一节课上,现场编制的题目,涵盖了中考语文阅读题的多个角度、多个内容,如理解人物形象、体会重要语段、体会典型细节的作用、把握文章中心、赏析语言等题目,都是典型的考题。多进行这样及时生成的训练,教师的教学能力、学生的学习能力自然都会得到提高。

如何让学生在繁重的中考复习中还能感受到语文的魅力、学习的快乐,是每一个语文教师应当思考的重要问题。要把最后阶段的中考复习做得有声有色,既有考试训练,又能呵护学生的学习热情;既是语文学习,又不忽略学生情感的需要和表达,这要求语文教师必须得加强课堂教学能力的培养。

教师具有了多种必需的课堂教学能力,才会游刃有余,课堂也才会充满机智和灵动。

评点

磁力 张力 功力
——评点柳咏梅老师的中考复习课

郭志明

这是一堂很见语文老师功力的课。中考语文复习课常常给人"鸡肋"的感觉,没有这种复习课不行,但这种课对学生语文水平的提高、应试能力的增强到底有多大的意义,谁也说不清楚。关键是语文老师要通过这种复习课让学生在完成建构的基础上能有感有悟,真正形成语文方面的某些素养,练就语文方面的某些功力,并内化为自身的语文能力,无论阅读、写作、做题,都能得心应手、左右纵横。柳老师的这堂课是有这样的境界的,她把中考语文复习课上得这样有磁力、有张力,让人不得不佩服她这位"语文人"在课堂教学所体现出来的卓越的教学功力。

一般的语文老师总是习惯于根据教材备课、上课,很少有人能拎起一篇文章稍作阅读就能面向学生开始教学的。柳老师与众不同。另一班上有位张同学在语文课上背诵了一篇文章《父之殇》,写大地震中一个父亲的故事,很多同学听记交流的时候都是含着泪的。她感觉到文章很美,便推荐给自己的班,并作为中考阅读材料即兴出题,和学生上起了中考复习课。教学过程中,柳老师感情的蕴蓄很及时,情感的宣泄很自然,通过自己的朗读很快就感染了孩子,让他们眼含泪水,学生瞬间就走进了作品深处。阅读理解时,她出的几道题都是典型的中考阅读题目,这些题目涉及中考阅读测试的多个方面,有梯度,成系统。这足以显示出她作为一名优秀的语文老师非凡的教学功力:利用身边的教学材料,把学生提供的美文作为教学内容,按新课标的要求"让学生直接接触语文材料",只要是能对学生的语文学习、情感品质发展有帮助的材料都可以拿来使用,这是教学资源的开发能力;根据文本内容迅速地梳理归纳、提纲挈领,这是文本的解读能力;题目设计系统、科学,题目分析准确、有条理,这是命题解题能力;引导学生阅读理解,充分顾及各层面学生的学习倾向与能力,让每一个孩子都得到应有的发展,这是课堂的设计与组织能力……我们曾经惊叹于魏书生老师执教示范课不是带着预先准备好的教案去开课,而是上课前征求学生意见,学生点哪篇课文他就教哪篇课文。这说明他对课文的钻研已很到位,每一篇课文是什么、怎么教都在他的心里。而柳老师似乎更有发展潜力,随便点一篇文章,稍作准备就可以即席执教。之所以能够突发奇想,创新构思,上出一种全新的中考语文复习课,让学生获得一种不同寻常的语文享用,靠的是深厚的积淀,靠的是独特的悟性,这正是我们广大一线老师最需要不断锤炼的语文教学的基本功。

我们都非常欣赏语文老师善于利用生成资源实施教学的能力,这看上去是对语文老师教学智慧的肯定,其实质是对他们先进的教学理念的欣赏。一切的教都是为了学,教师教的水平再高,没有学生主动积极的投入,就不会有真正的教学效益。所谓课堂教学生成资源多,其实就是学生学的积极性充分调动起来了,学生在课堂上真正成为主人了,主动参与、主动思考、主动行动、主动表达,所以才有那么多的"意外",才有那么多的"惊喜"。优秀的老师如果真的把学生看作是学习的主体，他就会欣喜地抓住这些"生成"，把学生学习的"胃口"吊起来，让他们更积极地投入学习，有想法、有发现、有争论、有探究，从而跃上新的台阶。柳老师执教，她那么关注学生，不仅关注每一个孩子的表情、眼光，让每一个想表达的人都有表达的机会，她尤其重视那些平时并不怎么听讲甚至是有很多缺点的学生，像"一个上课不太听课的孩子"、一个"以前的性情不好，这个学期有了不少改变，变得稳重、细腻、容易被感动"的男孩、一个"难得认真听课，常常会破坏课堂的男生"等，柳老师诱导他们的思维，激发他们的情感，让他们在课堂上充分地享有学习的权利。这不只是柳老师作为一个优秀教师具有卓越的教学智慧，更重要的是她的心里有学生，她的教学就是要让学生"学"，而且是让不同层面的孩子都有思考、表达、讨论、辨析的权利和机会，从而促使他们都有不同程度的进步。这足以说明她的学生立场，她把"学生第一"真正找到落点，新课改倡导的教学理念在她的课堂上变成了现实。

语文教学要追求过程的流畅、教学目标达成的完美，这其实还是一种基础的要求。柳老师的教学流程当然也是"间关莺语花底滑"，非常的圆润熨帖。但听她的课，你会发现，她追求的绝不只是设计精巧、推进顺畅、师生配合默契，而是努力创设课堂教学那种独特的有情境、有魅力的"场"，让老师和学生非常和谐地处在这一特定的"场"中。正像李海林老师所说，"师生都沉浸在自己的世界中，但似乎有一条线，将教师的世界和学生的世界沟通起来。外人很难进入他们的世界"。在课堂上，柳老师和孩子们即兴编题，通过文字进行了一次那么有意义、那么和谐的交流，通过交流，他们理解了父亲，感悟到人性，同时，学生散文、小说阅读的能力又得到了综合训练。这样的课堂教学，是情与情的交流、心与心的碰撞，师生在轻松、快乐的一路行走中不断地撷取果实，收获着语文带给他们的幸福。柳老师把这样的课堂理解为"利用语文学科特点对学生进行大教育"，在这样的课堂上师生的心"都被这篇文章激发，每一颗心都发出同样频率的波动时，强烈的共鸣便形成了，一个巨大的心灵磁场也就产生了"。在这样的场景中，语文教学就不只是语言文字的教学，而是以语言文字为载体，融情感教育、思想教育、道德教育、文学文化教育等于一体的大语文教育，具有多重的教育功能。学生得到的自然是综合的、立体的、复式的语文的感悟和技能，他们也就能尽享语文学习的独特魅力和滋养。

一线的语文老师只要送过毕业班，自然上过无数的中考语文复习课，这些课的呈现方式往往是资料、试卷主宰课堂，学生做题，老师讲题，把复习课上得很无趣，所以对学生没有吸引力。老师也不喜欢。柳老师的复习课则是一种全新的尝试，给人耳目一新之感，原来中考语文复习课还可以这样上:不用现成的资料,直接用学生提供的美文作为语文阅读复习的材料,把听记故事这个特色活动和中考复习很自然很巧妙地结合起来,复习材料"现炒现卖";教师现编阅读训练题,师生共同研讨;设计的内容无不关乎中考,题目都是典型的考题,理解人物形象、体会重要语段、体会典型细节的作用、把握文章中心、赏析语言等,涵盖了中考语文阅读题的多个角度、多个内容;训练的过程不是机械烦琐的,而是让所有的学生都参与,十分注重课堂的生成……这就让学生不感到中考语文复习的无趣、无聊,而能轻轻松松,在繁重的中考复习中感受到语文的魅力、学习的快乐,又在快乐中获得语文的感觉、应试的技能。这样,中考复习最后阶段的课堂就显得有声有色,既有考试训练,又能呵护学生的学习热情;既是语文学习,又不忽略学生情感的需要和表达。这与纯粹以应试为目的的复习课截然不同,是一种全新的中考语文复习课堂,是能真正调动学生复习热情并让学生通过复习能真有收益的语文课堂。如何在中考复习时还能让语文课散发出语文应有的味道,如何创造条件让学生去直接占有广泛的语文材料,扩大学生的阅读面、增加阅读量,更让他们觉得出试卷不是多么神秘的事情,减轻对考试的畏惧感,让学生用积极的心态面对考试? 柳老师的探索具有典型意义,为中考语文复习课创造了一种新课型,引出了一条新路子。

　　总体而言,这堂课根据教学内容、课堂走势、学生学情,很流利地推进,上得清新自然、顺畅圆润、行于当行、止于当止。但或许是过于注重教学的"顺",所以就有点"顺其自然"之嫌:课堂教学预设的目标和任务没能够有计划地全部完成,课堂教学的重点、难点的把握有失偏颇,课堂教学的整体性不够强,这些就导致学生就这堂课没能形成一个相对独立、整体的建构,这是语文复习课的一种忌讳,自然也是这堂课的一个缺憾。常态的课堂教学,老师一定要强化整体意识,每堂课都要让学生在优化语文素养的基础上,完成某一方面的知识和能力的建构,促进课堂教学效益的真性提升。

　　(郭志明,南通市通州区教育局副局长,江苏省语文特级教师,江苏省有突出贡献中青年专家,出版《语文课堂教学优化艺术》《有效教学操作论》等多部著作。)

第三部曲

课堂演绎

依体而教报告文学

——《罗布泊,消逝的仙湖》课堂实录

时间:2012 年 3 月 29 日。

地点:南京浦口石桥中学。(浦口区教研活动示范课)

(正式上课前。)

师:我们来了解一下同学们的预习提问。大家提问的含金量很高。我选其中的一部分念给大家听听。

1.造成生态环境破坏的深层原因是什么?

2."悲剧并没有止住",在文中的作用?

3.全文在结构上有什么特点?

4.本文是一篇报告文学,它的报告性和文学性分别表现在哪里?

5.文章的题目有什么作用?

6.第十四段"罗布泊消逝了"简短的一句话,为什么让它独立成段,有什么意图呢?

7.作者写这篇文章的用意是什么?

8.全文在表达上有什么特点?

9."此时此刻,我们停止了说笑。那一片巨大的黄色沙地深深地刺痛着我们的心,使我们个个心情沉重。"这句话有什么作用?

10."罗布泊还能重现往日的生机吗? 我问自己。"为什么作者说"我问自己"?

11."这出悲剧的制造者又是人!"为什么这句话要单独成段?

12."这出悲剧的制造者又是人!"作者为什么要用"又",这表达了怎样的情感? 在文中的作用是什么?

13.胡杨就是最美丽的树的意思,在这里为什么要写到胡杨呢?

14.本文是否只是为了警醒人们保护生态,有没有更深一层的含义呢?

15."'泊'字左边是三点水啊!"为什么要单独成段,有什么好处?

16."号称千年不死的胡杨林啊……又像是向谁伸出求救之手!"用了什么修辞手法? 有什么表达效果?

17."悲剧并没有止住。同样的悲剧仍在其他一些地方上演。"这句话怎

224

么理解?

好,这些都是我们同学提出的有代表性的问题,也是我们这节课需要面对的、一定要解决的问题。希望同学们互相帮助,解决所有的问题。

(师生问好。)

师:今天,我们一起来学习第十二课,课题是——

生(齐读):《罗布泊,消逝的仙湖》。

师:很好,声音响亮。我们打开书,看课文的学习导语,即正文前的方框里的内容。我们来齐读,同时思考:在这一段文字中,哪一个词最能概括这一段话的内容。

生(齐读导语):罗布泊曾经是美丽的仙湖,牛马成群,绿林环绕,水如明镜。20世纪70年代,仙湖消逝了,罗布泊从此成了一个令人恐怖的地方。是谁造成了这样的悲剧?

师:声音响亮又整齐。读书的时候,还可以坐得端正一些,让你的气质昂扬起来。哪一个词可以概括这一段的内容呢?(生七嘴八舌地小声说)声音大一点儿地说。

生1:消逝。

师:"消逝"可以概括这一段话的内容? 还有呢?

生2:悲剧。

生3:"美丽"更好。

生4:曾经。

师:在刚刚说的几个词中,我们来挑一个,看它是否能把这一段的内容概括进去。

众生:悲剧。

师:为什么?

生5:"罗布泊,由仙湖变成了恐怖的地方",这是一场悲剧。

师:是啊,罗布泊这仙湖消逝了,变成了恐怖的地方,这是一场悲剧。我们从语言文字的角度看,"是谁造成了这样的悲剧"?"这样"指的是什么呢?就是前面两句话呀,前面两句话就等于"悲剧"。"仙湖""消逝""悲剧",请把这三个词圈出来。

师:这篇文章从文体上看,属于哪一种文体?

生6:科学小品。

师:从哪里知道是科学小品?除了科学小品,其他同学还知道它是什么文体?

第三部曲

课堂演绎

生7:说明文。

生8:报告性文学。

师:到底是什么呢? 我们要学会利用课本的边边角角来帮助我们理解。请看书下注解1。

[生看注释1:节选自《善待家园——中国地质灾害忧思录》(《2001年中国最佳报告文学》,漓江出版社2002年版)。标题是编者加的。]

师:知道了吗?

生(齐答):报告文学。

师:这是我们遇到的一个新的文体。什么叫报告文学呢? 报告文学兼有新闻和文学的两种特点。刚刚同学们的提问里就有:这篇文章的报告性和文学性分别表现在哪里?

(屏显)(生齐读)

报告文学,兼有新闻和文学两种特点。

新闻要求真实性,叙述事实、列举数据等都要真实可靠,如文章涉及的调查研究、实地考察、查阅资料等。

文学要求艺术加工,比较讲究形象性、抒情性,如对胡杨、荒漠的生动描写,看到荒漠时的情感抒发等。

师:很好。这是一个新的知识点。请大家在课题旁边写下"报告文学"这个短语。再写上"真实性""形象性""抒情性"。我们要养成一种习惯,每遇到新的知识点,我们都应该记下来。

师:这节课,我们将围绕"报告"和"文学"这两个词来学习这篇课文。

师:看课文,有同学提出,课文题目有什么含义? 其实,课文题目就是全文的内容。(1)罗布泊;(2)曾经是仙湖;(3)消逝了。

师:下面我们一起去观赏仙湖。

(屏显)

观仙湖

组编:

勾画相关的描写语句,组编成一段话,展现"仙湖"美景。

(师巡视,了解学生情况。)

师:好。同桌交流吧。

(师巡视,了解同桌交流情况。)

师:下面全班交流。我们这个任务主要在哪几段中完成?

生(齐答):四到八段。

师:没错。一定要有这样的敏感,既然是描写仙湖的语句,那就不用在

226

后面的荒漠部分寻找了。

（生共同找出这几段中的描写语句。）

（屏显）（生齐读课件）

在遥远的过去，那里是牛马成群、绿林环绕、河流清澈的生命绿洲。有绵延不绝的绿色长廊；丰富的水系滋润着万顷绿地；映入眼中的是遍地的绿色和金黄的麦浪。

罗布泊像座仙湖，水面像镜子一样，在和煦的阳光下，不远处几只野鸭在湖面上玩耍，鱼鸥及其他小鸟欢娱地歌唱着……

师：如果用课前导语中的一个短语来说，这一部分写的是——。

生（齐答）：美丽的仙湖。

师：作者对"美丽的仙湖"，是有一种赞叹之情的。在这一部分内容中，有没有一句话，让我们能够体会到作者是在"赞叹"呢？

生9：罗布泊，"泊"字左边是三点水啊！

师：你能不能试着读出这种赞叹之情呢？

（生读，师指点。）

生（齐读，深情地）：美丽的仙湖。"泊"字左边是三点水啊！

（屏显）

美丽的仙湖。

"泊"字左边是三点水啊！

师：读得非常好！这一个"啊"把赞叹之情抒发了出来。请大家在这一段的旁边写上"赞叹"。

师：小结一下，这第一部分描述了仙湖美景，作者发出赞叹："泊"字左边是三点水啊！

这一部分主要用的表达方式是叙述和描写。当然，更多的是用了想象的手法。如作者不可能随着张骞一道出去，而是通过历史资料，发挥想象写的。看，我们已经解决了同学的一个提问：文章的表达方式上的特点。

师："泊"字左边是三点水啊！"泊"字左边是不是一直都有三点水呢？罗布泊是不是一直有水呢？

（师板书：泊。）

生（齐答）：不是。

师：后来呢？

生（齐答）：少水了。

（师板书：沙。）

师：再后来呢？

第三部曲

课堂演绎

生:没有水了,成了沙漠了。

(师板书:漠。)

师:成了沙漠,也就是"莫"有水了。是不是? 汉字多美呀。(指着板书讲解)原来有一片白茫茫的水域的时候叫"泊",水少了就是"沙"了,再莫有水了就是"漠"了。整篇课文呈现的就是:罗布泊从有水到沙漠的过程。

师:好。我们来了解仙湖的消逝过程。

(屏显)

叹消逝

1. 提炼:概括罗布泊消亡的原因。

2. 结合具体语句说说文章所表现出的"报告"的特点。

师:我们通过提炼的方法来了解罗布泊消逝的原因。速读相关语段,把原因读出声来。

(师巡视了解,相继点拨。)

师:大家一起来解决这个问题:罗布泊消逝的原因。

生10:盲目用水、盲目截水、盲目引水、盲目抽水,即"四盲"。

师:"四盲"概括得很好。还有其他原因吗?

生11:人口数量激增。

师:确实是一个不可忽视的原因。还有补充吗?

生12:人为改道塔里木河。

师:非常好。三个同学把我们好多同学提出的问题都解决了。是什么原因造成罗布泊消逝了的呢? 塔里木河人为改道、人口激增和"四盲"。同学们已经在书上圈划出了。这就是一种好习惯。

师:我们再看这部分,能不能结合具体的语句来说一说文中所表现出来的"报告"的特点呢? 还记得我们刚才介绍的"报告文学"具有的"报告"的特点吗?

生(齐答):记得。要有"真实性"。

师:文章有哪些地方表现出了真实性的?

生13:《汉书·西域传》《亚洲腹地探险八年》和《西域水道记》。引用了三本书。

师:通过这三本书来介绍罗布泊的一些历史情况,这是其"真实性"的一个表现。还有吗?

生14:塔里木河全长1321公里,是中国第一、世界第二大内陆湖。据《西域水道记》记载……1921年,塔里木河改道向北流入孔雀河汇入罗布泊……三个村庄的310户村民逃离家园……1958年,塔里木河流域有胡杨林780万

语文教学三部曲——解读、设计、演绎

亩,现在已减少到 420 万亩。列数据。

师:文中用了大量的数据,表现了几十年间水库建了很多、用水很多,这都是关于报告性的特点。这部分中,用了大量的真实的数据呈现和史书的记载呈现。当然后面还有,如第 15 段"金秋十月,我们",第段节里"我们沿塔里木河向西走出",第 21 段中"再向前,我们到了",这些语句是通过介绍行踪、用人物的活动来呈现了这种真实性。刚刚有同学提问:既然文章在第 14 段已经说了"罗布泊消失了",然后在下面抒发感慨就是了,为什么从 15 段到 20 段,都写了胡杨呢? 胡杨是"最美丽的树"的意思,为什么一定要写胡杨呢?

(屏显胡杨林图片。)

师:这一片能叫胡杨林吗? 这最前面的是一株枯死的胡杨。看到旁边有那么多树,我们就知道,这里曾经确实是一片胡杨林。胡杨是一种生命力很强的树,有人说,它一千年不死;即便死了,死后一千年不倒;倒下,一千年不朽。

师:三千年的生命啊! 咱们中国人太厉害了,太凶残了。多少年就让它死透了?

生(齐答):二十余年。

师:书上写道:在忍受了二十余年的干渴终于变成了干枯的"木乃伊"。作者为什么要写这篇文章? 让我们一起朗读作者专门写胡杨的文字,能正好表现这幅照片内容的文字。哪一段可以算是这幅图片的解说词呀?

(生齐读第 20 段。)

号称千年不死的胡杨林啊,在忍受了二十余年的干渴后终于变成了干枯的"木乃伊"。那奇形怪状的枯枝、那死后不愿倒下的身躯,似在表明胡杨在生命最后时刻的挣扎与痛苦,又像是在向谁伸出求救之手!

师:请大家解读这一段文字。可以从不同的角度来品析,一个词、一个句子、一个标点、一种修辞等。

生 15:"求救之手"是拟人的手法,写出了胡杨忍受痛苦,对生命的渴望。

生 16:把胡杨比拟成"木乃伊",写出了胡杨干枯,没有任何的生命迹象了。

生 17:第 16 段,运用了比喻的修辞手法,把胡杨林比作长城,写出了胡杨林的生机勃勃。

师:你读的 16 段中的这个句子确实表现出了胡杨林生机勃勃的特点。我们现在研读的是第 20 段。看看这两段有什么特点呢?

生 17:第 16 段与第 20 段形成强烈的对比。

第三部曲

课堂演绎

229

师:很好。在对比中更能表现胡杨林的历史与今天的巨大反差。刚刚我们在读第20段时,是按照文章本身的散句方式来读的。如果我们把这段文字改造成诗歌的样子,也许更容易理解作者那种痛惜之情。我们来读读看。

(生深情诵读课件上以诗行排列的第20段。)

(屏显)

号称千年不死的

胡杨林啊

在忍受了 二十余年的干渴后

终于 变成了

干枯的 "木乃伊"

那 奇形怪状的 枯枝

那 死后不愿倒下的 身躯

似在 表明

胡杨 在生命最后时刻的

挣扎 与 痛苦

又像是

向谁

伸出 求救之手!

师:向谁伸出求救之手呢?

生(齐答):人。

师:可是罗布泊已经消逝了呀。面对罗布泊的消逝,作者如果再说"'泊'字左边是三点水"这句话,他不会再是赞叹了,可能要表达出一份追问、一份忧思了。我们来把这两句话读一下。

(屏显)

罗布泊消失了。

"泊"字左边是三点水?

(生深情齐读。升调读出质疑、追问。)

师:是啊,三点水,水呢? 面对这样的一种变化,我们来看看作者到底要通过这篇文章传达一份怎样的思考。

(屏显)

解忧思

1.品析:圈出最触动自己内心的语句、词或标点,做简要评点。

2.感受本文"文学"的特点。

师:阅读文章的最后一部分,我们去解读作者的那一份忧思。罗布泊,"泊"变成了"沙"变成了"漠",哪一段呈现出罗布泊现在的情况了呢?看看大家是否都能读懂,也有默契。一起读。

(生齐读第 22 段。)

师:我想这胸腔里的痛苦与无奈,不光是罗布泊的,更多的可能是作者的,还有所有看到这番景象的人的。作者通过遣词造句,给我们呈现出了一幅令人心寒的画面。请试着品析这一段。从一个词、一个小短语品析就可以,表示你读懂了作者为什么这样遣词造句。

生18:痛苦是因为当初碧波荡漾,如今是一片沙漠,无能为力的一种无奈。

师:你是从情感的痛苦与无奈的角度来解读的。不错!

生19:"脱尽了外衣,露出了自己的肌肤筋骨",失去植被,没有了任何的保护了。

生20:"那一道道肋骨的排列走向"让我们看到了现在的罗布泊的情况,毫无生机。用的是拟人的手法。

师:第22段呈现了今天的罗布泊令人心痛的景象。如果我们也把这一段改成诗行读呢?

(屏显)

   站在罗布泊边缘
   会突然感到
   荒漠
   是大地裸露的胸膛
   大地在这里
   已脱尽了外衣
   露出自己的
   肌肤筋骨

   (师)站在罗布泊边缘
   (女)你能看清
       那一道道肋骨的
       排列走向
       看到
       沧海桑田的痕迹
   (男)你会感到

这胸膛里面

深藏的

痛苦与无奈

（生齐读第一节，再分角色朗读第二节。）

师：这哪里是罗布泊呢？分明就是一个人啊！我们难道不心痛吗？

师：通过朗读，我们发现，如果把散文的句子转换为诗行的话就更有利于抒情，也留给我们更多想象的空间和画面。除了这一段，作者发出感慨、忧思的语段，还有好多地方值得我们品析，哪怕是一个句子、一个词、一个标点。课前也有同学提问，比如第25段、26段，都有同学问到了。下面请每个同学自选一个角度，选一处写一写对这一处的理解。

（师巡视了解，及时点拨。）

师：好了，我们来交流吧。

生21：第24段，"那一片巨大的黄色沙地深深地刺痛着我们的心，使我们个个心情沉重"。两个词"刺痛""沉重"表现出作者的心情。

师：很好。抓住了两个词"刺痛""沉重"，这是作者的直抒胸臆。

生22：那一片巨大的黄色沙地……30年前那片胡杨茂密、清水盈盈……

师：我们来看这两句话有什么关系？

生22：对比。

师：很好。在对比中呈现胡杨林的历史与现在，更加衬托作者的伤痛。

生23：我谈"这出悲剧的制造者又是人"！这一句，强调"又是人"是悲剧的制造者。

师：这位同学品析了"又是人""又"字揭示了人的破坏力。有没有同学品析"这出悲剧的制造者又是人！"这句话中的感叹号呢？

生24：感叹号，表达了作者愤怒的遣责！

师：很好。让我们看看其他的感叹号吧！

（生读第27段、28段的最后一句。）

生25："这一切也都是人为的！"有作者的遣责和愤怒。

生26："救救所有因人的介入而即将成为荒漠的地方！"这个句子中的感叹号是哀求、是呼吁，请求人们不要再干坏事了。

师：标点是会说话的，是能传情达意的。看看其他标点符号呢？

生27：第27段后面，"大有干涸之势……"省略号省略了其他类似的破坏情况。

师：很好。这个标点很重要。它省略的就是第26段说的，"同样的悲剧仍在其他一些地方上演"。同学们品得都不错！

师:其实,我们是用一种文学的手法来品味了。那位提出文学性的特点在哪里的同学现在明白了吗?作者用直接抒情、用对比、用修辞、用有表现力的标点符号来说话,用多种手法来表现这篇文章的文学性的特点。

师:在这一部分中,作者用了一句话来表达他对罗布泊消逝的原因的判断,是哪一句话呢?

生(齐读):这出悲剧的制造者又是人!

师:我们把这两句话连起来读一读,要读出作者复杂的情感。

(屏显)

这出悲剧的制造者又是人!

"泊"字左边是三点水啊!

(生齐读。)

师:我们回顾一下,全文的结构是怎样的呢?写了什么呢?反映作者什么样的情感态度呢?先前有同学说,文章太长了,理不出来。看屏幕,现在能理出来了吗?(提问的学生点头)

(屏显)

美丽的仙湖。   "泊"字左边是三点水啊!

罗布泊消失了。   "泊"字左边是三点水?

这出悲剧的制造者又是人!   "泊"字左边是三点水啊!

师:文章的结构和内容通过这样的处理就很清晰了。是不是就是我们刚才分析的三句话的反复出现呢?(生恍然大悟)

师:我们把这六句话再读一下,要读出作者在文章中的起起伏伏的情感来。

(生齐读屏幕上的六句话。)

(屏显罗布泊碑刻的图片。)

师:这是现在的罗布泊的照片。我们看到了罗布泊的碑,碑上刻的是"永远的罗布泊"。你们知道这碑的位置吗?(学生摇头)就在曾经的罗布泊的湖中心。(学生惊叹)

师:让我们来归纳一下这篇文章的内容(边说边完成板书)。

文章介绍了仙湖的美景,告诉我们它是如何消逝的。从仙湖到消逝,这是一场灾害。当然这,样的灾害只是悲剧之一,还有很多很多这样的悲剧。无数的悲剧让我们忧思,我们必须以善待的态度去面对大自然,去建设美好的家园,而那美好的家园也许就像仙湖一样美丽。

板书如下:

第三部曲

课堂演绎

233

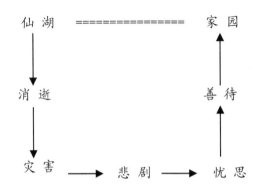

师:大家看一下这个板书,文章的内容和作者的写作目的,你现在明白了吗? 用自己的话说说这个图示吧。

(看板书师生齐说。)

师:知道我用的这些词从哪儿来的吗? 书下注解1。请把它圈出来吧。还是要提醒大家,要学会用语文书啊。

师:总结一下这堂课,我们做了哪些事情。

(屏显)

学习小结

积累知识:报告文学;

掌握方法:组编、提炼;

训练能力:品析、感悟。

师:我们积累了知识,新认识了"报告文学",了解了它的特点是——

生(齐答):真实性、形象性、抒情性。

师:非常好。我们还掌握了那么长的文章,我们怎么学习的呢? 掌握了一点方法:用组编和提炼的方法;我们还知道,可以通过品析和感悟来理解一部文学作品。

师:这节课就上到这里。下课。

教学后记

关键词:依体而教

上了一节"依体而教"的课。

感觉舒舒爽爽。

晚间听自己的课堂录音,发现:最大的进步是语速慢了,最大的问题是话还是多了。

对这一篇文章的处理,我所听的课、我所读到的案例,都是把它作为普通的说明文来教学的,而在教学过程中,又偏于环保教育课、思想政治课的内容了。忽视或者压根儿不知道这篇文章是报告文学是普遍现象。因而对这篇文章的处理不得体,教学中自然就不得法了。

这是一篇报告文学,"节选自《善待家园——中国地质灾害忧思录》(《2001年中国最佳报告文学》,漓江出版社2012年版)",书下的这一条看似不起眼的注释是一个非常重要的信息,正给我提供了一个非常独特的教学切入口。"报告文学",具有"报告性",也有"文学性",它的这两个特点为教学设计打开了窗。

反复研读这篇曾经被我怠慢过的课文,越发觉得它的可爱了。我对此文本的解读,可以归结为以下三点。

1. 一句话贯穿全文情感。

2. 三句话串起全篇内容。

3. 五种表达方式综合使用。

我的教学设计均是围绕这独特的"一三五"来完成的。

"'泊'字左边是三点水",这一句从构字法的角度来解读罗布泊曾经是仙湖时的命运,颇有意味。然而,这又何尝不是作者面对罗布泊消逝而成戈壁滩后发出的一声慨叹呢?用不同的语气来读这一句话,可以读出不同的情感和态度。备课时,我通过反复朗读,体会了不同读法带来的不同效果。教学设计时,我决定把这一句话作为全篇教学的一个线索,由这一句话来表现罗布泊的不同命运及作者的态度。从课堂效果看,这一个设计还是很精妙的!

如何让学生更好地理解作者在文章后半部分表达的那份沉痛、忧思,是文章的一个教学重点。赏析语句、品味情感,这是一贯的手法。然而,本文中的情感已经不是作者的个人小情感,而是所有关注、关心、关爱着人类发展、地球环境的人的共同情感,以怎样的方式来解读文字才能达到与文字匹配的深重情感呢?当我缓慢又深情地朗读第20段的时候,我竟然感觉自己读的不是普通的长句,而是可以带给我们想象和画面的诗句。于是,我把第20段的文句排列成诗行,再读的时候,果然感觉不同了,似乎更能理解和贴近作者的心、更能贴近罗布泊的心了。"文诗转化"的创意就源于此。排成了诗行,再分角色朗读,发挥诗行的作用,这样的创意处理在课堂上的效果非常好!

关于运用图片,在这一课的教学中,也值得说一说。

见过大量的课例,都是呈现许多张照片来反映罗布泊的历史变化。那些有大面积的湖面、有成片的树林的照片,很难确认是不是罗布泊的。有

第三部曲

课堂演绎

时,文字呈现的世界一旦用图片来代替了,我们就会以为不过如此。所以,图片这样的教学凭借的使用是要有所讲究的。这节课,我用了两张图片,一张是枯死的胡杨林,其中还有不愿倒下的像在挣扎的枯树干;还有一张,是如今的罗布泊戈壁滩的图片。最令人触目惊心、永远难忘的是那个黑色的墓碑,"永远的罗布泊"的墓碑的位置竟然是罗布泊曾经的湖中心。学生看着照片听我解说,他们在感叹不已中又不得不接受这种令人心痛的事实。我想,一张照片就足以有力量让他们永远记住罗布泊的悲惨经历了。

依体而教,是确定教学内容的前提,也是选择教学策略的基础,更是有效教学的保障。依体而教,更是一个值得继续深入研究的教学课题。

2011年版课标把"钻研教材""精心设计教学方案"写进"教学建议",是否是因为当下教师对教材的独立钻研不够、教案设计不够精心呢?把最最基本的要求列入课标,忧喜参半啊。

永远记得"语文教师的第一看家本领是解读教材的能力"的训导。一直努力着,追寻有个性有思想的创意设计。

评点

教学细节处讲究"活"与"法"
——品读《罗布泊,消逝的仙湖》的"教学细节"

徐 杰

教学细节处,可见教师的教学理念、教学智慧。

一、《罗布泊,消逝的仙湖》,执教者在教学细节处流露出其一直以来的教学理念,那就是"教学活动讲究一个字——活"。

1."活"体现在让教学对象真正"鲜活"起来。我们不妨回顾一下教学细节。(1)我们来了解一下同学们的预习提问。大家提问的含金量很高。我选其中的一部分念给大家听。(2)刚刚同学们的提问里就有:这篇文章的报告性和文学性分别表现在哪里?(3)同学们提问:胡杨是最美丽的树的意思,为什么一定要写胡杨呢?第(1)处是学生课前的质疑,这体现了执教者的教学理念——让学生学会充分预习。敢于质疑的学生,学习方法才会灵活。爱动脑思考,学生的思维品质才能提升。让教学对象鲜活起来,在课前就已经预热。第(2)、(3)同样体现了执教者的理念,讲究"从学生中来,到学生中去",这样前后的顺势牵连,看似无意,实则有意;看似是预设,实则是生成,问题的回答随文而教,随课堂活动推进而呈现。

2."活"体现在教学形式的"多样"。综合整堂课,发现执教者采用了很多学习形式,比如:(1)预习课文,质疑;(2)组合"罗布泊"的"美景";(3)诗意地改写20、22段,以诗歌的形式呈现文本内容;(4)提炼课文主要内容和丰富情感。学习形式的多样,不是追求课堂呈现时面上的轰轰烈烈,而是一种实实在在的溯源追本。"预习质疑"是培养学生的思维品质,这是语文学习的本真,我们的语文教学不仅仅是让学生学到知识。"组合美景",这是提炼、是分析、是感受,是学习阅读的方法。诗意的改写,节奏鲜明,整散句结合,情感更为强烈,教学形式不拘泥于报告文学这一题材,引入诗歌的形式,敢于创新,激活课堂。内容与情感的提炼和整合,内容之间存在着这样的关系:美在哪里? 为什么不美了? 不美的原因是什么? 逻辑很鲜明。情感越来越强烈,层层递进,不复沓。

二、执教者在教学细节处彰显教学智慧,如庖丁解牛那般游刃有余,讲究"法",即执教者讲究的教学策略。

1.讲究"等待"的策略。我们说的教学策略有很多,如处理好课堂节奏的快慢、课堂结构的疏密等等。执教者在执教过程中有多处的"等待"。举一例。

师:哪个词可以概括这一段的内容呢?

(生七嘴八舌小声说。)

生:消逝。

师:"消逝"可以概括这一段话的主要内容? 还有呢?

生:悲剧。

生:"美丽"更好。

生:曾经。

师:在刚刚说的几个词中,我们来挑一个,看它能不能把这一段内容概括进去。

众生:悲剧。

在学生自言自语时,教师不打断,这是对学生信心的培养,等待学生在自我培养中学会表达。在学生回答不一致时,教师耐心等待,这是尊重学生的个性思考。在答案纷呈时,教师不慌不乱,让学生对呈现的答案进行比较,教师的等待就是让学生学会辨别与思考。很多时候,课堂不需要热热闹闹,而是安安静静,让学生慢慢想、细细品,这不是教师的不作为,相反,这是在作为,做的事情就是实现"生生共生",课堂此时尤为精彩,等待是必要的。讲究教学节奏这一策略,执教者真是得"法"。

2.讲究"总结"的策略。本堂课,教师的总结有很多处,细细数来有十多

第三部曲 课堂演绎

处。执教者在总结的时候，不是对学生回答的重复，而是有提炼，更有补充，还有推进。提炼，不仅仅是对学生答案的提炼，还是对教学内容的提炼。补充，是对学生没有回答到位的补充，更体现其文本细读的意识，以自己的"细读"带动学生"细读"。推进，是在学生回答的基础上的提升，让学生的思考更上一层楼。

如果说硬要对本课讲几句"瑕疵"，那就是：两次变形朗读，均是教师的"成果"展示，如果能把其中一处交给学生去试试，也许效果会更好。

（徐杰，江阴市初中语文教研员，"精致语文"首倡者，连续两届全国中语"优秀教师"，著有《精致语文》《听徐杰老师评课》等。）

后 记

语文,一场生命的相遇

"所有真实的生活都在于相遇。"(布贝尔)因为与语文的相遇,才有了面前这本让我心爱的小书。

因为与一则看起来轻描淡写的通知相遇,我做出了离开高校进入中学的选择。初中语文教学与研究是我的使命与归宿,我坚信。

因为与骨干培训班的相遇,聆听了许多专家的讲座,我方知道语文研究的天地有多么广阔,语文研究的世界有多么斑斓。

因为与余映潮老师的相遇,尤其是成为余老师的弟子,我才真切地感受到了视语文为命业、全身心进行语文研究的超然境界。与恩师相遇,是我语文生命中最有意义的事情。

因为与"樵民红军"四兄弟(刘恩樵、王益民、梁增红、丁卫军)的相遇,一起研讨、一起公益,我获得了同道之人相伴取暖、携手前行的踏实和幸福。与友人相遇,让我的语文视野更宽广,语文生活更丰富。

因为与所有学生的相遇,要面对各具性格的个体与团队,我努力让自己不仅仅是他们生命中的匆匆过客,因而获得不断成长的动力。与学生相遇,让我感受着为师的责任与幸福。

因为与我的亲密爱人的相遇,我的身边总有一个爱倾听我的教育故事、欣赏我的教育热情、分享我的点滴成功的人。与爱人相遇,让我获得了来自家庭的理解与支持,得以更投入地工作。

因为与钟小族编辑的相遇,他给了我合理的建议、真诚的鼓舞、持续的关注,让我终于有了把自己的文字出版的决心和勇气。与钟先生的相遇,让我感受到语文教师走得并不寂寞。

因为与太多的人、太多的事相遇,热爱语文、热爱教育成了我终生的爱好和事业。

独立的文本解读、别致的创意设计、切实的教学后记,这便是任何一位语文教师都应用心弹奏的语文教学的三部曲。每天,在自己谱写的乐章中,聆听语文的节奏和旋律,感受语文之曲带来的身心愉悦和精神满足,这是人生中何等幸福的乐事呀!

进入中学教学一线13年了，从2008年8月6日正式记录语文生活算起，也整整6个年头了。这6年，我充分享受着语文教学与研究的快乐与幸福。我的一点点的成绩，全都是在这六年里取得的。由纯粹当学生听课，到现在被北师大、北大等多所高校邀请开课、讲座；由只是个读者，到现在文章在核心期刊发表并被人大复印资料转载；由只站在自己的教室里，到被应邀在多个省市的会堂里，甚至在千人会场上授课、做报告……这6年，我认认真真地对待每一天，踏踏实实地走好每一步。数百万字的记录就是我与语文相遇后的生活史。

打开电脑，点击2011年寒假期间整理的"文集新目录120篇26万字"的文件夹，"草稿1""草稿2""新目录1""新板块2"等文件名称，让我想起那段每天整理自己文字的美好日子。我要对自己进入中学十年的生活进行认真的总结，那时我以为，把伴随并见证自己成长的文字编辑成集是最好的方式。可是，迟迟地，我一直没有把那些文稿整理到令自己满意。这三年中，我并没有完全停止这个工作。我在根据我对语文的理解、对教学的解读以及对自己的认识，不断地调整书稿的内容。比较这两本文集，我发现眼前的这本几乎没有了三年前那本的影子，变化最大的部分恰恰是我专业成长最突出之处。

程翔老师在《语文教师要善于积累自己的课堂作品》一文中提出："一个教师，三尺讲台几十年，备课本写满几大摞，教案数以千计，这就是教师的财富。这些教案不一定都是成功的，但其中必有精心之作。把这些精心之作集中起来，就是一本课堂作品集。"

这31篇文字，不知能否称得上是"精心之作"，也不知能否配得上"作品"这个有力量的词语，权且把它们视作这几年我自己没有怠慢语文生活的证明吧！

比起我的几位好友几乎一年出一本书的高产速度，我简直就是在以蜗牛的速度行进，但做到一路向前、从不停步、心安理得而已。想起益民兄曾经在校园里遇到的那只蜗牛和为它而作的诗歌。蜗牛在攀登自己的金字塔，享受一路攀爬的多姿多味，全部的世界最后尽在眼前。"每个人都有自己的金字塔。"每一节课、每一次录音、每一篇论文，都是我金字塔的砖石，一块一块地垒，一步一步地登，只为建造属于自己的语文之塔。

从原来的120篇文章，到眼前的31份语文教学作品，我走了三个春秋，这绝不是一个简单的筛选过程，而是认识自己、理解语文的漫漫之旅。最令人欣慰的是：这3年里，我没有一天怠慢过我酷爱的语文。我享受着与语文相遇、相爱的日子。这样的深情蜜意将伴随我未来的每一个日子并直到永远。

这是我第一本正式出版的语文教学作品，它告诉了我什么叫热爱、什么叫坚持、什么叫事业。我相信这绝不是唯一的一本。因为，与语文的相遇，是我生命中最重要的经历；与语文人的相遇，是我语文之旅上的幸事和乐事。

再一次感谢我的恩师余映潮老师，我的好友"樵民红军"兄弟，我的亲密爱人颜一平先生，我历届的所有学生伙伴，评点我实录的郭志明、谢云等诸位师友，热心的钟小族编辑，还有一直关心、鼓励我成长的李葆嘉、胡贤琴等老师。生命中与诸位师长、学友的相遇，是我的幸福与财富。如果有机会让我重新选择，我还会选择与语文相遇，选择与你们携手走在美丽芬芳的语文小径上，欣赏满程的灿烂风光。

（2014 年 12 月 1 日 于南京近湖山居）

后记

西南师范大学出版社
《名师工程》系列丛书目录

系列	序号	书　　名	作者	定价
鲁派名师探索者系列·教育名师系列	1	《追问历史教学之道》	钟红军	36.00
	2	《灵动英语课——高效外语教学氛围创设艺术》	邵淑红	30.00
	3	《校园，幸福教育的栖居》	武际金	30.00
	4	《复调语文——尊重生命自我成长的语文教学》	孙云霄	30.00
	5	《智趣数学课——在情感深处激发学生的数学智能》	王冬梅	30.00
	6	《高品位"悦读"——让情感与心灵更愉悦的阅读教学》	马彩清	30.00
	7	《品诵教学——感悟母语神韵的阅读教学》	侯忠彦	30.00
	8	《智趣化学课——在快乐中提升学生的科学素养》	张利平	30.00
码解名师系列	9	《教育需要播种温暖——谢文东与儒雅教育》	余　香　陈柔羽　王林发	28.00
	10	《为了未来设计教育——梁哲与探究教育》	冼柳欣　肖东阳　王林发	28.00
	11	《真心是教育的底色——谭永焕与真心教育》	谭永焕　温静瑶　王林发	28.00
	12	《做超越自我的教师——刘海涛与创新教育》	王林发　陈晓凤　欧诗停	28.00
	13	《打造灵动的教育场——张旭与情感教育》	范雪贞　邹小丽　王林发	28.00
堂高效课系列	14	《让数学课堂更高效——教研员眼中的教学得失》	朱志明	30.00
	15	《从教会到教慧——小学生数学学习能力的培养艺术》	滕　云	30.00
	16	《用什么提高课堂效率——有效数学课必须关注的10大要素》	赵红婷	30.00
	17	《让作文更轻松——小学作文高效教学36锦囊》	李素环	30.00
	18	《让研究性学习更高效——研究性学习施教指导策略》	欧阳仁宣	30.00
	19	《让母语融入学生心灵——提升学生语文素养的高效施教艺术》	黄桂林	30.00
创新课堂系列	20	《小学语文"三环节"阅读教学法——自学、读讲、实践》	薛发武	30.00
	21	《个性化课堂教学艺术：小学语文》	商德远	30.00
	22	《如何实现三维目标——让学生与文本共鸣的诵读教学》	张连元	30.00
	23	《想说　会说　有话可说——突破作文瓶颈的三维教学法》	杨和平	30.00
	24	《综合课的整合创新教学》	周辉兵	30.00
	25	《如何打造学生喜欢的音乐课堂》	张　娟	30.00
	26	《理想课堂的构建与实施——一个教研员眼中的理想课堂》	张玉彬	30.00
	27	《小学语文：决定教学质量的关键策略》	李　楠	30.00
	28	《用〈论语〉思想提升数学教育智慧》	胡爱民	30.00
	29	《童化作文——浸润儿童心灵的作文教学》	吴　勇	30.00
	30	《亲爱的语文》	鲍周生	30.00
系列名校	31	《人本与生本：管理与德育的双重根基》	广州市广外附设外语学校	30.00
	32	《生本与生成：高效教学的两轮驱动》	广州市广外附设外语学校	30.00
	33	《世界视野与现代意识：校本课程开发的二元思维》	广州市广外附设外语学校	30.00
	34	《让每个生命都精彩——生命教育校本实践策略》	王鹏飞	30.00
	35	《好学校，从关注每个学生开始——石梅小学优质教育多元感悟》	顾　泳　张文质	30.00

系列	序号	书　　　名	作者	定价
思想者系列	36	《回归教育的本色》	马恩来	30.00
	37	《守护教育的本真》	陈道龙	30.00
	38	《教育，倾听心灵的声音》	李荣灿	30.00
	39	《心根课堂——让教育随学生心灵起舞》	刘云生	30.00
	40	《做一个纯粹的教师》	许丽芬	26.00
	41	《率性教书》	夏　昆	26.00
	42	《为爱教书》	马一舜	26.00
	43	《课堂，诗意还在》	赵赵（赵克芳）	26.00
	44	《今日教育之民间立场》	子虚（扈永进）	30.00
	45	《教育，细节的深度反思》	许传利	30.00
	46	《追寻教育的真谛——许锡良教育思考录》	许锡良	30.00
	47	《做爱思考的教师》	杨守菊	30.00
鲁派名校教育探索者系列·名师教学手记系列	48	《博弈中的追求——一位中学校长的"零"作业抉择》	李志欣	30.00
	49	《大教育视野下的特色课程构建——海洋教育的开发实施》	白刚勋	30.00
	50	《唤醒生命的对话——孙建锋语文教学手记》	孙建锋	30.00
	51	《让作文教学更高效——王学东写作教学手记》	王学东	30.00
名校长核心思想系列	52	《智圆行方——智慧校长的50项管理策略》	胡美山　李绵军	30.0
	53	《做一个智慧的校长》	孙世杰	30.00
	54	《成为有思想的校长》	赵艳然	30.00
创新班主任系列	55	《班主任专业化成长策略》	杨连山	30.00
	56	《班级活动创新与问题应对》	杨连山　杨照　张国良	30.00
	57	《班集体建设与创新人才培养》	李国汉	30.00
	58	《神奇的教育场——打造特色班级文化创新艺术》	李德善	30.00
教研提升系列	59	《校本教研的7个关键点》	孙瑞欣	30.00
	60	《教师怎样做小课题研究——高效助力教师专业化成长》	徐世贵　刘恒贺	30.00
	61	《今天我们应怎样评课》	张文质　陈海滨	30.00
	62	《今天我们应怎样进行教学反思》	张文质　刘永席	30.00
	63	《一节好课需要的教育智慧》	张文质　姚春杰	30.00
优化教学系列	64	《语文教学三部曲——解读、设计、演绎》	柳咏梅	30.00
	65	《高效教学组织的优化策略》	赵雪霞	30.00
	66	《高效教学方法的优化策略》	任　辉	30.00
	67	《高效教学过程的优化策略》	韩　锋	30.00
	68	《让教学更生动——激发兴趣让学生快乐认知》	朱良才	30.00
	69	《让教学更高效——策略创新让教学事半功倍》	孙朝仁	30.00
	70	《让教学更开放——拓展延伸让学生触类旁通》	焦祖卿　吕　勤	30.00
	71	《让教学更生活——体验运用让学生内化知识》	强光峰	30.00
	72	《让知识更系统——整合与概括让学生建构体系》	杨向谊	30.00
	73	《让思维更创新——思辨与发散让学生思维活跃》	朱良才	30.00

系列	序号	书　　名	作者	定价
创新语文教学系列	74	《曹洪彪新概念快速作文》	曹洪彪	30.00
	75	《小学语文：享受对话教学》	孙建锋	30.00
	76	《小学语文：名师教学目标落实艺术》	刘海涛　王林发	30.00
	77	《小学语文：名师魅力教学设计艺术》	刘海涛　王林发	30.00
	78	《小学语文：名师魅力课堂激趣艺术》	刘海涛　豆海湛	30.00
	79	《小学语文：单元整体教学构建艺术》	李怀源	30.00
	80	《小学作文：名师情趣课堂创设艺术》	张化万	30.00
名师名课系列	81	《名师如何炼就名课》（美术卷）	李力加	35.00
教师成长系列	82	《做会研究的教师》	姚小明	30.00
	83	《学学名师那些事》	孙志毅	30.00
	84	《给新教师的建议》	李镇西	30.00
	85	《教师心灵读本：成为有思想的教师》	肖　川	30.00
	86	《教师心灵读本：教师，做反思的实践者》	肖　川	30.00
幼师提升系列	87	《全国优秀幼儿健康教育活动课例评析》	教育部教育管理信息中心	30.00
	88	《全国优秀幼儿艺术教育活动课例评析》	教育部教育管理信息中心	30.00
	89	《全国优秀幼儿社会教育活动课例评析》	教育部教育管理信息中心	30.00
	90	《全国优秀幼儿语言教育活动课例评析》	教育部教育管理信息中心	30.00
	91	《全国优秀幼儿科学教育活动课例评析》	教育部教育管理信息中心	30.00
教师修炼系列	92	《班主任工作行为八项修炼》	杨连山	30.00
	93	《教师心理健康六项修炼》	李慧生	30.00
	94	《教师专业化五项修炼》	杨连山　田福安	30.00
	95	《课堂教学素养五项修炼》	刘金生　霍克林	30.00
	96	《高效教学技能十项修炼》	欧阳芬　诸葛彪	30.00
	97	《教师新师德六项修炼》	王毓珣　王　颖	30.00
创新数学教学系列	98	《小学数学：名师教学目标落实艺术》	余文森	30.00
	99	《小学数学：名师高效教学设计艺术》	余文森	30.00
	100	《小学数学：名师易错问题针对教学》	余文森	30.00
	101	《小学数学：名师魅力课堂激趣艺术》	余文森	30.00
	102	《小学数学：名师同课异教》	林高明　陈燕香	30.00
	103	《小学数学：名师抽象问题艺术教学》	余文森	30.00
教育心理系列	104	《做最好的心理导师——中学生心理健康咨询手册》	杨　东	30.00
	105	《每天学点教育心理学》	石国兴　白晋荣	30.00
	106	《学生心理拓展训练与指导》	徐岳敏	30.00
	107	《好心态成就好学生——学生心理问题剖析与对症教育》	李韦遵	30.00
教育通识系列	108	《用心做教师——青年教师快速成长的十大定律》	王福强	30.00
	109	《做最受学生欢迎的老师》	赵馨　许俊仪	30.00
	110	《做有策略的校长——经典寓言与学校管理智慧》	宋运来	30.00
	111	《做有策略的教师——经典故事中的教育启示》	孙志毅	30.00
	112	《从学生那里学教书》	严育洪	30.00
	113	《突破平庸——提升教育质量的31个跳板》	严育洪	30.00
	114	《教育，诗意地栖居》	朱华忠	30.00
	115	《好班规打造好班级》	赵　凯	30.00
	116	《做学生成长的引领者——学生终身成长的素质培养》	田祥珍	30.00
	117	《如何管出好班级——突破班级管理的四大瓶颈》	刘令军	30.00
	118	《青春期性教育教师实用手册》	闫乐夫	30.00

系列	序号	书 名	作者	定价
高中新课程系列	119	《高中新课程：教师角色转变细节》	缪水娟	30.00
	120	《高中新课程：班主任新兵法细节》	李国汉　杨连山	30.00
	121	《高中新课程：教学管理创新细节》	陈　文	30.00
	122	《高中新课程：更有效的评价细节》	李淑华	30.00
教学新突破系列	123	《把教学目标落实到位——名师优质课堂的效率管理》	冯增俊	30.00
	124	《拿什么调动学生——名师生态课堂的情绪管理》	胡　涛	30.00
	125	《零距离施教——名师和谐师生关系的构建艺术》	贺　斌	30.00
	126	《一个都不能落——名师提升学困生的针对教学》	侯一波	30.00
	127	《让学习变得更轻松——名师最能吸引学生的情境设计》	施建平	30.00
	128	《让知识变得更易学——名师改造难学知识的优化艺术》	周维强	30.00
名师讲述系列	129	《施教先施爱——名师讲述班主任的核心教导力》	杨连山　魏永田	30.00
	130	《在欢乐中成长——名师讲述最具活力的课堂愉快教学》	王斌兴	30.00
	131	《让学生做自己的老师——名师讲述如何提升学生自主学习能力》	徐学福　房　慧	30.00
	132	《引领学生高效学习——名师讲述如何提高学生课堂学习效率》	刘世斌	30.00
	133	《教育从心灵开始——名师讲述最能感动学生的心灵教育》	张文质	30.00
教育细节系列	134	《名师最具渲染力的口才细节》	高万祥	30.00
	135	《名师最有效的沟通细节》	李　燕　徐　波	30.00
	136	《名师最有效的激励细节》	张　利　李　波	30.00
	137	《名师培养学生好习惯的高效细节》	李文娟　郭香萍	30.00
	138	《名师人格教育的经典细节》	齐　欣	30.00
	139	《名师营造课堂氛围的经典细节》	高　帆　李秀华	30.00
	140	《名师最有效的赏识教育细节》	李慧军	30.00
	141	《名师最有效的批评细节》	沈　旎	30.00
教育管理力系列	142	《名校激励管理促进力》	周　兵	30.00
	143	《名校安全管理执行力》	袁先潋	30.00
	144	《名校师资团队建设力》	赵圣华	30.00
	145	《名校危机管理应对力》	李明汉	30.00
	146	《名校校本研究创新力》	李春华	30.00
	147	《学校文化力建设策略》	袁先潋	30.00
	148	《名校长核心教育力》	陶继新	30.00
	149	《名校长高绩效领导力》	周辉兵	30.00
	150	《名校行政管理细节力》	杨少春	30.00
	151	《名校教学管理提升力》	张　韬　戴诗银	30.00
	152	《名校学生管理教导力》	田福安	30.00
	153	《名校校园文化构建力》	岳春峰	30.00
大师讲坛系列	154	《大师谈教育心理》	肖　川	30.00
	155	《大师谈教育激励》	肖　川	30.00
	156	《大师谈教育沟通》	王斌兴　吴杰明	30.00
	157	《大师谈启蒙教育》	周　宏	30.00
	158	《大师谈教育管理》	樊　雁	30.00
	159	《大师谈儿童人格塑造》	齐　欣	30.00
	160	《大师谈儿童习惯培养》	唐西胜	30.00
	161	《大师谈儿童能力培养》	张启福	30.00
	162	《大师谈早恋与性教育》	闵乐夫	30.00
	163	《大师谈儿童情感教育》	张光林　张　静	30.00

系列	序号	书　　　名	作者	定价
教学提升系列	164	《方法总比问题多——名师转变棘手学生的施教艺术》	杨志军	30.00
	165	《用特色吸引学生——名师最受欢迎的特色教学艺术》	卞金祥	30.00
	166	《让学生爱上课堂——名师高效课堂的引导艺术》	邓　涛	30.00
	167	《拿什么打开思路——名师最吸引学生的课堂切入点》	马友文	30.00
	168	《没有记不牢的知识——名师最能提升学生记忆效果的秘诀》	谢定兰	30.00
	169	《让学生的思维活起来——名师最激发潜能的课堂提问艺术》	严永金	30.00
国际视野系列	170	《行走在日本基础教育第一线》	李润华	26.00
	171	《润物细无声——品鉴国外德育智慧》	赵荣荣　张　静	30.00
	172	《不让一个学生掉队——国际视野下的教育均衡实践》	乔　鹤	28.00
	173	《从白桦林到克里姆林宫——俄罗斯中小学教育纪实》	赵　伟	30.00